나 ____________ 은/는

이 책의 233개 패턴을

____ 월 ____ 일에서 ____ 월 ____ 일까지

일주일에 ____ 번, 하루 ____ 개, ____ 분 이상

꾸준히 학습할 것을 약속합니다.

영어회화 핵심패턴 233

- 중·고급편 -

조이스 백 지음

단어만 갈아 끼우면 회화가 튀어나온다!

*

Advanced
English
Patterns
233

영어회화 핵심패턴 233 중고급편

Advanced English Patterns 233

초판 발행 | 2023년 1월 15일
초판 4쇄 발행 | 2023년 10월 31일

지은이 | 조이스 백
발행인 | 이종원
발행처 | (주)도서출판 길벗
브랜드 | 길벗이지톡
출판사 등록일 | 1990년 12월 24일
주소 | 서울시 마포구 월드컵로 10길 56(서교동)
대표 전화 | 02)332-0931 | 팩스 · 02)323-0586
홈페이지 | www.gilbut.co.kr | 이메일 · gilbut@gilbut.co.kr

기획 및 책임편집 | 김지영(jiy7409@gilbut.co.kr) | 디자인 · 최주연 | 제작 · 이준호, 손일순, 이진혁
마케팅 · 이수미, 장봉석, 최소영 | 영업관리 · 심선숙 | 독자지원 · 윤정아, 최희창 | 교정교열 · 오수민
전산편집 · 기본기획 | 오디오녹음 · 와이알미디어 | CTP 출력 및 인쇄 · 금강인쇄 | 제본 · 금강제본

ISBN 979-11-407-0251-0 03740
(길벗 도서번호 301140)

정가 18,000원

Preface

개정에 부쳐

2002년 선보인 '영어회화 핵심패턴 233' 시리즈가 올해로 20년이 되었습니다. 수많은 책이 나오고 사라지는 동안 '핵심패턴 233' 시리즈는 어느덧 80만 부 베스트셀러이자 최장수 스테디셀러가 되었습니다. 꾸준한 사랑 진심으로 감사드립니다.
이번 '영어회화 핵심패턴 233 중고급편'은 고민을 거듭하여 요즘 학습 트렌드에 맞게, 품격을 높이는 회화를 위해 이렇게 만들었습니다.

1. 최신 표현과 패턴으로 업데이트, 부담 없이 학습할 수 있는 20분 구성

사회가 급변하며 눈에 띄게 새로운 말들이 생기고 있기에 개정판에서는 모든 패턴과 예문을 업데이트했습니다. 물론 시대와 상관없이 원어민들이 항상 말하는 매일의 패턴도 놓치지 않고 담았습니다. 또 바쁜 생활에서 부담 없이 학습할 수 있게 잔가지를 쳐내고 하루 딱 20분 학습으로 구성했습니다.
영어는 외우는 게 아니라 운전처럼 체화하는 것이라고 합니다. 그래서 패턴과 예문이 몸에 스며들 수 있게 훈련 프로그램을 제공합니다. QR 코드만 찍으면 모바일에 최적화된 훈련 영상을 유튜브를 통해 바로 볼 수 있습니다.

2. 고급 회화가 가능한 엄선된 233개의 패턴

'감사해요.'라는 말도 '정말 진심으로 감사드려요.', '뭐라고 고마움을 표현해야 할지 모르겠어요.', 등 상황이나 감정의 정도에 따라 다양하게 표현할 수 있는데요. 영어도 마찬가지입니다. '영어회화 핵심패턴 233 중고급편'에서는 늘 쓰던 쉽고 단조로운 영어 표현에서 벗어나 233개의 고급 패턴으로 다양하고 풍부한 표현을 구사할 수 있게 했습니다. 거기에 평소 어려워서 포기했던 가정법, 비교급, It ~ that ... 등의 문장들도 패턴을 익혀 쉽게 활용할 수 있습니다.

무엇보다 책을 작고 세련되게 디자인하여 에세이 책처럼 편하게 들고 다니며 매일 공부할 수 있게 했습니다. 233개의 패턴을 정복하여 일상생활은 물론 비즈니스와 공식 석상에서도 당당하게 내 의견을 고급 영어로 표현할 수 있는 모습을 기대해 보길 바랍니다.

2022년 12월, 조이스 백 드림

PATTERN CHALLENGE

'영어회화 핵심패턴 233 중고급편'은 완독 챌린지 프로그램에 적합하게 구성했습니다. 아래 사항을 참고하여 하루 1패턴, 233일 완독 챌린지에 도전해 보세요.

| 20분 학습 챌린지 |

1. 패턴 학습

학습 시작 전 스스로 하루 학습 분량과, 학습 가능한 시간을 설정합니다. 하루 1패턴, 20분 학습을 권장하며, 빨리 끝내고 싶은 분은 하루 2~3개의 패턴을 학습하세요. 각 패턴에는 다섯 개의 예문이 들어가 있습니다. 학습 날짜를 기록하고, 예문 5개를 3번 반복합니다. 한번 학습 할 때마다 체크박스에 표시합니다.

2. 유튜브 동영상 훈련

설정한 시간에 반드시 패턴 학습을 진행하고, 동영상 프로그램을 활용하여 표현을 체화시키세요. QR코드를 찍으면 바로 동영상 훈련으로 연결됩니다. 1분 내외의 짧은 호흡의 훈련으로 부담이 없습니다. 학습이 더 필요하면 동영상을 반복해 보거나 이동시에 짬짬이 학습해도 좋습니다.

3. 온라인 인증

챌린지는 기록이 생명입니다. 6페이지의 planner를 적극 활용하세요. 또한 학습 인증샷을 SNS(인스타그램, 블로그 등)에 업로드하여 공유하는 것도 큰 동기부여가 됩니다. 인스타그램이나 블로그는 여러 개의 부계정을 만들 수 있으므로, 영어회화 핵심패턴 233 전용 계정을 사용하여 업로드해 보세요.

| Review 및 Mp3 |

1. Review

한 Chapter가 끝나면 배웠던 패턴을 복습할 수 있는 Review가 제공됩니다. 패턴이 대화 안에서 어떻게 활용되는지 확인하고 따라해 보세요.

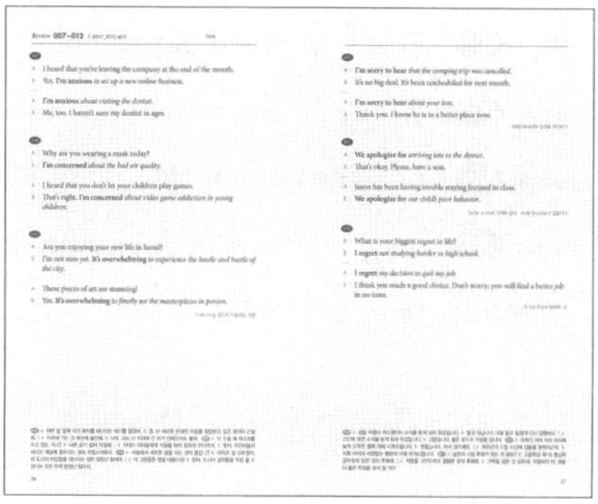

2. Mp3

원어민이 녹음한 모든 패턴 예문과 Review의 mp3가 제공됩니다. 길벗 홈페이지(gilbut.co.kr)에 접속해 '영어회화 핵심패턴 233 중고급편'을 검색하여 자료실로 들어가면 전체 mp3를 다운로드하거나 실시간으로 들을 수 있습니다. 동영상을 보기 힘든 환경이나 연속해서 듣고 싶을 때 적극 활용해 보세요.

CONTENTS & PLANNER

Part 1

형용사를 잘 쓰면 감정 표현이 자유자재, 형용사 활용 패턴들

Part 3
오해 없이 꼼꼼하게, 의문문 활용 패턴

Part 4
거절할 땐 깔끔하게, 부정어 표현 패턴

Chapter 19 | 부정어 없이 부정적인 뉘앙스로 말하기		Page	Date

Chapter 20 | 금지하기		Page	Date

Part 5
의미를 더 명확하게, 조동사 활용 패턴

Part 6
네이티브도 감탄하게, 숙어 패턴

Part 7
네이티브처럼 세련되게, 어법 활용 고급 패턴

Part 1

형용사를 잘 쓰면 감정 표현이 자유자재, 형용사 활용 패턴들

기쁨, 슬픔, 불만, 걱정 등, 우리가 느끼는 감정은 하루에도 수 차례 바뀝니다. 그래서 가장 많이 하는 말은 아마 감정에 관한 표현일 텐데요. 감정을 나타내는 말은 주로 형용사로 표현합니다. 이번 Part에서는 형용사를 활용하여 감정을 표현하는 패턴에 대해 알아봅니다.

Pattern 001-006

Chapter 01

감사하고 기뻐하기

'고마워.'는 Thank you. '축하해!'는 Congratulations! 무의식적으로 튀어나오는 표현들이죠? 하지만 좀 더 고급스러운 표현을 사용하여 보다 정확하고 진지하게 감사와 기쁨을 표현해 보세요.

001 I can't thank you enough for ~.

002 Thanks to A, I ~.

003 That's very kind of you, but ~.

004 It's my pleasure to ~.

005 I couldn't be happier ~.

006 You are more than welcome to ~.

PATTERN CHALLENGE
001

Date. . .

I can't thank you enough for ~.

~에 대해 뭐라 감사해야 할지 모르겠어요.

I can't thank you enough for
the kindness you have shown to my siblings.

저의 자매(형제)에게 보여주신 친절에 뭐라 감사의 말씀을 드려야 할지 모르겠어요.

I can't thank you enough for
the great advice you've given me.

당신이 내게 해 준 좋은 조언이 얼마나 고마운지 몰라요.

I can't thank you enough for
the generous gift.

당신의 후한 선물이 얼마나 고마운지 몰라요.

I can't thank you enough for
offering me a position at your company.

당신의 회사에서 제게 일자리를 제안해 주셔서 얼마나 고마운지 모르겠어요.

I can't thank you enough for
taking care of my elderly parents.

저의 노부모를 돌봐 주셔서 뭐라고 감사해야 할지 모르겠어요.

sibling 자매(형제) generous 넉넉한, 후한 offer 제안(제공)하다 position 자리, 일자리 take care of 돌보다 elderly parents 노부모

감사하는 마음을 정중히 표현하고 싶을 때 쓰는 패턴입니다. 우리말 '얼마나 고마운지 모르겠어요.'로도 해석할 수 있어요. 우리가 자주 사용하는 Thank you very much.보다 예의를 갖춘 표현입니다.

Date. . .

Thanks to A, I ~.

A 덕분에, 제가 ~.

Thanks to *my supervisor,*
I *get to take a few weeks off of work.*

상사 덕분에 몇 주 휴가를 갈 수 있게 됐어.

Thanks to *Sean,*
I *was able to get tickets to the concert.*

숀 덕분에 콘서트 입장권을 구할 수 있었어.

Thanks to *my neighbor's barking dog,*
I *didn't sleep a wink last night.*

이웃집 개가 짖는 바람에 어젯밤에 한 숨도 못 잤어.

Thanks to *the treatment,*
his condition has been improving.

치료를 받은 덕분에 그의 상태는 좋아지고 있어요.

Thanks to *the navigation app,*
I *didn't get lost while driving in Manhattan.*

내비게이션 앱 덕분에 맨해튼에서 운전하면서 길을 잃지 않았죠.

supervisor 관리자, 지도 교수 neighbor 이웃(사람), 옆자리 사람 not sleep a wink 한숨도 자지 않다
treatment 치료 navigation 내비게이션, 지도 안내 장치

이 패턴은 '때문에'의 의미로 누군가 또는 누군가의 행동이 나에게 어떤 결과를 가져왔는지 말할 때 씁니다. thanks라는 단어가 들어간다고 해서 늘 감사나 긍정적인 마음을 나타내지는 않는다는 점에 주의하세요!

Date.   .   .

That's very kind of you, but ~.

(마음/신경 써 줘서) 감사해요, 하지만 ~.

That's very kind of you, but *I prefer to walk.*

(신경 써 줘서) 매우 감사하지만, 저는 걷는 것을 더 좋아해요.

That's very kind of you, but *I don't eat meat.*

(마음 써 줘서) 감사하지만, 저는 고기를 먹지 않아요.

That's very kind of you, but *I am allergic to dairy.*

(신경 써 줘서) 감사하지만, 나는 유제품에 알레르기가 있어요.

That's very kind of you, but *I couldn't possibly accept this gift.*

정말 감사하지만, 이 선물을 받을 수는 없을 것 같아요.

That's very kind of you, but *I don't feel comfortable receiving help for free.*

정말 감사하지만, 무료로 도움을 받는 것은 마음이 편치 않아요.

prefer 선호하다 allergic (~에 대해) 알레르기가 있는 dairy 유제품 cannot possibly 도저히 할 수 없다 comfortable 편하게 생각하는, (신체적으로) 편안한 receive 받다

상대방의 요청을 정중히 거절할 때 쓰는 패턴입니다. 단순히 No. 혹은 No, thank you.라고 말하는 것보다 구체적인 이유를 대어 더 부드럽게 사양하는 뉘앙스입니다.

Date. . .

It's my pleasure to ~.

~하게 되어 기뻐요.

It's my pleasure to
work with you.

당신과 함께 일하게 되어 영광입니다.

It's my pleasure to
be here today.

오늘 여기에 참석하게 되어 영광입니다.

It's my pleasure to
spend the day with the new teachers.

새로운 교사들과 하루를 보내게 되어 기쁩니다.

It's my pleasure to
introduce you to our special guest, Mr. Jones.

우리의 특별한 초대 손님인 존스 씨에게 당신을 소개할 수 있어서 영광입니다.

It's my pleasure to
recommend Jamie for your organization.

귀사에 제이미를 추천하게 되어 기쁩니다.

spend the day 하루를 보내다　recommend 추천하다　organization 조직, 단체, 기구

(It's) My pleasure.라고 하면 '(도움이 돼서) 저도 기뻐요.'라는 의미로, 감사 인사에 대한 응답입니다. You're welcome.보다는 더 정중하고 격식을 갖춘 표현이고요. 뒤에 to부정사구를 붙이면 다양한 상황에서 무엇 때문에 기쁜지를 보다 구체적으로 전달할 수 있죠.

Date. . .

I couldn't be happier ~.

더할 나위 없이 행복해요(기뻐요).

I couldn't be happier
with my life.

제 인생은 더 이상 행복할 수 없을 것 같아요.

I couldn't be happier
about the warm weather.

따듯한 날씨에 더할 나위 없이 행복하네요.

I couldn't be happier
for my best friend who just got his dream job.

제일 친한 친구가 그가 꿈꾸던 직장을 잡아서 전 너무 기뻐요.

I couldn't be happier
since moving to the countryside.

시골로 이사한 후로는 더할 나위 없이 행복하네요.

I couldn't be happier
about the employee incentive program.

직원 인센티브 제도 덕에 정말 기뻐요.

countryside 시골 지역 employee incentive program 직원 인센티브 제도

기쁨이나 행복감, 만족을 나타낼 때 사용하는 패턴입니다. 직역하면 '더 이상 기쁠 수 없어요.'의 의미로 행복하거나 만족스러운 기분을 강조할 때 쓰죠. 비슷한 표현으로 I've never been happier ~. (이보다 기쁜 적이 없었어요.)도 있습니다.

You are more than welcome to ~.

얼마든지 ~해도 돼요.

You are more than welcome to
stay at my house.

우리 집에서 얼마든지 있어도 돼.

You are more than welcome to
make changes to the document.

그 서류를 얼마든지 수정해도 돼.

You are more than welcome to
attend the conference.

회의에 얼마든지 참석하셔도 됩니다.

You are more than welcome to
borrow my camping equipment.

내 캠핑 장비는 얼마든지 빌려 가도 돼.

You are more than welcome to
use your own laptop.

여러분의 노트북은 얼마든지 사용하셔도 됩니다.

document 서류, 문서 conference 회담, 협의 equipment 장비, 용품

이 패턴은 상대방이 부담 없이 행동할 수 있도록 배려할 때 씁니다. 정중하면서도 사교적인 표현으로 '당연히 ~해도 됩니다.'라는 의미이죠. 의미가 비슷하지만 좀 더 강한 표현으로는 Feel free to ~. (얼마든지 ~하세요.)가 있습니다.

001

A : **I can't thank you enough for** *offering me a position at your company.*

B : My pleasure. I look forward to working with you.

......

A : **I can't thank you enough for** *the great advice you've given me.*

B : I'm always here for you. We can talk whenever you want.

002

A : How is your father doing?

B : **Thanks to** *the treatment, his condition has been improving.*

......

A : How was your trip to New York City?

B : **Thanks to** *the navigation app,* **I** *didn't get lost while driving in Manhattan.*

improve 개선되다, 나아지다

003

A : I'll drive you home after work today.

B : **That's very kind of you, but** *I prefer to walk.*

......

A : I bought a large pepperoni pizza so we can all eat it together.

B : **That's very kind of you, but** *I don't eat meat.*

001 A : 당신의 회사에서 제게 일자리를 제안해 주셔서 얼마나 고마운지 모르겠어요. B : 별말씀을요. 함께 일하는 것이 기대되네요. | A : 당신이 내게 해 준 좋은 조언이 얼마나 고마운지 몰라요. B : 제가 항상 옆에 있을게요. 당신이 원하면 언제든 이야기 나누어요. 002 A : 네 아버지는 어떠시니? B : 치료를 받은 덕분에 그의 상태가 좋아지고 있어요. | A : 뉴욕 시 여행은 어땠어? B : 내비게이션 앱 덕분에 맨해튼에서 운전하면서 길을 잃지 않았어. 003 A : 제가 오늘 퇴근 후 집까지 태워 드릴게요. B : (마음 써 줘서) 정말 감사하지만, 저는 걷는 것이 더 좋아요. | A : 내가 페퍼로니 피자 라지 한 판 샀으니까, 우리 같이 먹자. B : 신경 써 줘서 고맙지만, 난 고기를 안 먹어.

□□□

004

A : **It's my pleasure to** *introduce you to our special guest, Mr. Jones.*

B : Good evening. Thank you for having me.

……

A : **It's my pleasure to** *recommend Jamie for your organization.*

B : I look forward to working with her.

005

A : **I couldn't be happier** *about the warm weather.*

B : Me neither. It's finally starting to feel like spring!

……

A : How do you like living on a farm?

B : **I couldn't be happier** *since moving to the countryside.*

006

A : I need a place to stay while visiting Los Angeles.

B : **You are more than welcome to** *stay at my house.*

……

A : **You are more than welcome to** *make changes to the document.*

B : Thanks. I'll take a look at it and let you know what I think.

make changes to ~에 변화를 만들다

004 A : 우리의 특별한 초대 손님인 존스 씨에게 당신을 소개할 수 있어서 영광입니다. B : 안녕하세요. 저를 초대해 주셔서 고맙습니다. | A : 귀사에 제이미를 추천하게 되어 기쁩니다. B : 그분과 함께 일할 수 있기를 고대합니다. 005 A : 따듯한 날씨에 더할 나위 없이 행복하네요. B : 나도 그래요. 드디어 봄이 된 것 같아요! | A : 시골에서 사니까 어때요? B : 시골로 이사한 후로는 더할 나위 없이 행복하네요. 006 A : 로스엔젤레스에 방문할 동안 머무를 숙소가 필요해. B : 우리 집에서 얼마든지 있어도 돼. | A : 그 서류를 얼마든지 수정해도 돼. B : 고마워. 한번 훑어보고 내 생각을 말해 줄게.

Pattern 007-012

Chapter 02

걱정하고 사과하기

사람이 하는 걱정 중 40%는 아직 일어나지 않은 일, 30%는 이미 일어난 일, 26%는 별로 중요하지 않은 일에 관한 것이라고 해요. 우리는 늘 걱정거리를 달고 사는 것이죠. 그만큼 걱정에 관한 표현도 중요하겠죠? 이번 Chapter에서는 걱정하고 사과하는 패턴을 알아봅시다.

- 007 I'm anxious ~.
- 008 I'm concerned ~.
- 009 It's overwhelming ~.
- 010 I'm sorry to hear ~.
- 011 I(We) apologize for ~.
- 012 I regret ~.

Date. . .

□□□

I'm anxious ~.

~이 걱정돼요. 너무 ~하고 싶어요.

I'm anxious
to set up a new online business.

난 새로운 온라인 사업을 창업하고 싶은 생각이 간절해.

I'm anxious
to do well on the test.

난 시험을 정말 잘 치르고 싶어.

I'm anxious
about my father's debilitating illness.

아버지 건강이 악화돼서 걱정이 돼.

I'm anxious
about visiting the dentist.

치과에 가는 것 때문에 불안해.

I'm anxious *about meeting*
my girlfriend's mother for the first time.

여자 친구 어머니를 처음 만나는 것 때문에 걱정이 돼.

set up 설립(수립)하다, 준비하다 debilitating 쇠약한

불안하거나 걱정스러운 기분을 표현할 때 쓰는 패턴입니다. 특별한 일이 임박했거나 시험이나 면접, 건강진단 후 불확실한 결과를 기다리고 있을 때의 심정을 표현할 때 많이 쓰죠. 또, 뒤에 〈to + 동사원형〉을 쓰면 어떤 일을 하고 싶은 마음이 간절하다는 것을 나타낼 수도 있는 패턴입니다.

PATTERN CHALLENGE

Date. . .

008

☐☐☐

I'm concerned ~.

~이 걱정돼요.

I'm concerned
about the bad air quality.

나쁜 공기 질이 걱정돼.

I'm concerned
about driving home in the rain.

빗속에서 차를 몰고 집으로 가는 것이 걱정돼.

I'm concerned *about video game addiction in young children.*

어린이들이 비디오 게임에 중독되는 것이 걱정스러워.

I'm concerned
that my personal data will be stolen online.

온라인상에서 내 개인 정보가 도난당한다는 것이 걱정스러워.

I'm concerned
that she might tell someone my secret.

그 여자가 내 비밀을 다른 사람에게 말할까 봐 걱정스러워.

air quality 공기의 질(청정도) video game addiction 게임 중독 personal data 개인 정보

이 패턴은 어떤 상황이나 누군가에 대해 걱정스럽거나 염려하는 마음을 표현할 때 씁니다. I'm worried ~. 또는 It concerns me ~.나 It worries me ~.와 같은 뜻이죠.

Date. . .

□ □ □

It's overwhelming ~.

~은 너무 엄청나네요.

It's overwhelming
to be a part of this historical event.

이런 역사적인 사건에 참여한다는 것은 너무나 엄청난 일이야.

It's overwhelming
to raise four children by myself.

아이들 네 명을 나 혼자 키운다는 것은 너무 엄청난 일이야.

It's overwhelming
to hear news about the ongoing war.

지금 벌어지는 전쟁 소식을 듣는다는 것은 너무 엄청난 일이야.

It's overwhelming
to finally see the masterpieces in person.

드디어 걸작들을 직접 볼 수 있다는 것은 무척 엄청난 일이야.

It's overwhelming
to experience the hustle and bustle of the city.

이 도시의 번잡함을 겪는다는 것은 엄청난 일이야.

ongoing 계속 진행 중인 masterpiece 걸작, 명작 in person 직접 hustle and bustle 분주함

이 패턴은 어떤 사물이나 대상이 압도적일 정도여서 벅찬 기분이 들 때 씁니다. 또 어떤 상황이 감당하기가 버겁게 느껴질 때도 이 패턴을 사용해 말할 수 있습니다. 두 가지 의미 모두 기억해 뒀다가 꼭 사용해 보세요.

Date. . .

I'm sorry to hear ~.

~했다니(듣게 되어) 유감입니다.

I'm sorry to hear *about your broken leg.*

다리가 부러졌다는 소식을 듣게 되어 유감입니다.

I'm sorry to hear *about your loss.*

고인에 대한 소식을 듣게 되어 유감입니다.

I'm sorry to hear *that you lost your job.*

실직했다는 소식을 듣게 되어 유감입니다.

I'm sorry to hear *that your house was damaged during the monsoon.*

장마 때문에 집이 피해를 입었다는 소식을 듣게 되어 유감입니다.

I'm sorry to hear *that the camping trip was cancelled.*

캠핑 여행이 취소됐다는 소식을 듣게 되어 유감입니다.

loss 죽음, 사망 monsoon 폭풍우, 장맛비

이 패턴은 위로나 후회, 안타까워하는 마음을 표현할 때 씁니다. 특히 누군가 많이 아프거나 사망했다는 소식을 들었을 때 꼭 쓰게 되죠. to hear 없이 I'm sorry about ~.이라고 사용해도 의미는 같습니다. (I'm) Sorry to hear that.이라고 간단히 말할 수도 있죠.

Date. . .

I(We) apologize for ~.

~에 대해 사과드립니다.

I apologize for *the error.*

실수에 대해 사과드립니다.

I apologize for *lying to you.*

당신에게 거짓말을 해서 사과드립니다.

I apologize for *missing my appointment.*

제 약속을 어긴 점에 대해 사과드립니다.

We apologize for *arriving late to the dinner.*

저녁 식사 자리에 늦게 도착한 점에 대해 저희가 사과드립니다.

We apologize for *our child's poor behavior.*

저희 아이의 버릇없는 행동에 대해 사과드립니다.

error 실수, 오류 poor behavior 나쁜(형편없는) 행동

상대방에게 잘못한 일이 있어 사과할 때 쓰는 표현입니다. I'm sorry for ~.보다 격식을 차린 표현이므로 고객이나 상사를 대할 때와 같이 적당히 거리를 지켜야 하는 상대에게 사과할 때 쓰면 좋습니다. I'd like to apologize for ~.라고도 말할 수 있다는 거 알아두세요.

PATTERN CHALLENGE

Date. . .

012

□□□

I regret ~.

~이 후회됩니다.

I regret
not studying harder in high school.

고등학교 때 더 열심히 공부하지 않은 것이 후회돼.

I regret
missing my sister's wedding.

여동생 결혼식에 가지 않은 것이 후회돼.

I regret
my decision to quit my job.

직장을 그만두려고 결정한 것이 후회돼.

I regret *(that) I will be unable to attend the graduation ceremony.*

졸업식에 참석하지 못하게 돼서 안타까워.

I regret
eating all those chicken wings.

닭 날개를 전부 먹어버려서 후회돼.

quit (직장 · 학교 등을) 그만두다 unable ~할 수 없는 graduation ceremony 졸업식

이 패턴은 어떤 행동에 대해 후회하고 유감이라고 말할 때 쓰는 표현입니다. 명확한 사과가 담기지는 않았지만 '~에 대해 유감스럽고 안타깝게 생각한다'는 입장(사과)문에서도 종종 볼 수 있는 표현입니다.

007

A : I heard that you're leaving the company at the end of the month.

B : Yes. **I'm anxious** *to set up a new online business.*

......

A : **I'm anxious** *about visiting the dentist.*

B : Me, too. I haven't seen my dentist in ages.

008

A : Why are you wearing a mask today?

B : **I'm concerned** *about the bad air quality.*

......

A : I heard that you don't let your children play games.

B : That's right. **I'm concerned** *about video game addiction in young children.*

009

A : Are you enjoying your new life in Seoul?

B : I'm not sure yet. **It's overwhelming** *to experience the hustle and bustle of the city.*

......

A : These pieces of art are stunning!

B : Yes. **It's overwhelming** *to finally see the masterpieces in person.*

stunning 굉장히 아름다운, 멋진

007 A : 이번 달 말에 네가 회사를 떠난다는 얘기를 들었어. B : 응. 난 새로운 온라인 사업을 창업하고 싶은 생각이 간절해. | A : 치과에 가는 것 때문에 불안해. B : 나도 그래. 난 치과에 간 지가 언제인지도 몰라. 008 A : 넌 오늘 왜 마스크를 쓰고 있는 거니? B : 나쁜 공기 질이 걱정돼. | A : 자네는 아이들에게 게임을 하지 못하게 한다면서. B : 맞아. 어린이들이 비디오 게임에 중독되는 것이 걱정스러워서. 009 A : 서울에서 새로운 삶을 사는 것이 즐겁니? B : 아직은 잘 모르겠어. 이 도시의 번잡함을 겪는다는 것은 엄청난 일이야. | A : 이 그림들은 정말 아름다워! B : 맞아. 드디어 걸작들을 직접 볼 수 있다는 것은 무척 엄청난 일이지.

010

A : **I'm sorry to hear** *that the camping trip was cancelled.*

B : It's no big deal. It's been rescheduled for next month.

……

A : **I'm sorry to hear** *about your loss.*

B : Thank you. I know he is in a better place now.

reschedule 일정을 변경하다

011

A : **We apologize for** *arriving late to the dinner.*

B : That's okay. Please, have a seat.

……

A : Jason has been having trouble staying focused in class.

B : **We apologize for** *our child's poor behavior.*

have a seat 자리에 앉다 stay focused 집중하다

012

A : What is your biggest regret in life?

B : **I regret** *not studying harder in high school.*

……

A : **I regret** *my decision to quit my job.*

B : I think you made a good choice. Don't worry; you will find a better job in no time.

in no time 당장에, 곧

010 A : 캠핑 여행이 취소됐다는 소식을 듣게 되어 유감입니다. B : 별것 아닙니다. 다음 달로 일정이 다시 잡혔어요. | A : 고인에 대한 소식을 듣게 되어 유감입니다. B : 고맙습니다. 좋은 곳으로 가셨을 겁니다. 011 A : 저희가 저녁 식사 자리에 늦게 도착한 점에 대해 사과드립니다. B : 괜찮습니다. 어서 앉으세요. | A : 제이슨이 수업 시간에 집중을 못하더군요. B : 저희 아이의 버릇없는 행동에 대해 사과드립니다. 012 A : 살면서 가장 후회가 되는 게 뭐야? B : 고등학교 때 더 열심히 공부하지 않은 것이 후회돼. | A : 직장을 그만두려고 결정한 것이 후회돼. B : 선택을 잘한 것 같은데. 걱정하지 마. 금방 더 좋은 직장을 찾게 될 거야.

Pattern 013-018

Chapter 03

불만 말하거나 하소연하기

불만을 마음에만 담아두는 것은 건강한 관계 형성에 방해가 돼요. 이럴 때 I hate ~, I don't like ~ 같은 표현을 쓰면 화자의 의도가 본의 아니게 왜곡될 수 있죠. 이번 Chapter에서는 불만을 말하거나 누군가에게 하소연할 때 자신의 감정을 섬세하고 자연스럽게 전달할 수 있는 패턴에 대해 알아볼게요.

013 I'm sick of ~.

014 I'm frustrated ~.

015 I'm ashamed ~.

016 I'm embarrassed ~.

017 Sorry to say, but ~.

018 What's worse is ~.

Date. . .

I'm sick of ~.

~것이 지겨워요.

I'm sick of
all this snow.

이렇게 눈이 많이 오는 게 지겨워.

I'm sick of
your negativity.

네 부정적 태도가 지겨워.

I'm sick of
cleaning up after my younger siblings.

내 동생들 뒤치다꺼리하는 게 지겨워.

I'm sick of
eating salad and chicken breast for every meal.

매끼마다 샐러드랑 닭 가슴살 먹는 건 지겨워.

I'm sick of
doing the dishes three times a day.

하루에 세 번 설거지하는 게 지겨워.

negativity 부정적(비관적) 성향 clean up after someone ~의 뒤를 치우다 do the dishes 설거지를 하다

어떤 상황이나 인물 때문에 짜증이 나거나 화가 날 때 쓰는 표현입니다. 때에 따라 I'm tired of ~. 또는 I'm bored of ~. (~가 지겨워요.)와 비슷한 표현입니다.

Date.　　.　　.　　　　□□□

I'm frustrated ~.

~이 불만이에요(짜증이 나요).

I'm frustrated
with my job.

내 일에 짜증이 나.

I'm frustrated
with myself for giving up so easily.

너무 쉽게 포기하는 나 자신에게 짜증이 나.

I'm frustrated *with the slow internet connection in my hotel room.*

내 호텔방의 인터넷 연결이 느려서 짜증이 나.

I'm frustrated
with my laptop that keeps crashing.

계속 고장 나는 내 노트북 때문에 짜증나.

I'm frustrated
over my lack of options.

나한테 선택할 수 있는 여지가 없어서 짜증나.

give up 포기하다　crash (컴퓨터의) 고장

좌절이나 불만을 표현할 때 사용하는 패턴입니다. 어떤 일이 뜻대로 되지 않거나 만족스럽지 못한 결과를 냈을 때 쓰죠. 비슷한 표현으로 It's frustrating when ~. (~할 때 좌절감[불만]을 느껴요.)도 있습니다.

Date. . .

I'm ashamed ~.

~이 부끄러워요.

I'm ashamed
of myself.

내 자신이 창피해.

I'm ashamed
of my past behavior.

저의 지난 행동이 부끄럽습니다.

I'm ashamed
to admit that I was wrong.

내가 틀렸다는 것을 인정하는 게 부끄러워.

I'm ashamed
to say that I haven't worked out in months.

몇 달 동안 운동하지 않았다고 말하는 게 부끄럽네.

I'm ashamed
that I don't visit my grandparents more often.

조부모님들을 더 자주 찾아 뵙지 못하는 게 부끄러워.

behavior 행동, 태도 admit 인정(시인)하다 work out 운동하다

부끄럽거나 창피하고 수치스러운 일을 겪거나 저질렀을 때 사용하는 표현입니다. 좀 부끄럽거나 어색할 때 쓰는 I'm embarrassed ~.나 미안한 마음을 표현하는 I'm sorry ~.보다 강한 뉘앙스를 나타냅니다.

Date.   .   .

I'm embarrassed ~.

~이 창피해요(민망해요).

I'm embarrassed
about the stain on my shirt.

셔츠에 얼룩이 져서 창피해.

I'm embarrassed
about talking in front of other people.

다른 사람들 앞에서 얘기한다는 게 민망해.

I'm embarrassed
about failing my final exam.

기말시험을 망쳐서 창피해.

I'm embarrassed
to dance in public.

대중 앞에서 춤을 추는 건 창피해.

I'm embarrassed
to ask for favors.

좀 봐달라고 부탁하는 건 민망해.

stain (지우기 힘든) 얼룩 in public 공개적으로, 남들 앞에서 ask for a favor 호의를 요청하다

자존심이 상하거나 창피한 일을 겪었을 때 씁니다. 또 남의 시선을 의식하게 될 때 쓸 수도 있습니다. 어떤 상황이나 인물 때문에 창피하거나 부끄러울 때 쓸 수도 있고, 어떤 행동을 하는 것이 민망하거나 어색할 때도 쓸 수 있죠.

Date. . .

Sorry to say, but ~.

이렇게 말해서 미안하지만, ~.

Sorry to say, but
I don't think we are compatible.

이렇게 얘기하는 게 죄송하지만, 우리는 어울리지 않는 것 같아요.

Sorry to say, but
this is one of the worst meals I have ever had.

이렇게 얘기하는 게 미안하지만, 이건 내가 먹어본 것 중에서 최악의 식사예요.

Sorry to say, but *the painting you want has gone up in price substantially.*

이런 말을 하게 되어서 죄송합니다만, 선생님이 원하시는 그림은 가격이 상당히 올랐습니다.

Sorry to say, but *the concert is canceled due to the artist's illness.*

이렇게 말씀드려 죄송합니다만, 연주자가 아파서 콘서트가 취소됐습니다.

Sorry to say, but *there appears to be a large dent on the side of your car.*

이런 말을 하게 되어서 유감입니다만, 댁의 차 한 쪽이 움푹 들어갔는데요.

compatible 화합할(어울릴) 수 있는 substantially 상당히, 많이 illness 병(질환) dent 움푹 들어간(찌그러진) 곳

상대방 입장에서 듣기 싫거나 받아들이기 힘든 말을 해야 할 때 쓰는 패턴입니다. 이 패턴 뒤에는 말하는 사람의 솔직한 심정이나 의도가 뒤따르는 것이 특징이랍니다.

What's worse is ~.

더 나쁜 건(설상가상으로) ~예요.

What's worse is *when my phone and laptop break on the same day.*

설상가상으로 내 휴대폰이랑 노트북이 같은 날 고장 났어.

What's worse is *when your family and friends forget your birthday.*

가족과 친구들이 다 같이 네 생일을 깜박 잊는 건 엎친 데 덮친 격이지.

What's worse is *that everyone uses filters on their dating profile photos.*

더 나쁜 건 모두 데이트 프로필 사진에 필터를 사용한다는 거지.

What's worse is *that I was forced to apologize even though I hadn't done anything wrong.*

더 나쁜 건 내가 전혀 잘못하지도 않았는데도 사과할 수밖에 없었다는 거지.

What's worse is *that everyone saw me slip on a banana peel.*

내가 바나나 껍질에 미끄러졌다는 걸 모두 봤다는 사실이 엎친 데 덮친 격이었지.

be forced to ~하도록 강요 당하다 apologize 사과하다 slip 미끄러지다

'한술 더 떠서 ~' 또는 '엎친 데 덮친 격'의 의미로, 이미 안 좋거나 불리한 상황에서 더 안 좋은 부분을 강조하여 말할 때 씁니다. 가장 최악인 면을 강조할 때 이 패턴을 써서 말해 보세요.

013

A : I just love winter. It's my favorite season.

B : No way! **I'm sick of** *all this snow.*

......

A : **I'm sick of** *cleaning up after my younger siblings.*

B : Why don't you give them simple chores to do around the house?

chore 일, 허드렛일

014

A : Why did you decide to quit work?

B : **I'm frustrated** *with my job.*

......

A : **I'm frustrated** *with the slow internet connection in my hotel room.*

B : Why don't you call front desk for some help?

front desk (호텔 · 사무실 등) 프런트, 안내 데스크

015

A : It looks like you've gained a bit of weight recently.

B : **I'm ashamed** *to say that I haven't worked out in months.*

......

A : Where do your grandparents live?

B : Just down the street. **I'm ashamed** *that I don't visit my grandparents more often.*

gain weight 체중이 늘다

013 A : 난 겨울이 너무 좋아. 내가 제일 좋아하는 계절이야. B : 난 아냐! 난 눈이 이렇게 많이 오는. 게 지겨워. | A : 내 동생들 뒤치다꺼리하는 게 지겨워. B : 동생들에게 간단한 집안일을 하게 하는 건 어때? 014 A : 왜 직장을 그만두려고 결정한 거야? B : 내 일에 짜증이 나서. | A : 내 호텔방의 인터넷 연결이 느려서 짜증이 나. B : 프런트에 전화해서 도움을 받지 그래? 015 A : 요즘 네 체중이 좀 는 것 같아. B : 몇 달 동안 운동하지 않았다고 말하는 게 부끄럽네. | A : 네 조부모님의 댁은 어디니? B : 바로 길 저쪽이야. 조부모님을 더 자주 찾아 뵙지 못하는 게 부끄러워.

□□□

016

A : Why aren't you going out for dinner with us after class?

B : **I'm embarrassed** *about the stain on my shirt.*

......

A : Why don't you ask one of your coworkers to switch shifts with you?

B : **I'm embarrassed** *to ask for favors.*

stain 얼룩 switch shift 교대 근무를 바꾸다

017

A : Are you interested in meeting me for another date?

B : **Sorry to say, but** *I don't think we are compatible.*

......

A : I can't believe I finally get to see my favorite artist in concert!

B : **Sorry to say, but** *the concert is canceled due to the artist's illness.*

018

A : Where's your laptop?

B : It's being repaired. **What's worse is** *when my phone and laptop break on the same day.*

......

A : Why are your pants dirty and ripped? Are you okay?

B : **What's worse is** *that everyone saw me slip on a banana peel.*

016 A : 수업이 끝난 후에 우리랑 저녁 식사하러 나가는 건 어때? B : 셔츠에 얼룩이 져서 창피해. | A : 네 동료한테 교대 근무 조를 바꿔달라고 부탁해 보는 건 어때? B : 좀 봐달라고 부탁하는 게 민망해. 017 A : 저랑 다음에 또 데이트하실 생각이신가요? B : 이렇게 얘기하는 게 죄송하지만, 우리는 어울리지 않는 것 같아요. | A : 드디어 제가 제일 좋아하는 연주자를 콘서트에서 볼 수 있다는 것이 믿어지지 않아요! B : 이렇게 말씀드려 죄송합니다만, 연주자가 아파서 콘서트가 취소됐습니다. 018 A : 네 노트북 어디 있니? B : 수리 중이야. 설상가상으로 내 휴대폰이랑 노트북이 같은 날 고장 났어. | A : 왜 네 바지가 더러워지고 찢어졌니? 너 괜찮아? B : 내가 바나나 껍질에 미끄러졌다는 걸 모두 봤다는 사실이 엎친 데 덮친 격이었지.

Pattern 019-024

Chapter 04

확신하거나 하소연하기

이번 Chapter에서는 어떤 일에 대해 확신할 때, 반대로 긴가민가해서 의심할 때 쓰는 패턴을 배워봐요. I don't know if ~.(~인지 잘 모르겠어요.)로 일관하던 표현에서 벗어나 확신의 정도, 가능성의 정도에 따른 다양한 어감의 표현을 익혀보세요.

I'm (not) sure ~.

난 ~을 확신해요(~이 확실하지 않아요).

I'm sure
I made the right decision.

내가 올바른 결정을 내렸다고 확신해.

I'm sure
his birthday is the day after tomorrow.

난 그의 생일이 모레라고 확신해.

I'm not sure
if my cousins will be able to make it tonight.

내 사촌이 오늘 밤 올 수 있으리라고는 확신하지 못하겠어.

I'm not sure
if we will be going away this summer.

우리가 이번 여름에 떠날 수 있다고 확신하지 못하겠어.

I'm not sure
what time my appointment is.

내 약속이 몇 시인지 확실치가 않아.

make the right decision 올바른 결정을 하다 the day after tomorrow 모레
go away (휴가를 맞아) 집을 떠나다

이 패턴은 확신이나 불확신을 나타내는 표현입니다. I'm sure ~는 '분명히 ~' 혹은 '틀림없이 ~'의 뜻으로 자기 생각에 자신이 있을 때 쓸 수 있죠. 반대로 I'm not sure ~는 상황을 잘 몰라서 확실한 답변을 해 줄 수 없을 때 많이 씁니다.

PATTERN CHALLENGE

Date. . .

020

☐☐☐

I have doubts about ~.

~에 대해 확신이 없어요(의심스러워요).

I have doubts about
the future of cryptocurrency.

가상 화폐의 미래는 불확실해.

I have doubts about
my colleague's intentions.

내 동료의 의도가 의심스러워.

I have doubts about
transferring to another university.

다른 대학으로 전학 갈 수 있는지 불투명해.

I have doubts about
trying to solve this issue on my own.

이 문제를 나 혼자 해결할 수 있는지 불투명해.

I have doubts about
several of the decisions I made today.

내가 오늘 한 결정 중에서 몇 가지는 확신이 없어.

cryptocurrency 암호(가상) 화폐 intention 의사, 의도 transfer 전근(전학) 가다

누군가나 어떤 상황에 대해 확신이 없을 때 쓰는 표현입니다. 어떤 대상을 향한 확신이 약하고 회의가 들 때 사용할 수 있다는 점에서, I'm suspicious about ~. (~가 수상해.)과는 쓰임이 구별되니 유의하세요!

Date. . .

I'm suspicious about(of) ~.

~이 의심스러워요(미심쩍어요).

I'm suspicious of
people who talk very quickly and too much.

말하는 속도가 너무 빠르거나 말을 너무 많이 하는 사람은 미심쩍어.

I'm suspicious of
deals that seem too good to be true.

믿을 수 없을 정도로 너무 좋아 보이는 거래는 의심스러워.

I'm suspicious of
emails claiming that I have won a big prize.

내가 큰 상을 받는다고 주장하는 이메일은 의심스러워.

I'm suspicious about
his true intentions.

그의 진정한 의도가 미심쩍어.

I'm suspicious about
the motives of the insurance agent.

그 보험 담당자의 동기가 의심스러워.

too good to be true 너무 좋아서 믿어지지 않는(의심스러운) claim 주장하다 motive 동기, 이유

어떤 사람이나 상황이 수상쩍거나 의심스러울 때 쓰는 패턴입니다. 특히, 사람이나 상황을 믿지 못해서 조심스러워할 때 이 패턴을 써서 말하는 경우가 많습니다. 바로 앞에서 배운 I have doubts about ~. (~을 잘 모르겠어요.)과 의미를 구별해 사용해 주세요.

PATTERN CHALLENGE
022

Date. . .

☐☐☐

I need to check if ~.

~인지 아닌지 확인할 필요가 있어요.

I need to check if
my appointment has been postponed.

내 예약이 연기됐는지 확인할 필요가 있어.

I need to check if
we are all in agreement.

우리 모두 동의하고 있는지 확인할 필요가 있어.

I need to check if
my grandmother needs any groceries.

우리 할머니가 식료품이 필요한지 확인할 필요가 있어.

I need to check if
I have any plans at that time.

그때 내가 다른 약속이 있는지 확인할 필요가 있어.

I need to check if
she is still not feeling well.

그녀가 아직도 몸이 좋지 않은지 확인해야겠어.

postponed 연기하다, 미루다 in agreement 일치하여 groceries 식료품류

말하는 대상이나 현상에 대한 확신이 없어서 확인해야 할 때 쓰는 패턴입니다. 이때 check 다음에 오는 if절은 '~인지 아닌지'라는 뜻의 명사절입니다.

PATTERN CHALLENGE

023

Date. . .

□ □ □

It's hard to believe (that) ~.

~라는 게 믿기 어려워요.

It's hard to believe
the cat is already five years old.

그 고양이가 벌써 5살이라는 게 믿기 어려워.

It's hard to believe
we have known each other for thirty years.

우리가 안 지 30년이 됐다는 게 믿기 어려워.

It's hard to believe
the celebrity couple broke up.

그 유명 인사 커플이 갈라섰다는 게 믿기 어려워.

It's hard to believe
they left without saying goodbye.

그 사람들이 작별 인사도 하지 않고 떠났다는 게 믿기 어려워.

It's hard to believe
I won the contest.

내가 그 대회에서 우승했다는 게 믿기 어려워.

break up 헤어지다, 관계를 끊다   contest 대회, 시합

믿기 힘들 정도로 놀라운 일을 목격하거나 들었을 때, 혹은 의외의 사실을 알게 되었을 때 쓸 수 있는 패턴입니다. 또, 사실 본심은 그게 아니지만 분위기상 상대방을 과장되게 칭찬해 줄 때도 이 표현을 쓸 수 있죠.

PATTERN CHALLENGE

Date. . .

024

□□□

There's a good chance (that) ~.

~의(하게 될) 가능성이 커요.

There's a good chance that *they won't last much longer.*

걔들은 오래 가지 못할 가능성이 커.

There's a good chance that *we are going trekking tomorrow.*

우리는 내일 트레킹을 할 가능성이 커.

There's a good chance that *I will be taking a year off from school.*

학교를 1년 휴학할 가능성이 커.

There's a good chance that *I will run into a few people I know at the event.*

그 행사에서 내가 아는 사람들과 맞닥뜨릴 가능성이 커.

There's a good chance that *I'll be taking a business trip to Singapore next month.*

다음 달에 싱가포르로 출장을 갈 가능성이 커.

trekking 등산, 트레킹 take time off from school 휴학을 하다 run into someone ~와 우연히 만나다

어떤 일이 일어날 가능성이 높을 때 쓸 수 있는 패턴입니다. '~할 가능성이 충분해요.'라는 뜻으로 말할 때 쓸 수 있죠. 뒤에는 that절이 오거나 〈of + 명사(구)〉 형태가 오기도 합니다.

019

A : Will you be joining us for brunch tomorrow?

B : I will have to let you know later. **I'm not sure** *what time my appointment is.*

......

A : Do you have any vacation plans coming up?

B : **I'm not sure** *if we will be going away this summer.*

020

A : Did you hear that John has made a fortune from investing in coins? Should we try it too?

B : **I have doubts about** *the future of cryptocurrency.*

......

A : Have you given more thought to moving to a school closer to home?

B : Not really. **I have doubts about** *transferring to another university.*

make a fortune 부자가 되다 invest 투자하다

021

A : We have to go to the computer store today. It is advertising some amazing deals.

B : **I am suspicious of** *deals that seem too good to be true.*

......

A : Are you planning on meeting that new guy again?

B : **I am suspicious about** *his true intentions.*

deal 거래, 흥정

019 A : 내일 우리랑 브런치 같이 먹을 거야? B : 나중에 알려 줄게. 내 약속이 몇 시인지 확실치가 않아. | A : 휴가 계획은 세워 놨어? B : 우리가 이번 여름에 떠날 수 있다고 확신하지 못하겠어. 020 A : 존이 비트코인에 투자해서 엄청 벌었다는 소식 들었어? 우리도 해 볼까? B : 가상 화폐의 미래는 불투명해. | A : 집에서 가까운 학교로 옮기는 문제에 대해서 생각을 더 해 봤어? B : 별로. 다른 대학으로 전학 갈 수 있는지 불투명해서. 021 A : 우리 오늘 컴퓨터 판매점에 가야겠어. 엄청난 조건(거래)의 광고를 하고 있더라고. B : 믿을 수 없을 정도로 너무 좋아 보이는 거래는 의심스러워. | A : 그 새로 온 친구를 또 만날 계획이야? B : 그의 진정한 의도가 미심쩍어.

☐☐☐

022

A : Will you be able to join us on our hike?

B : **I need to check if** *I have any plans at that time.*

……

A : Let's get Jane and go out for dinner.

B : **I need to check if** *she is still not feeling well.*

023

A : So they were gone when you woke up?

B : Yes. **It's hard to believe** *they left without saying goodbye.*

……

A : I heard that thousands of people had entered!

B : **It's hard to believe** *I won the contest.*

enter 도전하다

024

A : I hope we can meet again soon!

B : **There's a good chance that** *I'll be taking a business trip to Singapore next month.*

……

A : Have you chosen your courses for the upcoming semester?

B : No. **There's a good chance that** *I will be taking a year off from school.*

022 A : 우리 등산 갈 때 같이 가지 않을래? B : 그때 내가 다른 약속이 있는지 확인할 필요가 있어. | A : 제인을 불러서 저녁 식사하러 나가자. B : 그녀가 아직도 몸이 좋지 않은지 확인해야겠어. 023 A : 그래서 네가 깨어 보니 그 사람들이 사라졌단 말이야? B : 그래. 그 사람들이 작별 인사도 하지 않고 떠났다는 게 믿기 어려워. | A : 수천 명이 출품했다고 하던데! B : 내가 그 대회에서 우승했다는 게 믿기 어려워. 024 A : 곧 다시 만날 수 있기를 바랍니다! B : 다음 달에 싱가포르로 출장을 갈 가능성이 큽니다. | A : 이번 학기에 들을 과목 골랐니? B : 아니. 학교를 1년 휴학할 가능성이 커.

Pattern 025-028

Chapter 05

그 밖에 유용한 형용사 활용하기

그 밖에 형용사를 활용한 유용한 표현들을 알아보아요. '충분하다', '마다하지 않다', '(가벼운 느낌의) 중독되다' 등 일상생활에서 많이 쓰이는 표현입니다. 패턴 28까지 학습을 마쳤다면 여러분은 알짜배기 형용사 패턴을 충분히 배우신 겁니다.

025 be ~ enough to

026 be available to

027 I'm addicted to ~.

028 I'm willing to ~.

PATTERN CHALLENGE
025

Date. . .

be ~ enough to

할 정도로 ~하다

She is *brave* enough to *try new things.*

그 여자는 새로운 것들을 시도할 정도로 용감해.

I'm not strong enough to *carry the dresser alone.*

나는 서랍장을 혼자 나를 정도로 힘이 세지는 않아.

You're smart enough to *know when to keep quiet.*

너는 언제 침묵을 지켜야 하는지 알 정도는 되잖아.

They are *thin* enough to *all sit in the backseat together.*

걔들은 뒷좌석에 모두 같이 앉아도 될 정도로 몸이 말랐어.

My children are *old* enough to *walk to and from school alone.*

내 아이들은 혼자서 등하교를 할 수 있을 정도로 나이가 들었어.

dresser 서랍장 backseat 뒷자리

이 패턴은 직역하면 '~을 하기에 충분하다'라는 뜻이지만 주로 '어떤 행동을 할 만큼(정도로) ~하다'라는 의미를 나타냅니다. 어떤 사물이나 사람 또는 상황의 특징을 강조하여 말할 때 쓸 수 있는 표현입니다.

Date. . . □□□

be available to

할 수 있는, 가능한

My sister is available to
look after the kids this weekend.

내 여동생이 이번 주말에 아이들을 돌봐 줄 수 있어.

I am available to
drive the kids to the field trip tomorrow.

내가 내일 아이들을 현장 학습 장소로 태워 줄 수 있어.

He is available to
help us move next month.

우리가 다음 달에 이사할 때 그가 도와줄 수 있어.

The medical records will be available to
the patient tomorrow.

진료 기록을 내일 그 환자한테 전해 줄 수 있을 거예요.

This discount is available to
students only.

이 할인은 학생에게만 가능합니다.

field trip 견학, 현장 학습   medical record 진료 기록   discount 할인

이 패턴은 어떤 것을 할 수 있는 시간이나 능력이 있다고 말할 때 씁니다. 이때 to 뒤에는 동사원형이 오죠. 또한 어떤 사물이나 기록, 정보 등이 누군가에게 공개돼 이용(접근) 가능하다고 말할 때도 쓸 수 있는데, 이때 to 뒤에는 '누군가'에 해당하는 사람 명사가 오죠.

Date. . .

I'm addicted to ~. 나는 ~에 중독됐어요.

I'm addicted to *this new online game.*

나는 새로 출시된 이 온라인 게임에 중독됐어.

I'm addicted to *foreign films.*

나는 외국 영화에 중독됐어.

I'm addicted to *coffee.*

나는 커피에 중독됐어.

I'm addicted to *this new reality show.*

나는 이 새로 방영되는 리얼리티 쇼에 중독됐어.

I'm addicted to *shopping.*

나는 쇼핑에 중독됐어.

foreign film 외국 영화 reality show 리얼리티 쇼

인터넷 중독, 게임 중독부터 카페인 중독, 초콜릿 중독에 이르기까지 '중독'이란 말을 여기저기 붙여 쓰는 거 많이 들어봤죠? 이렇게 뭔가에 심하게 빠져 있거나 탐닉하고 있는 상황을 표현할 때 addicted라는 말을 써서 나타낸답니다.

Date. . .

I'm willing to ~.

나는 ~하기를 마다하지 않아요.

I'm willing to
take responsibility.

나는 책임을 지기를 마다하지 않아.

I'm willing to
work overtime.

나는 기꺼이 초과 근무를 하겠어.

I'm willing to
spend up to five hundred dollars on a new desk.

나는 새 책상을 사는 데에 5백 달러까지 쓰는 것은 마다하지 않아.

I'm willing to
make sacrifices for my family.

내 가족을 위해서는 희생하는 것을 마다하지 않아.

I'm willing to
drive over an hour to pick her up.

나는 그녀를 데리고 오느라 한 시간 넘게 운전하는 것은 마다하지 않아.

responsibility 책임, 의무 work overtime 시간 외 근무하다 make a sacrifice 희생하다

willing이 '자발적인, 마다하지 않는, 기꺼이 ~하는'이라는 뜻인 거 알죠? 따라서 I'm willing to ~.라고 하면 자신이 어떤 일을 할 자발적인 의지가 있을 때 '(기꺼이) ~할 용의가 있어요.'라는 의미로 사용하는 패턴이랍니다.

025

A : Can you believe she agreed to go sky diving?

B : *She* **is** *brave* **enough to** *try new things.*

……

A : That was such an uncomfortable meeting.

B : *You* **are** *smart* **enough to** *know when to keep quiet.*

uncomfortable 불편한 keep quiet 침묵을 지키다, 잠자코 있다

026

A : I guess one of us won't be able to make it to the wedding.

B : *Actually, my sister* **is available to** *look after the children this weekend.*

……

A : I have a coupon code for this purchase.

B : Sorry. *This discount* **is available to** *students only.*

coupon code (상품 등의) 할인권 번호

027

A : Isn't that your fifth cup of coffee today?

B : Sadly, yes. **I'm addicted to** *coffee.*

……

A : What are all these bags in the trunk of your car?

B : You know me. **I'm addicted to** *shopping.*

trunk 차 트렁크

028

A : It's going to get very busy at work next month.

B : **I'm willing to** *work overtime.*

……

A : I don't know if there will be any buses running that late.

B : No problem. **I'm willing to** *drive over an hour to pick her up.*

025 A : 너는 그녀가 스카이다이빙을 하러 가겠다고 동의한 것을 믿을 수 있니? B : 걔는 새로운 것들을 시도할 정도로 용감해. | A : 그 자리는 너무나 불편한 회합이었어. B : 너는 언제 침묵을 지켜야 하는지 알 정도는 되잖니. **026** A : 우리 중 한 명은 결혼식에 참석하지 못할 것 같아. B : 사실 내 여동생이 이번 주말에 아이들을 돌봐 줄 수 있어. | A : 이걸 살 수 있는 쿠폰 코드를 갖고 있는데요. B : 미안합니다. 이 할인은 학생에게만 가능합니다. **027** A : 너는 오늘 커피를 다섯 잔째 마시는 거 아냐? B : 유감스럽지만 맞아. 나는 커피에 중독됐어. | A : 네 차 트렁크에 있는 이 모든 가방들은 다 뭐야? B : 너는 나 잘 알고 있잖아. 나는 쇼핑에 중독됐어. **028** A : 다음 달에는 직장 일이 굉장히 바빠질 거야. B : 기꺼이 초과 근무를 하겠어. | A : 그렇게 늦게까지 버스가 다닐지는 잘 모르겠어. B : 문제없어. 나는 그녀를 데리고 오느라 한 시간 넘게 운전하는 것은 마다하지 않아.

Part 2

간단하지만 다채롭게, 동사 활용 패턴

많이 쓰는 동사 다섯 개 정도만 제대로 알아도 웬만한 대화가 가능하다는 사실 알고 있나요? 이번 Part에서는 동사를 활용한 다양한 패턴을 익힙니다. 특히 동사와 전치사가 결합하여 새로운 뜻을 만드는 동사구를 이용한 패턴을 활용하면 '영어 좀 하는데!'라는 느낌을 줄 수 있어요.

Pattern 029-032

Chapter 06

Feel

'느끼다'라는 기본 의미에서 알 수 있듯 feel은 감정, 기분과 가장 긴밀하게 연결된 동사예요. 이번 Chapter에서는 동사 feel을 활용해서 감사함을 표현하는 패턴, 무엇을 하고 싶은 기분인지 말하는 패턴, 기분이 나아짐을 말하는 패턴 등, 다채로운 feel 사용법을 배워보아요.

029 I feel grateful ~.

030 I feel like ~.

031 I feel better knowing that ~.

032 Feel free to ~.

Date. . .

□ □ □

I feel grateful ~.

~에 고마움을 느껴요.

I feel grateful
to my amazing neighbors.

나는 멋진 우리 이웃 사람들에게 고마움을 느껴.

I feel grateful
for my supportive parents.

나를 지원해 주시는 부모님에게 고마움을 느껴.

I feel grateful
when I have capable colleagues.

유능한 동료들이 있을 때 고마움을 느껴.

I feel grateful
when my son has compassionate friends.

우리 아들에게 인정 있는 친구들이 있으면 고마움을 느껴.

I feel grateful
that no one was injured in the accident.

그 사고에서 아무도 다치지 않았다는 것에 고마움을 느껴.

supportive 지원하는, 힘을 주는 capable 유능한 compassionate 연민 어린, 동정하는 injured 다친

어떤 상황에 대해 감사나 고마움을 느낄 때 쓰는 패턴입니다. 뒤에 〈for + 명사(구)〉나 that절 등이
올 수 있습니다.

PATTERN CHALLENGE

030

Date. . .

I feel like ~.

~을 하고 싶은 기분이에요.

I feel like
eating something light such as a salad.

나는 샐러드 같은 가벼운 음식을 먹고 싶은 기분이야.

I feel like
going for a quick run later.

나중에 간단히 뛰고(조깅하고) 싶은 기분이 들어.

I feel like
you're not listening to me.

네가 내 말을 듣고 있지 않다는 기분이 들어.

I feel like
you and I are really compatible.

너와 내가 정말 잘 맞는다는 기분이 들어.

I feel like *the time has come for me*
to make some important decisions about my life.

내 인생에 있어서 중요한 결정을 내려야 할 시간이 다가온 것 같은 기분이 들어.

compatible 화합할 수 있는   make an important decision 중대한 결정을 내리다

뭔가를 하고 싶거나 먹고 싶거나 갖고 싶거나 등등 뭔가를 원할 때 이 패턴을 써서 말합니다. 반대로 '~하고 싶지 않아요.'는 I don't feel like ~.라고 하면 되죠. 이때 like는 '~처럼, ~같은'이란 뜻으로, 전치사와 접속사로 모두 쓰이기 때문에 like 뒤에는 명사, 동명사, 절 모두 올 수 있어요.

Date. . .

I feel better knowing that ~.

~는 것을 알게 되어 기분이 좋아요.

I feel better knowing that
he really appreciated my gesture.

그가 내 행동에 매우 감사했다는 것을 알게 되어서 기분이 좋아.

I feel better knowing that
we contributed to the success of the campaign.

우리가 그 캠페인의 성공에 기여했다는 것을 알게 돼서 기분이 좋아.

I feel better knowing that
I will be going on vacation soon.

곧 방학이 된다는(휴가 가는) 것을 알게 되어 기분이 좋아.

I feel better knowing that *you never liked the vase that I accidentally broke.*

내가 실수로 깨뜨린 꽃병을 네가 전혀 좋아하지 않았다는 것을 알게 되어 기분이 낫네.

I feel better knowing that *I'm not the only one here who can't eat spicy food.*

매운 음식을 먹지 못하는 사람이 나 혼자가 아니라는 사실을 알게 되어 기분이 좋아.

gesture (의사 표시) 행위 contribute to ~에 기여하다 accidentally 우연히, 실수로 spicy food 매운 음식

어떤 일을 알게 된 덕분에 기분이 좋아졌을 때 이 패턴을 쓸 수 있습니다. that 뒤에는 주어, 동사를 포함한 절을 말해 주세요. 또, better 대신 good을 써서 I feel good knowing that ~. (~하다니 기분이 좋군요.)이라고 표현할 수도 있습니다.

Date. . .

□□□

Feel free to ~.

편하게 ~하세요.

Feel free to
borrow some books from my collection.

제가 가지고 있는 책 중에서 무엇이든 빌려 가세요.

Feel free to
add me to the email distribution list.

이메일 발송 목록에 제 이름도 부담 없이 넣어 주세요.

Feel free to
bring your boyfriend to the party as well.

네 남자 친구도 파티에 부담 없이 데려와.

Feel free to
tell your friends about my catering business.

네 친구들에게 우리 출장 요리 사업에 관해서 부담 없이 얘기해 줘.

Feel free to *add some ketchup and mustard to your hamburger.*

햄버거에 케첩이랑 겨자랑 마음껏 넣으세요.

collection 소장품 distribution list 배포 목록 catering business (행사 등의) 음식 공급 사업

상대방에게 마음껏 또는 부담 없이 편하게 어떤 행동을 하라고 권하거나 제안할 때 쓰는 서비스 정신 충만한 패턴입니다. 이때 to 뒤에는 동사원형이 온다는 거 물론 잘 알고 있죠?

029

A : It's amazing that you managed to clean up your yard.

B : **I feel grateful** *to my amazing neighbors.*

……

A : Your car is smashed beyond recognition. How terrifying.

B : **I feel grateful** *that no one was injured in the accident.*

beyond recognition 알아볼 수 없을 정도로 terrifying 무서운

030

A : So what is your point?

B : Never mind. **I feel like** *you're not listening to me.*

……

A : Thanks for dinner. I had a really great time tonight.

B : Me, too. **I feel like** *you and I are really compatible.*

never mind 아무것도 아니다, 신경 쓰지 마

029 A : 너의 마당을 말끔하게 다 청소했다니 놀라워. B : 나는 멋진 우리 이웃 사람들에게 고마움을 느껴. | A : 네 차는 알아볼 수 없을 정도로 박살이 났네. 끔찍한 일이야. B : 그 사고에서 아무도 다치지 않았다는 것에 고마움을 느껴. 030 A : 그래서 네 요점이 뭐야? B : 신경 쓰지 마. 네가 내 말을 듣고 있지 않다는 기분이 들어. | A : 저녁 식사 고마워요. 오늘 밤 정말 즐거웠어요. B : 저도 그래요. 우리는 정말 잘 맞는 것 같은 기분이에요.

☐☐☐

031

A : I am exhausted from working weeks of overtime!

B : Same here. **I feel better knowing that** *we contributed to the success of the campaign.*

A : I can't wait until our last exam is over on Friday.

B : Neither can I. **I feel better knowing that** *I will be going on vacation soon.*

exhausted 기진맥진한, 진이 다 빠진

032

A : I'm really looking forward to tomorrow's party.

B : **Feel free to** *bring your boyfriend to the party as well.*

A : This burger looks delicious! I can't wait to try it.

B : **Feel free to** *add some ketchup and mustard to your hamburger.*

031 A : 몇 주째 초과 근무를 해서 지쳤어! B : 나도 그래. 우리가 그 캠페인의 성공에 기여했다는 것을 알게 돼서 기분이 좋아. | A : 우리 마지막 시험이 끝나는 금요일이 너무 기다려져. B : 나도 그래. 곧 방학이 된다는 것을 알게 되어 기분이 좋아. 032 A : 내일 파티가 정말 기대돼. B : 네 남자 친구도 파티에 부담 없이 데려와. | A : 이 햄버거는 정말 맛있겠는데요! 얼른 먹어 보고 싶어요. B : 햄버거에 케첩이랑 겨자랑 마음껏 넣으세요.

Pattern 033-037

Chapter 07

Take

영어 사전에서 take를 찾으면 수십 개의 뜻이 나오는 만큼 쓰임새가 아주 다양한 동사입니다. 이번 Chapter에서는 take를 이용한 필수 표현과 take와 전치사가 결합하여 새로운 의미로 탄생한 구동사 패턴을 알아볼게요.

033 It takes a while to ~.

034 I take after my ~.

035 I tried to take it back, but ~.

036 I took it for granted that ~.

037 I have to take off for ~.

PATTERN CHALLENGE
033

Date. . .

It takes a while to ~.
~하는 데 시간이 좀 걸려요.

It takes a while to
dye hair a vivid color.

머리를 선명한 색상으로 염색하려면 시간이 좀 걸려.

It takes a while to
commute to work from my new apartment.

새로 이사한 아파트에서 출근하려면 시간이 좀 걸려.

It takes a while to
learn how to play an instrument.

악기 연주법을 배우려면 시간이 좀 걸려.

It takes a while to
make lasagna from scratch.

아무것도 없는 상태에서 라자냐를 만들려면 시간이 좀 걸려.

It takes a while to
settle in at a new school.

새로 전학 간 학교에서 적응하려면 시간이 좀 걸려.

vivid color 선명한 색상 play an instrument 악기를 연주하다
make something from scratch 기초적인 재료에서 시작하여 ~을 만들다 settle in (새 집 · 직장에) 적응하다

무슨 일을 하는 데 시간이 좀 걸린다고 말할 때 이 패턴을 씁니다. 이때 take는 '(시간이) 걸리다'라는 뜻이고, while은 '잠시, 잠깐'이라는 뜻으로 쓰였답니다.

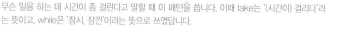

Date. . .

□□□

I take after my ~.

나는 내 ~를 닮았어요.

I take after my *father,*
who is very tall and slender.

나는 우리 아버지를 닮았어, 아버지는 키가 매우 크고 날씬하시거든.

I take after my *grandfather,*
who was musically gifted.

나는 우리 할아버지를 닮았어, 할아버지는 음악에 천부적으로 재능이 있으셨거든.

I take after my *uncle,*
who picks up languages with ease.

나는 우리 삼촌을 닮았어, 삼촌은 쉽게 외국어를 습득하거든.

I take after my *mother,*
who loved flowers.

나는 우리 어머니를 닮았어, 어머니는 꽃을 아주 좋아하셨거든.

I take after my *grandmother*
more than my mother.

나는 우리 어머니보다 할머니를 더 닮았어.

slender 날씬한, 호리호리한 gifted 재능이 있는 pick something up (습관 · 재주 등을) 익히다
do something with ease 용이하게(쉽게) 하다

take after는 '~를 닮다'는 뜻으로, 자신이 누군가를 닮았다고 말할 때 이 패턴을 씁니다. 특히 가족 중 누군가를 닮았다고 말할 때 자주 쓰는 표현이죠. 비슷한 패턴으로 더 간단하고 격의 없이 쓰이는 I'm like my ~.가 있습니다.

Date. . .

I tried to take it back, but ~.

그것을(그 말을) 반품(취소)하려고 했지만, ~.

I tried to take it back, but *the store had moved to another location.*

나도 반품하려고 했지만, 가게가 다른 데로 이사했어.

I tried to take it back, but *I couldn't because the price tag had been removed.*

나도 반품하려고 했지만, 가격표를 떼어 버려서 할 수 없었어.

I tried to take it back, but *she was convinced that I had bought the present for her.*

나도 반품하려고 했지만, 그녀는 내가 자기에게 선물하려고 그걸 샀다고 철석같이 믿고 있었어.

I tried to take it back, but *I wasn't allowed to because the package was opened.*

나도 반품하려고 했지만, 포장을 뜯었기 때문에 할 수 없었어.

I tried to take it back, but *he was too angry to listen to what I had to say.*

나도 그 말을 취소하려고 했지만, 그는 너무 화가 나서 내가 하려는 말을 듣지 않았어.

price tag 가격표 convinced 확신하는

자신이 한 말이나 행동 등을 철회하고 싶을 때 take back을 사용한 이 패턴을 쓸 수 있습니다. 또 자신이 구입한 상품을 반품 혹은 교환하려고 했지만 그러지 못했을 때도 이 패턴을 쓸 수 있습니다.

I took it for granted that ~.

나는 당연히 ~일 거라고 생각했어요.

I took it for granted that
I would find the perfect job.

나는 당연히 완벽한 직장을 찾을 수 있다고 생각했어.

I took it for granted that
she would always be there for me.

나는 당연히 그 여자는 항상 내 곁에 있을 것이라고 생각했어.

I took it for granted that
you would never forget our anniversary.

나는 당연히 당신이 우리 기념일을 절대 잊지 않을 거라고 생각했어.

I took it for granted that *there would always be something to eat in the cupboard.*

나는 당연히 찬장에는 항상 먹을 것이 있을 거라고 생각했어.

I took it for granted that *the company would always promote a healthy work-life balance.*

당연히 회사는 항상 건전한 워라벨을 추구할 것이라고 생각했어.

anniversary 기념일　cupboard 찬장　work-life balance 워라밸, 일과 삶의 균형

자신이 당연시했던 일이나 대상이 더 이상 당연하지 않게 되거나 더 이상 존재하지 않게 되자 후회스러울 때나 아쉬울 때 이 패턴을 씁니다.

PATTERN CHALLENGE

037

Date. . .

☐☐☐

I have to take off for ~.

~때문에 가야(떠나야) 해요.

I have to take off for
my follow-up dental appointment.

나는 치과 재진료 약속 때문에 가야 해.

I have to take off for
a family dinner in a few minutes.

나는 가족 저녁 식사 때문에 몇 분 후에 가야 해.

I have to take off for
my dormitory before the gates are closed.

나는 기숙사 문이 닫히기 전에 기숙사로 가야 해.

I have to take off *on a vacation*
before this stress turns my hair all gray!

나는 이 스트레스 때문에 머리카락이 온통 하얗게 세기 전에 휴가를 떠나야 해!

I have to take off for *my Pilates session*
that starts in five minutes.

나는 필라테스 수업 때문에 5분 후에 떠나야 해.

follow-up appointment 후속 예약 dormitory 기숙사 turn one's hair gray 백발이 되다, 머리가 세다

어디론가 가야 한다고 말할 때 쓰는 패턴으로, 급히 혹은 서둘러 떠나야 한다는 뉘앙스를 포함하고 있습니다. 여기서 take off는 '떠나다, 자리를 뜨다'라는 뜻으로 쓰인다는 거 알아두세요.

033

A : How was your first commute after the big move?

B : **It takes a while to** *commute to work from my new apartment.*

……

A : Are you enjoying your guitar lessons?

B : *Yes, but* **it takes a while to** *learn how to play an instrument.*

034

A : I can't believe how quickly you've learned to play the cello!

B : **I take after my** *grandfather, who was musically gifted.*

……

A : Your garden is absolutely beautiful!

B : **I take after my** *mother, who loved flowers.*

035

A : Why are you wearing the shirt you wanted to return?

B : **I tried to take it back, but** *I couldn't because the price tag had been removed.*

……

A : This tastes terrible! You should definitely return it for a refund.

B : **I tried to take it back, but** *I wasn't allowed to because the package was opened.*

definitely 분명히

033 A : 그렇게 멀리 이사하고 나서 첫 출퇴근은 어땠어? B : 새로 이사한 아파트에서 출근하려면 시간이 좀 걸려. | A : 기타 레슨은 재미있니? B : 그럼. 그런데 악기 연주법을 배우려면 시간이 좀 걸려. 034 A : 첼로 연주를 그렇게 빨리 배우다니 믿을 수 없네! B : 나는 우리 할아버지를 닮았어. 할아버지는 음악에 천부적으로 재능이 있으셨거든. | A : 당신네 정원은 너무 아름다워요! B : 저는 우리 어머니를 닮았어요. 어머니는 꽃을 아주 좋아하셨거든요. 035 A : 반품하려고 한 셔츠를 왜 입고 있니? B : 나도 반품하려고 했지만, 가격표를 떼어 버려서 할 수 없었어. | A : 이거 맛이 형편없잖아! 꼭 반품해서 환불을 받아. B : 나도 반품하려고 했지만, 포장을 뜯었기 때문에 할 수 없었어.

036

A : I can't believe Joan refuses to answer your calls or call you back.

B : **I took it for granted that** *she would always be there for me.*

……

A : I'm so sorry. I promise I'll make it up to you this weekend!

B : **I took it for granted that** *you would never forget our anniversary.*

make it up to someone (잘못한 일에 대해) 성의를 보이다, 보상하다

037

A : Are you going to be sticking around for a while?

B : No. **I have to take off for** *a family dinner in a few minutes.*

……

A : Why don't we hang out for a little while longer?

B : Sorry. **I have to take off for** *my dormitory before the gates are closed.*

stick around 가지 않고 있다(머무르다)

036 A : 조안이 네 전화를 거절하고 네 전화에 답하지 않는다는 것을 믿을 수가 없어. B : 당연히 걔는 항상 내 곁에 있을 것이라고 나는 생각했어. | A : 미안해. 이번 주말에 내 잘못을 백배 보상할게! B : 나는 당연히 당신이 우리 기념일을 절대 잊지 않을 거라고 생각했어. 037 A : 좀 더 있을 거지? B : 아니. 나는 가족 저녁 식사 때문에 몇 분 후에 가야 해. | A : 우리 좀 더 같이 있는 게 어때? B : 미안해. 나는 기숙사 문이 닫히기 전에 기숙사로 가야 해.

Pattern 038-042

Chapter 08

Look

look은 '보다'라는 기본 의미에서 파생하여 '알아보다', '조사하다', '우러러보다'와 같은 다양한 의미로 쓰여요. 특히 look 뒤에 나오는 전치사에 따라 의미가 크게 변하니 전치사와 함께 묶어 구동사 패턴으로 알아두는 것이 좋아요.

038 I'm looking forward to ~.

039 I'm looking into -ing ~.

040 Let me look into ~.

041 I want to look up ~.

042 I look up to ~.

Date. . .

□□□

I'm looking forward to ~.

나는 ~하기를 고대하고 있어요.

I'm looking forward to
the sale at the boutique next door.

옆집 부티크의 세일을 고대하고 있어.

I'm looking forward to
hanging out with you next weekend.

다음 주말에 너랑 함께 시간을 보낼 것을 고대하고 있어.

I'm looking forward to
watching my favorite playwright's latest play.

내가 제일 좋아하는 극작가의 최근 연극 관람을 고대하고 있어.

I'm looking forward to
visiting my alma mater for the alumni reunion.

나는 동창회가 열리는 모교에 가보기를 고대하고 있어.

I'm looking forward to
the annual music festival.

나는 매년 열리는 음악 페스티벌을 고대하고 있어.

boutique 양품점 alma mater 모교, 출신교 alumni 졸업생들 reunion 모임, 동창회 annual 매년(연례)의

look forward to는 많이 들어본 숙어죠? '~을 고대하다, ~을 즐거운 마음으로 기다리다'라는 뜻으로 쓰는 표현이랍니다. 아직 벌어지지 않은 일에 대해 주로 즐거운 마음으로 기다리거나 기대에 부풀어 있을 때 사용하죠. 이때 to는 전치사니까 뒤에는 명사나 동명사가 와야 합니다.

Date. . .

□□□

I'm looking into -ing ~.

~하는 것을 고려하고 있어요.

I'm looking into going *back to school.*

복학하는 것을 고려하고 있어.

I'm looking into investing *in a food truck.*

푸드 트럭에 투자하는 것을 고려하고 있어.

I'm looking into spending *a year abroad in Europe.*

유럽 각지에서 1년 동안 지내는 것을 고려하고 있어.

I'm looking into enrolling *in martial arts classes.*

무술 수업에 등록하는 것을 고려하고 있어.

I'm looking into transferring *to another branch at my company.*

우리 회사의 다른 지점으로 전근하는 것을 고려하고 있어.

invest in ~에 투자하다 spend time abroad 해외에서 시간을 보내다 martial arts 무도, 무술 branch 지사

look into는 직역하면 '~의 속을 들여다보다, 응시하다'라는 뜻인데, '~을 알아보다, ~을 조사하다'라는 뜻으로 많이 쓰입니다. 이 뜻 그대로 뭔가에 대해 관심을 갖고 알아보거나 조사 중일 때 사용하는 패턴이 되는 거죠.

Date. . .

□□□

Let me look into ~.

내가 ~을 조사해 볼게요.

Let me look into
a more reasonable option.

내가 보다 합리적인 옵션을 알아볼게.

Let me look into
the cause of the accident.

내가 그 사고의 원인을 알아볼게.

Let me look into
what is included in each plan.

그 보험들에 뭐가 포함되어 있는지 내가 알아볼게.

Let me look into
rescheduling the class for another day.

그 수업을 다른 날로 조정할 수 있는지 알아볼게.

Let me look into
whether we can get any employee discounts.

내가 직원 할인을 받을 수 있는지 알아볼게.

reasonable 합리적인 reschedule 일정을 변경하다 employee discount 직원 할인

바로 앞에서 배운 look into라는 표현을 여기서도 활용해 봅시다. Let me ~.는 '~할게요.'라는 뜻으로 일상 회화에서 자주 쓰는 표현입니다. Let me look into ~.는 이 두 표현을 합쳐 만든 패턴으로 뭔가에 대해 알아보거나 조사하겠다는 뜻으로 말할 때 쓰죠.

Date. . .

☐ ☐ ☐

I want to look up ~.

~을 찾아보고 싶어요.

I want to look up
her contact information.

그 여자의 연락처를 찾아보고 싶어.

I want to look up
this word in the thesaurus.

유의어 사전에서 이 단어를 찾아보고 싶어.

I want to look up
historic sites in Israel.

이스라엘에 있는 역사 유적지들을 찾아보고 싶어.

I want to look up
the distance between my place and the stadium.

우리 집과 경기장 사이의 거리를 찾아보고 싶어.

I want to look up
an old friend who lives in Los Angeles.

로스앤젤레스에서 사는 옛 친구를 찾아보고 싶어.

contact information 연락처 thesaurus 유의어 사전 historic site 유적지

look up이 '~을 찾아보다'라는 뜻인 거 아세요? 이 표현을 사용해서 I want to look up ~.이라고 하면 주로 사전이나 인터넷, 안내 책자, 참고 자료 등에서 뭔가를 자세히 알아보거나 찾아보고 싶다는 의미로 쓸 수 있답니다.

Date. . .

I look up to ~.

나는 ~를 존경해요.

I look up to *those who do volunteer work regularly.*

나는 정기적으로 자원봉사 하는 사람들을 존경해.

I look up to *my father, who worked a number of jobs while I was growing up.*

나는 내가 자랄 때 여러 가지 일을 하신 우리 아버지를 존경해.

I look up to *athletes who are able to overcome serious sporting injuries.*

운동하다 심각한 부상을 당해도 극복할 수 있는 운동선수들을 나는 존경해.

I look up to *people who are always willing to lend a helping hand.*

언제나 도움의 손길을 흔쾌히 내미는 사람들을 나는 존경해.

I look up to *healthcare organizations that serve at-risk communities.*

위기에 처한 지역 사회를 돌보는 의료 기관들을 나는 존경해.

sporting injury 선수 상해 be willing to 기꺼이 ~하다 lend a helping hand 도와주다
at-risk community (가정에서) 위험한 환경에 있는 주민

look up to는 직역하면 '~를 올려다보다'라는 뜻으로, 즉 '~를 존경하다'라는 뜻으로 쓰입니다. 이 의미 그대로 I look up to ~. 하면 누군가에 대한 존경심을 표현할 수 있죠. 이때 to 뒤에는 존경하는 대상이 나와야겠죠?

038

A : I can't believe it's been months since we last met.

B : Me neither! **I'm looking forward to** *hanging out with you next weekend.*

......

A : Do you have any plans this weekend?

B : **I'm looking forward to** *watching my favorite playwright's latest play.*

039

A : Weren't you thinking about starting your own business?

B : Yes. **I'm looking into investing** *in a food truck.*

......

A : Will you be looking for a job as soon as you graduate?

B : Probably not. **I'm looking into spending** *a year abroad in Europe.*

040

A : I can't believe how expensive the hotel is!

B : Don't book it just yet. **Let me look into** *a more reasonable option.*

......

A : I'm trying to decide between these two travel insurance plans.

B : **Let me look into** *what is included in each plan.*

038 A : 우리가 지난번에 만난 지 몇 달이 지났다는 게 믿어지지 않아. B : 나도 그래! 다음 주말에 너랑 함께 시간을 보낼 것을 고대하고 있어. | A : 이번 주말에 약속 있어? B : 내가 제일 좋아하는 극작가의 최근 연극 관람을 고대하고 있어. 039 A : 창업할 생각을 하고 있던 것 아니었어? B : 응. 푸드 트럭에 투자할 것을 고려하고 있어. | A : 졸업하는 대로 직장을 구할 거니? B : 그러지는 않을 것 같아. 유럽 각지에서 1년 동안 지내는 것을 고려하고 있어. 040 A : 이 호텔은 어찌나 비싼지 믿을 수가 없네! B : 아직 예약하지 마. 내가 더 합리적인 옵션이 있는지 알아볼게. | A : 보험 설계사가 추천한 두 가지 여행자 보험 중 뭘 (선택)해야 할지 모르겠어. B : 그 보험들에 뭐가 포함되어 있는지 내가 알아볼게.

041

A : Is your travel itinerary set?

B : Almost. **I want to look up** *some historic sites in Israel.*

……

A : Are you going to drive or take the subway to the game?

B : I'm not sure. **I want to look up** *the distance from my place to the stadium.*

itinerary 여행 일정표

042

A : It seems like you really respect your father.

B : **I look up to** *my dad, who worked a number of jobs while I was growing up.*

……

A : Did you read this article about improving access to telehealth?

B : Yes. **I look up to** *healthcare organizations that serve at-risk communities.*

telehealth 원격 의료

041 A : 여행 일정은 다 잡혔어? B : 거의. 이스라엘에 있는 역사 유적지들을 찾아보고 싶어. | A : 경기장까지 차를 운전해서 갈 거니, 아니면 지하철을 타고 갈 거니? B : 확실치 않아. 우리 집과 경기장 사이의 거리를 찾아보고 싶어. 042 A : 넌 정말 네 아버지를 존경하는 것 같구나. B : 나는 내가 자랄 때 여러 가지 일을 하신 우리 아버지를 존경해. | A : 원격 진료 접근 개선에 대한 이 기사를 읽었어? B : 그래. 위기에 처한 지역 사회를 돌보는 의료 기관들을 나는 존경해.

Pattern 043-048

Chapter 09

Get

앞서 나온 take 못지않게 get도 쓰임새가 다양하기로 유명하죠. '~가 되다', '이해하다', '도착하다', '사 주다' 등 그 자체의 뜻도 다양하지만, 숙어에서도 빈번하게 쓰여요. 이번 Chapter에서는 네이티브들이 밥 먹듯이 쓰는 get 패턴을 알아볼게요.

Date. . .

□□□

It's getting ~.

점점 ~해지고 있어요.

It's getting *stuffy in here.*

여기는 점점 답답해지고 있어.

It's getting *colder each year.*

매년 점점 더 추워지고 있어.

It's getting *boring and repetitive.*

점점 지루해지고 반복되고 있어.

It's getting *more and more absurd.*

점점 더 많이 불합리해지고 있어.

It's getting *way too hard to find a parking spot on campus.*

캠퍼스 주차 공간 찾기가 갈수록 더 힘들어지고 있어.

stuffy 답답한 repetitive 반복적인 absurd 불합리한, 터무니없는

get 하면 정말 다양한 의미로 쓰는 동사죠? 그중에서도 날씨나 시간, 분위기 등이 점점 어떤 상태가 되어 가고 있다고 말할 때도 이 동사를 씁니다. 그래서 It's getting ~.은 어떤 일이나 상태의 진행 과정에 대해 말할 때 자주 사용할 수 있죠.

Date. . .

I don't get ~.

난 ~이 이해가 안돼요.

I don't get
his humor.

난 그 남자의 유머가 이해가 안돼.

I don't get
the writing assignment.

난 작문 과제가 이해가 안돼.

I don't get
why everyone is annoyed.

난 왜 모두 짜증을 내는지 이해가 안돼.

I don't get
why my wife overspends at Christmas.

난 왜 아내가 크리스마스에 돈을 그렇게 많이 쓰는지 이해가 안돼.

I don't get
what they're trying to accomplish.

난 그 사람들이 뭘 이루려고 하는지 이해가 안돼.

assignment 과제 annoyed 짜증이 난 overspend (돈을) 너무 많이 쓰다 accomplish 완수하다

여기서 get은 understand, 즉 '이해하다'라는 의미로, I don't understand ~.와 같은 의미지만 I don't get ~.은 주로 격식을 차리지 않는 상황에서 편하게 말할 때 쓰는 표현이랍니다. 반대로 I get it. 하면 '이해가 된다.'는 뜻이겠죠?

PATTERN CHALLENGE
Date. . .
045

I have to get to ~.
난 ~에 도착해야 해요.

I have to get to *my place by midnight at the latest.*

아무리 늦어도 밤 12시까지는 집에 가야 해.

I have to get to *the campsite before sunset.*

해가 지기 전에 캠프장에 도착해야 해.

I have to get to *the airport two hours before departure.*

비행기 출발 2시간 전에 공항에 도착해야 해.

I have to get to *the celebrity autograph signing before the lineup gets too long.*

줄이 너무 길어지기 전에 그 스타 사인회에 도착해야 해.

I have to get to *the bottom of what went wrong.*

무엇이 잘못됐는지 그 문제의 본질에 도달해야 해.

campsite 야영지, 캠프장 autograph signing 사인회
get to the bottom of something ~의 진짜 이유(원인)를 알아내다

get to는 '~에 도착하다, 닿다, (어떤 결과)에 이르다'라는 뜻이에요. 따라서 이 패턴은 어떤 시간이나 장소에 이르러야 할 때도 쓸 수 있고, 현재 상황에서 앞으로 나아가거나 그 방향에 대해 말할 때도 쓸 수 있습니다.

Date. . .

get A for B

B를 위해 A를 구하다(사다)

I need to get *a case*
for *my new smartphone.*

내 새 스마트폰을 넣을 케이스를 구해야 해.

Let's get *a housewarming gift*
for *the newlyweds.*

신혼부부에게 줄 집들이 선물을 사자.

She has to get *a tablet with a stylus pen*
for *the digital art class.*

그 여자는 디지털 아트 수업에 쓰는 스타일러스 펜이 딸린 태블릿을 사야 해.

We need to get *more mosquito repellent*
for *the camping trip.*

우리는 캠핑에서 쓸 모기 기피제를 더 사야 해.

Should we get *a bouquet of flowers*
for *Mom's surprise party?*

엄마의 깜짝 파티에 사용할 꽃다발을 사야 할까?

housewarming gift 집들이 선물 newlyweds 신혼부부 stylus pen (스마트폰, 태블릿용) 전자식 펜슬
mosquito repellant 모기 퇴치(기피)제 bouquet of flowers 꽃다발

get은 '사다, 사주다, 가서 가져오다'라는 의미로도 많이 씁니다. 즉, 다른 사람에게 뭔가를 사주거나 가져다줄 때 혹은 특정 장소, 이벤트에 필요한 뭔가를 구비한다고 할 때 get A for B의 패턴을 사용해 말할 수 있죠.

Date. . .

I need to get a hold of ~.

나는 ~에게 연락해야 해요(~을 구해야 해요).

I need to get a hold of
the nanny.

보모에게 연락해야 해.

I need to get a hold of
my parents to tell them the big news.

우리 부모님에게 연락해서 이 중대한 소식을 알려드려야 해.

I need to get a hold of
the customer service representative.

고객 서비스 담당자에게 연락해야 해.

I need to get a hold of
the newest gaming console.

최신 게임기 콘솔을 구해야 해.

I need to get a hold of
these reference books for my research paper.

연구 논문에 필요한 이 참고 서적들을 구해야 해.

nanny 유모 customer service representative 고객 서비스 상담원 gaming console 게임 실행 장치 reference book 참고 도서

뭔가가 필요하거나 누군가와 연락이 닿아야 할 때 쓸 수 있는 패턴이에요. 뒤에 myself를 붙여서 쓰면 '나 자신을 잡다,' 즉 '마음의 진정을 찾다'라는 의미가 돼요.

Date. . .

I try to get the most out of ~. ~을 최대한 활용하려고(효과를 높이려고) 해요.

I try to get the most out of
my trips by joining walking tours.

나는 도보 투어에 참여해서 내 여행 효과를 최대한 높이려고 해.

I try to get the most out of
my workouts by taking pre-workout supplements.

운동 전에 먹는 보조제를 먹어서 운동 효과를 최대한 높이려고 해.

I try to get the most out of
my money by following a monthly budget.

월 예산을 따라서 내 돈의 가성비를 최대한 높이려고 해.

I try to get the most out of
my data plan by disabling autoplay for videos.

비디오 자동 재생 방지를 해서 내 데이터 요금의 가성비를 최대한 높이려고 해.

I try to get the most out of
my employees by offering weekly incentives.

직원들에게 매주 인센티브를 제공해서 직원들의 능력을 최대치로 끌어올리려고 해.

get the most out of ~을 최대한 활용하다 walking tour 도보 여행 supplement 건강 보조제
budget 예산 비용 incentive 장려(우대)책

어떤 기회를 최대한 활용하려 노력한다고 말할 때 이 패턴을 활용해 보세요. take advantage of ~(~을 이용하다, ~을 기회로 활용하다)보다 더 강하고 적극적인 느낌을 주는 표현이랍니다.

043

A : Do you mind if I open the windows?

B : Not at all. **It's getting** *stuffy in here.*

……

A : Why don't you drive to school anymore?

B : **It's getting** *way too hard to find a parking spot on campus.*

044

A : **I don't get** *the writing assignment.*

B : Me neither. Let's talk to the teacher after class.

……

A : The new student is a real comedian.

B : **I don't get** *his humor.*

045

A : Why are you in such a hurry?

B : **I have to get to** *the campsite before sunset.*

……

A : Do you have a curfew?

B : **I have to get to** *my place by midnight at the latest.*

curfew 귀가 시간, 통금

043 A : 창문을 열어도 되겠습니까? B : 어서 여세요. 여기는 점점 답답해지고 있네요. | A : 왜 이제 학교에 차를 몰고 가지 않는 거니? B : 캠퍼스 주차 공간 찾기가 갈수록 더 힘들어지고 있거든. 044 A : 난 작문 과제가 이해가 안돼. B : 나도 그래. 수업이 끝난 다음에 선생님께 말해 보자. | A : 새로 온 학생은 진짜 코미디언이야. B : 난 걔 유머가 이해가 안돼. 045 A : 왜 그렇게 서두르니? B : 해가 지기 전에 캠프장에 도착해야 해. | A : 너는 귀가 시간이 정해져 있니? B : 아무리 늦어도 밤 12시까지는 집에 가야 해.

☐☐☐

046

A : We've been invited to Ben and Gina's new home.

B : *Let's* **get** *a housewarming gift* **for** *the newlyweds.*

......

A : What else do we need to bring?

B : *We need to* **get** *more mosquito repellent* **for** *the camping trip.*

047

A : Congratulations on your engagement!

B : Thanks! **I need to get a hold of** *my parents to tell them the big news.*

......

A : Are you going to file a complaint about your online purchase?

B : Yes. **I need to get a hold of** *a customer service representative.*

file a complaint 항의를 제기하다

048

A : Do you have any advice for my first trip to Paris?

B : **I try to get the most out of** *my trips by joining walking tours.*

......

A : How do you get your employees to work hard?

B : **I try to get the most out of** *my employees by offering weekly incentives.*

046 A : 벤과 지나가 새로 들어간 집에 우리를 초대했어. B : 신혼부부에게 줄 집들이 선물을 사자. | A : 그리고 또 뭘 갖고 가야지? B : 우리는 캠핑에서 쓸 모기 기피제를 더 사야 해. 047 A : 약혼을 축하해! B : 고마워! 우리 부모님에게 연락해서 이 중대한 소식을 알려드려야 해. | A : 온라인으로 산 물품에 대해서 신고할 거니? B : 응, 고객 서비스 담당자에게 연락해야 해. 048 A : 나의 첫 파리 여행에 뭔가 조언해 줄 것 있니? B : 나는 도보 투어에 참여해서 내 여행 효과를 최대한 높이려고 해. | A : 너는 어떻게 직원들이 일을 열심히 하게 하니? B : 직원들에게 매주 인센티브를 제공해서 직원들의 능력을 최대치로 끌어올리려고 해.

Pattern 049-052

Chapter 10

Seem

seem은 '~처럼 보인다'는 뜻으로, 가능하거나 추측할 때 유용하게 쓰는 동사죠. 무언가를 단언하여 딱 잘라 말하기 어려울 때 '~같아요', '~해 보여요'라고 에둘러 말하곤 하는데요. 특히나 우리나라 사람들이 이렇게 말하는 경향이 있지만 의외로 영어권에서도 활용도가 빈번한 동사랍니다.

Date. . .

□□□

It seems like ~.

~인 것 같아요.

It seems like
a brilliant idea!

참으로 뛰어난 아이디어인 것 같아!

It seems like
a reasonable deal.

합리적인 거래인 것 같아.

It seems like
a no-brainer.

식은 죽 먹기인 것 같아.

It seems like
the economy is on the mend.

경제가 반등세인 것 같아.

It seems like
she won't be able to make the flight.

그녀는 비행기를 못 탈 것 같아.

brilliant 훌륭한, 멋진 reasonable 합리적인 no-brainer 쉬운 결정 on the mend 회복 중인

뭔가에 대한 느낌을 말할 때 쓸 수 있는 패턴입니다. seem은 '~인 것 같다, ~인 듯하다'라는 의미로 확신은 없는 어떤 감이나 느낌에 쓸 수 있죠. 또 어떤 단서나 정보에 따라 결론을 추측해서 말할 때도 쓸 수 있습니다. I think ~.보다 좀 더 조심스럽고 완곡한 느낌을 주죠.

PATTERN CHALLENGE

050

Date. . .

□□□

seems ~, but ~.

~인 것 같지만, (그게 아니라) ~해요.

The boys seem *exhausted,*
but *they can't sleep.*

남자애들은 지친 것 같지만 잠을 못 자.

She seems *like an introvert,*
but *she hates being alone.*

그 여자는 내성적인 것 같지만 혼자 있는 것을 아주 싫어해.

It seems *like the idea will work,*
but *it must be tried out first.*

그 아이디어는 잘 될 것 같지만 우선 해 봐야 해.

He seems *like a great father,*
but *he has very little patience.*

그는 멋진 아빠처럼 보이지만 참을성이 거의 없어.

It seems *like my grandmother needs assistance,*
but *she refuses to ask for help.*

우리 할머니는 도움이 필요할 것 같지만 도와 달라고 하지 않아.

exhausted 진이 다 빠진 introvert 내향적인 사람 patience 인내심 assistance 도움, 지원 refuse 거절하다

어떤 사람이나 상황이 주는 인상에 비해 실상은 그렇지 않을 때 쓸 수 있는 패턴입니다. seems 다음에는 보어로 형용사를 쓰죠. 그런데 명사나 문장을 써야 한다면 이때는 seems 뒤에 like를 넣어 줘야 해요. 또 be동사를 써야 할 땐 seem to be ~의 형태로 써요.

PATTERN CHALLENGE

051

Date. . .

□□□

I can't seem to ~.

~할 수 없을 것 같아요.

I can't seem to *stick to a diet.*

다이어트를 계속할 수 없을 것 같아.

I can't seem to *pay off my debts.*

빚을 다 갚을 수 없을 것 같아.

I can't seem to *find my phone.*

내 폰을 찾을 수 없을 것 같아.

I can't seem to *stay off social media.*

SNS를 멀리할 수 없을 것 같아.

I can't seem to *remember my door passcode.*

내 현관문 비밀번호가 기억나지 않는 것 같아.

stick to something ~을 계속하다 stay off 삼가다, 멀리하다 passcode 암호

뭔가를 하려고 하지만 실패를 거듭할 때 '~을 못할 것 같아요.'라는 의미로 쓸 수 있는 패턴입니다. 즉, 노력이나 의지에도 불구하고 일이 뜻대로 되지 않을 때 활용해 보세요.

PATTERN CHALLENGE

Date. . .

052

□□□

There seems no reason to ~.

~할 이유가 전혀 없는 것 같아요.

There seems no reason to *stay here any longer.*

여기서 더 이상 머무를 이유가 전혀 없는 것 같은데.

There seems no reason to *give her all the credit.*

그녀에게 모든 공을 돌릴 이유가 전혀 없는 것 같은데.

There seems no reason to *pass up this great chance.*

이 좋은 기회를 놓칠 이유가 전혀 없는 것 같은데.

There seems no reason to *throw this away; it's perfectly fine.*

이걸 버릴 이유가 전혀 없는 것 같은데. 완전 멀쩡하잖아.

There seems no reason to *lie to him about such a trivial matter.*

그런 사소한 일로 그에게 거짓말을 할 이유가 전혀 없는 것 같은데.

give credit 공로를 인정하다 pass up (기회를) 포기하다 trivial matter 사소한 일

상대방의 어떤 결정이나 행동에 대해 그럴 이유가 없는 것 같다고 반대하는 입장을 표현할 때 쓸 수 있는 패턴입니다. to 뒤에는 동사원형이 나온다는 점에 유의하세요.

049

A : This phone plan is 50% off and includes unlimited data. What do you think?

B : **It seems like** *a no-brainer.*

……

A : I heard Anne left her passport at home.

B : Yes. **It seems like** *she won't be able to make the flight.*

050

A : Why are the kids still up at this hour?

B : *The boys* **seem** *exhausted,* **but** *they can't sleep.*

……

A : Your husband is amazing with kids.

B : *He* **seems** *like a great father,* **but** *he has very little patience.*

051

A : Hurry up. We're going to be late!

B : **I can't seem to** *find my phone.*

……

A : Why aren't you opening the door?

B : **I can't seem to** *remember my door passcode.*

052

A : Have you made a decision?

B : **There seems no reason to** *pass up this great chance.*

……

A : Did you take that out of my trash can?

B : **There seems no reason to** *throw this away; it's perfectly fine.*

049 A : 이 요금제는 반값 할인에 데이터 사용은 무제한입니다. 어떻게 생각하세요? B : 그렇다면 결정은 식은 죽 먹기죠. | A : 앤이 여권을 집에 두고 왔다고 들었어. B : 그래. 그녀는 비행기를 못 탈 것 같아. 050 A : 아이들이 왜 이 시간까지 잠을 자지 않고 있는 거지? B : 남자애들은 지친 것 같지만 잠을 못 자. | A : 네 남편은 아이들이랑 아주 잘 지내는구나. B : 그는 멋진 아빠처럼 보이지만 참을성이 거의 없어. 051 A : 빨리 해. 우리 늦겠어! B : 내 폰을 찾을 수 없을 것 같아. | A : 왜 문을 열지 않는 거야? B : 내 현관문 비밀번호가 기억나지 않는 것 같아. 052 A : 결정했어? B : 이 좋은 기회를 놓칠 이유가 전혀 없는 것 같은데. | A : 너 내 쓰레기통에서 이걸 꺼냈어? B : 이걸 버릴 이유가 전혀 없는 것 같은데. 완전 멀쩡하잖아.

Pattern 053-055

Chapter 11

Let

let은 목적어(사람)로 하여금 무언가를 하게 만드는 '시킴 동사'입니다. 학교 문법 시간에 make, have와 함께 '사역 동사'라는 용어로 배운 기억이 있을 거예요. let은 다른 사역 동사에 비해 명령조의 어감이 덜해서 회화에서 자주 사용하는데요. 목적어 다음에 꼭 동사원형이 오는 것 기억하고 아래 표현을 학습해 보세요.

053 I'm going to let A ~.

054 I'll let A know ~.

055 Let me know whether or not ~.

Date. . .

□□□

I'm going to let A ~.

A가 ~할 수 있게 하겠어요.

I'm going to let
my children choose their own books.

나는 내 아이들이 자기들이 읽을 책을 고르도록 하겠어.

I'm going to let
my barber shave my beard.

이발사가 내 턱수염을 밀도록 하겠어.

I'm going to let
the waiter make a recommendation.

웨이터가 추천할 수 있게 하겠어.

I'm going to let
my husband take a look before I decide.

내가 결정하기 전에 남편한테 좀 봐 달라고 해야겠어.

I'm going to let *the class make Christmas decorations to take home.*

학생들에게 집에 가지고 갈 크리스마스 장식을 만들라고 하겠어.

barber 이발사 shave one's beard 턱수염을 면도하다 make a recommendation 추천하다
decoration 장식품

이 패턴은 누군가로 하여금 뭔가를 할 수 있게 할 거라고 말할 때 쓸 수 있는 표현입니다. 어떤 행동을 허용하거나 시킬 때 사용하죠. 이때 A 뒤에는 동사원형을 이어 주세요.

Date. . .

I'll let A know ~.

내가 A에게 ~을 알려 줄게요.

I'll let *the company* know
the grand total.

내가 회사에 총계를 알려 줄게.

I'll let *them* know
the directions to the restaurant.

내가 그들에게 그 식당 가는 길을 알려 줄게.

I'll let *him* know
that you will be busy all day.

내가 그 남자에게 온종일 너는 바쁠 거라고 알려 줄게.

I'll let *Mary* know
that we will be in town next week.

내가 메리에게 다음 주에 우리는 시내에 있을 거라고 알려 줄게.

I'll let *my wife* know
that I won't be home until after nine.

난 아내에게 내가 9시 넘어 집에 갈 거라고 알려 주려고.

grand total 총계 in town 도시에서

상대방이나 제3자에게 내가 어떤 정보를 전달해 주겠다는 의사를 밝힐 때 쓸 수 있는 패턴이에요. know 뒤에 오는 구체적인 정보는 내용에 따라 의문사절, that절, if절(~인지, ~한지)로 말하면 됩니다.

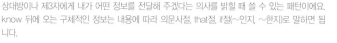

PATTERN CHALLENGE

Date. . .

055

□□□

Let me know whether or not ~.

~인지 아닌지 나에게 알려 주세요.

Let me know whether or not *you enjoyed the book.*

그 책이 재미있었는지 아닌지 내게 알려 줘.

Let me know whether or not *the parcel has arrived.*

그 소포가 도착했는지 아닌지 내게 알려 줘.

Let me know whether or not *you will be joining us.*

우리랑 함께 갈지 아닌지 내게 알려 줘.

Let me know whether or not *any amendments are required.*

수정안이 필요한지 아닌지 내게 알려 줘.

Let me know whether or not *you're interested in attending.*

너도 참석할 생각이 있는지 없는지 내게 알려 줘.

parcel 소포 amendment 수정안 attend 참석하다

이 패턴은 ~할지의 여부를 화자한테 알려 달라고 상대방에게 요청할 때 쓸 수 있는 표현입니다. 사실 여부나 상황 파악이 필요할 때 또는 어떤 행동이나 생각을 하는 건지 아닌지 나에게 확실하게 알려 달라고 할 때 적극 활용해 보세요.

053

A : The teacher has provided a list of the most popular books.

B : **I'm going to let** *my children choose their own books.*

......

A : Have you decided which car you're going to buy?

B : **I'm going to let** *my husband take a look before I decide.*

054

A : Do they know where we have decided to go?

B : **I'll let** *them* **know** *the directions to the restaurant.*

......

A : Should we go to watch that soccer game?

B : Sure. **I'll let** *my wife* **know** *that I won't be home until after nine.*

055

A : **Let me know whether or not** *you enjoyed the book.*

B : I will! Thanks again for lending it to me.

......

A : Are you going to the new exhibition at the art gallery?

B : Yes. **Let me know whether or not** *you're interested in attending.*

exhibition 전시회

053 A : 그 교사는 가장 유명한 도서 리스트를 제공했어. B : 나는 내 아이들이 자기들이 읽을 책을 고르도록 하겠어. | A : 너는 어떤 차를 살지 결정했니? B : 내가 결정하기 전에 남편한테 좀 봐 달라고 해야겠어. 054 A : 걔들은 우리가 어디로 가기로 결정했는지 알고 있어? B : 내가 그들에게 그 식당 가는 길을 알려 줄게. | A : 우리 그 축구 경기를 보러 가야 하는 거야? B : 물론이지. 난 아내에게 내가 9시 넘어 집에 갈 거라고 알려 주려고. 055 A : 그 책이 재미있었는지 아닌지 내게 알려 줘. B : 그럴게! 내게 그 책을 빌려줘서 다시금 고마워. | A : 갤러리에서 새로 열리는 전시회에 갈 거야? B : 응. 너도 갈 생각이 있는지 없는지 내게 알려 줘.

Part 3

오해 없이 꼼꼼하게, 의문문 활용 패턴

누군가와 대화하는 것은 마치 탁구를 치는 것과 같습니다. 핑퐁이 되어야 하죠. 핑퐁의 필수가 '질문'하는 것인데요. 이번 Part에서는 대화를 끊임없이 이어지게 하는 유용한 질문 패턴을 소개합니다. 영어로 질문할 때는 의문사를 활용해 직접적으로 물어보거나 의문사 없이 간접적으로 물어보는 두 가지 방법이 있습니다. 이번 Part에서 의문사 패턴을 제대로 익혀 볼게요.

Pattern 056-060

Chapter 12

What

what은 활용 빈도가 가장 높은 의문사입니다. what이 모든 사물과 추상적인 개념을 지칭할 수 있기 때문이죠. what을 활용한 의문문 패턴을 끝장내 볼까요?

Date. . .

What do you say ~?

~하는 게 어때요?

What do you say
we order in tonight?

오늘 밤은 배달시켜서 먹는 게 어때?

What do you say
we go for a swim right now?

지금 당장 수영하러 가는 게 어때?

What do you say
we take a dance classe together?

우리 같이 댄스 강좌를 듣는 게 어때?

What do you say
to going out with our cousins tonight?

오늘 밤에 우리 사촌들과 함께 외출하는 게 어때?

I want to go on a hike.
What do you say?

난 등산 가고 싶은데. 넌 어때?

order in 음식을 배달시키다 cousin 사촌

뭔가를 제안하고 상대방의 의견을 물을 때 사용하는 패턴으로, 구나 절 앞에 붙여 써도 되고, What do you say?만 독립적으로 사용해도 됩니다. 대답할 때는 수락의 의미로 Yes.나 Sure. Sounds great! 또는 거절의 의미로 No thanks. / I'd rather not.과 같이 답할 수 있어요.

Date. . . □ □ □

What do you mean by ~?

~은 무슨 뜻인가요?

What do you mean by *"soon"*?
Can you provide an actual time frame?

"곧"이라니 무슨 뜻이야? 구체적인 시간대를 말해 줄 수 있어?

What do you mean by
hanging up while I was still talking?

내가 계속해서 말하는 중에 전화를 끊은 것은 무슨 의미야?

What do you mean by
wearing my sweater without asking?

물어보지도 않고 내 스웨터를 입은 것은 무슨 의미야?

What do you mean by
calling me at this time of night?

밤 이 시간에 나한테 전화한 것은 무슨 뜻이야?

What do you mean by
making all these changes without consulting me?

나한테 상의도 없이 이렇게 싹 바꾼 것은 무슨 의미야?

time frame 시간대 hang up 전화를 끊다 consult 상의하다

다른 사람이 한 말이나 행동의 구체적인 의미를 물을 때 사용하는 패턴입니다. 상대방이 이미 말한 내용 중에서 분명하지 않은 부분을 지적하며 명확하게 말해달라고 할 때 쓰는 거죠. 또는 마음에 안드는 행동에 대한 해명을 원할 때 씁니다.

Date. . .

What comes with ~?

~에는 뭐가 (따라) 나오나요?

What comes with
the subscription?

정기 구독에는 뭐가 따라 오나요?

What comes with
the kids' meal?

어린이 식사 세트에는 뭐가 나오나요?

What comes with
the video game bundle?

비디오 게임 번들에는 뭐가 따라 오나요?

What comes with
the full-course dinner?

풀 코스 저녁 식사에는 뭐가 따라 나오나요?

What comes with
the movie ticket and snack combo?

영화표와 스낵 콤보에는 뭐가 나오나요?

subscription 구독 bundle 묶음

어떤 것 뒤에 뒤따르는 것이 무엇인지 물어볼 때 사용하는 패턴입니다. 예를 들어, 음식을 주문하거나 상품을 구입할 때 함께 제공되는 게 뭔지 물어볼 때 흔히 사용하며, 어떤 사람의 직업이나 위치에 따라 수반되는 것이 무엇인지 물어볼 때도 쓸 수 있죠.

PATTERN CHALLENGE
059

Date. . .

What kind of ~ do you (like) ~?

어떤 종류의 ~을 ~것을 좋아하나요?

What kind of *food* do you like *to eat?*

넌 어떤 종류의 음식을 먹는 것을 좋아하니?

What kind of *music* do you like *exercising to?*

넌 어떤 종류의 음악에 운동하는 것을 좋아하니?

What kind of *musicals* do you *enjoy watching?*

넌 어떤 종류의 뮤지컬을 보는 것을 좋아하니?

What kind of *cookies* do you like *to bake?*

넌 어떤 종류의 쿠키를 굽는 것을 좋아하니?

What kind of *TV shows* do you *prefer?*

넌 어떤 종류의 TV 쇼를 선호하니?

bake 굽다 prefer 선호하다

이 패턴은 무엇에 대한 상대방의 구체적인 취향을 물어볼 때 사용해요. 무엇에 대해서 구체적으로, 세부적으로 어떤 종류를 좋아하는지 What kind of를 사용해 물어보세요. 문장 후반부의 like 외에 enjoy, prefer 등 선호(불호) 동사나 다른 일반 동사를 넣어 활용할 수 있어요.

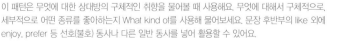

Date. . .

What's the difference ~?

~의 차이가 뭔가요?

What's the difference
between pour-over and drip coffee?

푸어 오버와 드립 커피의 차이는 뭡니까?

What's the difference *in the warranty for this motorcycle and that one?*

이 오토바이와 저 오토바이의 보증 차이는 뭐죠?

What's the difference
between these three bottles of sparkling water?

이 소다수 세 병들 사이의 차이점은 뭐야?

What's the difference
if we leave now or in about five minutes?

우리가 지금 출발하는 것과 5분 후에 출발하는 것 차이가 뭐야?

What's the difference
whether I sit here or by the window?

내가 여기에 앉는 것과 창가에 앉는 것 사이의 차이점은 뭐야?

pour-over coffee 분쇄된 원두에 물을 부어 추출하는 커피 warranty (제품의) 품질 보증서
sparkling water 탄산수

두 가지 이상을 비교하며 차이를 물어볼 때 사용하는 패턴입니다. 특히, 비슷해 보이는 인상을 주는 것들에 대해 더 자세히 알고 싶을 때 유용하게 쓸 수 있는 패턴이죠. 뒤에는 주로 between을 사용한 전치사구가 오는 경우가 많은데, if나 whether절이 올 수도 있습니다.

056

A : I'm so hot. What could cool me down?

B : **What do you say** *we go for a swim right now*?

......

A : The weather is supposed to be beautiful this weekend.

B : I want to go on a hike. **What do you say?**

cool somebody down ~를 시원하게 하다

057

A : **What do you mean by** *hanging up while I was still talking*?

B : It wasn't intentional; my reception cut out.

......

A : **What do mean by** *making all these changes without consulting me*?

B : I left you several messages, but you never got back to me.

intentional 의도적인, 고의로 한 reception 수신 상태

058

A : Do you want popcorn to munch on during the movie?

B : **What comes with** *the movie ticket and snack combo*?

......

A : **What comes with** *the kids' meal*?

B : You get a burger, small fries, apple juice, and a toy.

munch on 아삭아삭(우적우적) 먹다

056 A : 너무 더워. 어떻게 하면 시원해질 수 있을까? B : 지금 당장 수영하러 가는 게 어때? | A : 이번 주말에는 날씨가 좋을 거라고 했어. B : 난 등산 가고 싶은데. 넌 어때? 057 A : 내가 계속해서 말하는 중에 전화를 끊은 것은 무슨 의미야? B : 일부러 그런 게 아냐. 수신 상태가 안 좋아서 전화가 끊겼어. | A : 나한테 상의도 없이 이렇게 싹 바꾼 것은 무슨 의미야? B : 몇 번이 너에게 메시지를 남겼지만, 넌 전혀 나한테 답신하지 않았잖아. 058 A : 영화 보면서 팝콘 먹고 싶니? B : 영화표와 스낵 콤보에는 뭐가 나오나요? | A : 어린이 식사 세트에는 뭐가 나오나요? B : 햄버거, 감자튀김 작은 것, 사과주스, 그리고 장난감 하나가 나와.

□□□

059

A : I love baking cookies because it's very therapeutic.

B : **What kind of** *cookies* **do you like** *to bake*?

......

A : I'm not a big fan of typical rom-com TV series.

B : **What kind of** *TV shows* **do you** *prefer*?

therapeutic 긴장을 푸는 데 좋은 typical 전형적인 rom-com (= romantic comedy) 로맨틱 코미디

060

A : You had better get going!

B : I'm already late. **What's the difference** *if I leave now or in about five minutes*?

......

A : Why don't you take this seat instead?

B : I'm not staying very long. **What's the difference** *whether I sit here or by the window*?

059 A : 쿠키 굽는 것은 아주 힐링이 되기 때문에 좋아해. B : 넌 어떤 종류의 쿠키를 굽는 것을 좋아하니? | A : 난 로맨틱 코미디 TV 시리즈는 그리 좋아하지 않아. B : 넌 어떤 종류의 TV 쇼를 선호하니? 060 A : 너 출발하는 게 좋을 거야! B : 난 이미 늦었어. 지금 출발하는 것과 5분 후에 출발하는 것 차이가 뭐야? | A : 이 자리에 앉는 것이 더 좋지 않겠어? B : 오래 있을 것도 아니야. 내가 여기에 앉는 것과 창가에 앉는 것 사이의 차이점이 뭐야?

Pattern 061 - 064

Chapter 13

When, Where

이번 Chapter에서는 '언제'를 물어보는 when, '어디'를 물어보는 where를 활용한 섬세한 패턴을 알아볼게요. 언제 ~을 할 예정인지, ~할 만한 좋은 장소가 어디인지 묻는 표현을 더 고급스럽게 표현할 수 있어요.

- 061 When are you expecting ~?
- 062 When should I expect ~?
- 063 When was the last time ~?
- 064 Where's a good place ~?

PATTERN CHALLENGE
061

Date. . .

When are you expecting ~? 언제 ~할 것으로 예상하나요?

When are you expecting
to start your internship?

인턴은 언제 시작할 것으로 예상하니?

When are you expecting
your in-laws to come over?

네 시댁(처가) 식구들은 언제 올 것으로 예상하니?

When are you expecting
your new audio system to arrive?

새로 산 오디오 시스템은 언제 도착할 것으로 예상하니?

When are you expecting
the doctor's office to call you?

병원에서는 언제 전화할 것으로 예상하니?

When are you expecting
to hear about your interview results?

네 취업 면접 결과는 언제 들을 것으로 예상하니?

internship 인턴직 in-laws 시(처)부모 result 결과

상대방에게 어떤 일이 언제 발생할 것인지를 물을 때 사용하는 패턴입니다. 나와 상대방이 다 어떤 일이나 상황에 대해 어느 정도 알고 있는 상황에서 주로 쓰이죠. 비슷한 표현으로 When do you expect ~?가 있습니다.

Date. . .

When should I expect ~?

언제 ~할까요?

When should I expect
to see you again?

언제 당신을 다시 볼 수 있을까요?

When should I expect
my monthly paycheck?

월급을 언제 받을 수 있을까요?

When should I expect
the courier to arrive?

언제 택배 기사가 도착할까요?

When should I expect
to hear back from the university?

언제 대학에서 답신이 올까요?

When should I expect
the bouquet of flowers to be delivered?

언제 꽃다발이 배달될까요?

paycheck 급료 courier 택배 회사, 배달원 hear back from 답장이 오다 bouquet of flowers 꽃다발

이 패턴은 말하는 사람이 기대하거나 기다리고 있는 일이 언제 발생하는지 상대를 통해 확인할 목적으로 씁니다. 본인이 궁금한 것이기 때문에 앞에서 배운 표현인 When are you expecting ~?과는 쓰임새가 다르죠. When can I expect ~?라고 말할 수도 있습니다.

Date. . .

☐☐☐

When was the last time ~?

마지막으로 ~한 게 언제인가요?

When was the last time
you slept in?

마지막으로 늦잠을 자본 게 언제니?

When was the last time
you tried a new hairstyle?

마지막으로 새로운 헤어스타일을 해 본 게 언제니?

When was the last time
you were in a relationship?

마지막으로 누군가와 사귄 적이 언제야?

When was the last time
you had the engine serviced?

마지막으로 엔진을 손본 게 언제야?

When was the last time
you watched a heart-warming movie?

마지막으로 감동적인 영화를 본 게 언제니?

sleep in 늦잠을 자다 in a relationship 사귀고 있는, 연애 중인 heart-warming 마음이 따뜻해지는

어떤 행동을 마지막으로 한 게 언제였는지를 알고 싶을 때 쓰는 패턴입니다. 이것은 다시 말해 그런 행동을 안 한 지가 얼마나 됐는지를 확인하는 것이기도 하죠. 이때 last time 뒤에는 보통 주어, 동사가 포함된 절이 나오는데, 동사는 당연히 과거형으로 써야겠죠.

Date. . .

□□□

Where's a good place ~?

~하기 좋은 곳이 어디인가요?

Where's a good place
to catch the fireworks?

불꽃놀이를 잘 볼 수 있는 데가 어디야?

Where's a good place
to get my hair trimmed?

머리를 잘 다듬을 수 있는 데가 어디야?

Where's a good place
that has a decent vegan menu?

괜찮은 채식 메뉴를 갖춘 데가 어디야?

Where's a good place
for a first date?

첫 번째 데이트하기 좋은 데가 어디야?

Where's a good place
for celebrity sightings?

유명인을 잠깐이라도 볼 수 있는 데가 어디야?

trim (머리를) 다듬기 vegan 채식주의 sighting 목격

상대방으로부터 괜찮은 장소나 가게 등을 추천 받고 싶을 때 쓰는 패턴입니다. 우리말로 대화를 나눌 때도 평소에 이런 말 자주 쓰죠? 외국 나갔을 때 현지 사정을 잘 모르니 현지인에게 물어볼 때 활용해 보세요!

061

A : **When are you expecting** *your new audio system to arrive*?

B : There have been delays in shipping, so it won't arrive for another few weeks.

……

A : **When are you expecting** *to hear about your interview results*?

B : Tomorrow morning; I'm so nervous.

delay 지연, 지체 nervous 불안해하는

062

A : Don't forget that I'm expecting an important delivery today.

B : **When should I expect** *the courier to arrive*?

……

A : **When should I expect** *the bouquet of flowers to be delivered*?

B : They should arrive before 6 p.m. today.

063

A : I need a change. Do you think I should buy some new clothes?

B : **When was the last time** *you tried a new hairstyle*?

……

A : My car is making a weird clanging noise.

B : **When was the last time** *you had the engine serviced*?

clang (금속이 부딪치는) 쨍그랑 소리

064

A : We are finally in Hollywood!

B : **Where's a good place** *for celebrity sightings*?

……

A : I can't believe you worked up the courage to ask him out.

B : **Where's a good place** *for a first date*?

work up (the) courage 용기를 내다 ask someone out 데이트 신청하다

061 A : 새로 산 오디오 시스템은 언제 도착할 것으로 예상하니? B : 발송이 지체돼서 몇 주 내에 도착할 것 같지 않네. | A : 네 취업 면접 결과는 언제 들을 것으로 예상하니? B : 내일 오전에. 초조해 죽겠어. 062 A : 난 오늘 중요한 배달을 기다리고 있다는 걸 잊지 마. B : 언제 택배 기사가 도착할까요? | A : 언제 꽃다발이 배달될까요? B : 오늘 오후 6시 이전에는 도착할 거야. 063 A : 난 변화가 필요해. 옷을 새로 사야 한다고 생각하니? B : 마지막으로 새로운 헤어스타일을 해 본 게 언제니? | A : 내 차에서 쨍그랑하는 이상한 소리가 나. B : 마지막으로 엔진을 손본 게 언제야? 064 A : 우리 드디어 할리우드에 왔어! B : 유명인을 잠깐이라도 볼 수 있는 데가 어디야? | A : 네가 용기를 내서 그 남자에게 데이트 신청을 하다니, 믿어지지 않아. B : 첫 번째 데이트하기 좋은 데가 어디야?

Pattern 065-069

Chapter 14

Why, How

이번에 배울 의문사는 꼬치꼬치 캐묻기를 좋아하는 사람들에게 유용한 why와 how입니다. 왜 그랬는지, 어째서 그랬는지 심도 있게 물을 수 있어요. 특히 how 뒤에 형용사나 다른 표현을 붙여서 쓰는 질문은 매우 유용하니 꼭 익혀 두세요.

065 Why wouldn't you ~?

066 How is it that ~?

067 How do you suggest ~?

068 How long has it been since ~?

069 How do you like ~?

Date. . .

Why wouldn't you ~?

왜 ~하지 않으려고 했나요?

Why wouldn't you
ask for a raise?

왜 월급을 올려 달라고 하지 않았어?

Why wouldn't you
want to be popular?

왜 인기를 얻으려고 하지 않았어?

Why wouldn't you
ask your teacher for help?

왜 선생님에게 도와 달라고 하지 않았어?

Why wouldn't you
answer the door this morning?

왜 오늘 아침에 문을 열려고 하지 않았어?

Why wouldn't you
let me help you with your assignment?

왜 네 과제하는 데 내 도움을 받으려고 하지 않았어?

raise (연봉을) 인상하다 answer the door (노크나 초인종 소리를 듣고) 문을 열러 나가다

상대가 해야 했거나 할 수 있던 일을 하지 않았을 때, 그 이유를 묻고자 사용하는 패턴입니다. 상황에 맞게 다양한 동사를 뒤에 붙여 활용해 보세요.

Date. . .

How is it that ~?

어째서 ~인가요?

How is it that
you forgot the appointment?

어째서 넌 예약을 잊어버렸니?

How is it that
your desk is always a huge mess?

어째서 네 책상은 항상 쓰레기장 같니?

How is it that
you are still hungry after a hearty meal?

어째서 넌 그렇게 많이 먹고도 항상 배가 고프니?

How is it that
the restaurant is always completely packed?

어째서 이 식당은 언제나 만원이니?

How is it that
I manage to kill every household plant?

어째서 난 집에서 기르는 식물마다 죽이는 거지?

mess 엉망(진창)인 상태 hearty meal 배불리 먹는 식사 packed (사람들이) 꽉 들어찬

이 패턴 역시 이유를 물을 때 쓰지만, 따지는 어투가 강합니다. '어째서 ~죠?', '어떻게 ~일 수 있죠?'라는 의미로, Why를 사용해서 묻는 것보다 세게 따지는 느낌을 줍니다.

How do you suggest ~?

~을 어떻게 하면 좋을까요?

How do you suggest *we spend winter break?*

겨울 방학을 어떻게 보내면 좋을까?

How do you suggest *we split the monthly expenses?*

우리 월 경비를 어떻게 나누는 게 좋을까?

How do you suggest *we proceed with the fundraiser?*

모금 행사를 어떻게 진행하는 게 좋을까?

How do you suggest *I improve my work performance?*

내 작업 성과를 어떻게 개선하는 게 좋겠습니까?

How do you suggest *I make improvements to the slide presentation?*

슬라이드 발표를 어떻게 개선하는 게 좋겠습니까?

split 나누다 fundraiser 모금 행사 improve 개선하다 (improvement 개선, 향상)

무슨 일을 어떤 방법으로 할 것인지, 상대방의 생각이나 의견이 궁금할 때 사용하는 패턴입니다. suggest 뒤에는 주어, 동사의 완전한 문장을 현재 시제로 말하면 됩니다.

PATTERN CHALLENGE
068

Date. . .

□□□

How long has it been since ~?

~한 지 얼마나 됐나요?

How long has it been since
we last got together?

우리가 마지막으로 만난 지 얼마나 됐지?

How long has it been since
the accident occurred?

그 사고가 일어난 지 얼마나 됐지?

How long has it been since
you were laid off?

네가 정리 해고된 지 얼마나 됐지?

How long has it been since
you visited your grandparents?

네가 조부모님 댁에 간 지 얼마나 됐니?

How long has it been since
you started fasting intermittently?

네가 간헐적인 단식을 시작한 지 얼마나 됐니?

lay off 해고(감축)하다 fast 금식하다 intermittently 간헐적인

이 패턴은 과거로부터 현재까지, 또는 과거에서 현재 사이에 어떤 일이 일어난 지 얼마나 오래됐는가를 물을 때 씁니다. 또는 '마지막으로 ~한 게 언제였죠?'라는 의미로도 쓸 수 있죠. 따라서 since 뒤에 오는 절의 동사는 과거형이어야 해요.

PATTERN CHALLENGE

Date. . .

069

□□□

How do you like ~?

~은 어때요? ~은 어떻게 할까요?

How do you like
my new outfit?

내 새 옷이 어때?

How do you like
living in the suburbs?

교외에서 사니까 어때?

How do you like
driving a compact car?

경차를 모니까 어때?

How do you like
your eggs for breakfast?

아침에 달걀은 어떻게 요리해 줄까?

How do you like
the lineup for the upcoming music festival?

앞으로 곧 있을 뮤직 페스티벌 참가자들 어때?

outfit 옷, 의상 suburb 교외 compact car 소형차

상대방의 느낌이나 생각이 궁금할 때 '~은 어때요?', ~은 마음에 드나요?'라는 뜻으로 쓰는 패턴입니다. 음식이나 물건에 대한 상대방의 취향을 물어볼 때도 곧잘 사용하죠.

065

A : I've been with the company for over five years and am getting a bit discouraged.

B : You work so hard there. **Why wouldn't you** *ask for a raise*?

……

A : **Why wouldn't you** *answer the door this morning*?

B : I didn't hear you knocking as I slept in.

discouraged 의욕을 꺾다, 좌절시키다

066

A : I'm going to grab a burger. Do you want one?

B : No, thanks. **How is it that** *you are still hungry after a hearty meal*?

……

A : It looks like we will have to come back some other time.

B : **How is it that** *the restaurant is always completely packed*?

067

A : **How do you suggest** *we split the monthly expenses*?

B : I think we should each pay 50% for rent, utilities, and basic groceries.

……

A : **How do you suggest** *I make improvements to the slide presentation*?

B : Start by eliminating any unnecessary text and adding more visuals.

utility (수도 · 전기 · 가스 등) 공공요금 eliminate 없애다, 제거하다 visual 시각 자료

065 A : 나는 이 회사에 5년 넘게 있었지만 약간 실망감이 들어. B : 넌 거기서 열심히 일했잖아. 왜 월급을 올려 달라고 하지 않았어? | A : 왜 오늘 아침에 문을 열려고 하지 않았어? B : 늦잠 자느라 네가 문 두드리는 소리를 듣지 못했어. 066 A : 난 햄버거를 하나 먹을래. 너도 하나 먹을래? B : 고맙지만 안 먹을래. 어째서 넌 그렇게 많이 먹고도 항상 배가 고프니? | A : 나중에 다시 와야 할 것 같아. B : 어째서 이 식당은 언제나 만원이니? 067 A : 우리 월 경비를 어떻게 나누는 게 좋을까? B : 월세, 공과금 그리고 기본적인 식품비를 각자 50%씩 내는 게 좋겠어. | A : 슬라이드 발표를 어떻게 개선하는 게 좋겠습니까? B : 먼저 불필요한 글을 삭제하고 비주얼을 더 첨가하도록 하세요.

☐☐☐

068

A : **How long has it been since** *you visited your grandparents*?

B : I saw them last Christmas, so it's been about six months.

……

A : **How long has it been since** *you started fasting intermittently*?

B : I started at the beginning of this year and have lost three kilograms already.

069

A : **How do you like** *living in the suburbs*?

B : It couldn't be better! I don't miss the hustle and bustle of city life at all.

……

A : **How do you like** *your eggs for breakfast*?

B : I prefer my eggs either sunny-side up or hard-boiled.

hustle and bustle 분주함 sunny-side up 한쪽만 익힌 계란 프라이 hard-boiled 완숙란

068 A : 네가 조부모님 댁에 간 지 얼마나 됐니? B : 지난 크리스마스 때 뵈었으니까 약 6개월 되네. | A : 네가 간헐적인 단식을 시작한 지 얼마나 됐니? B : 올해 초에 시작했는데 벌써 3킬로 뺐어. 069 A : 교외에서 사니까 어때? B : 너무 좋아! 시끌벅적한 도심 생활에는 전혀 미련이 없어. | A : 아침에 달걀은 어떻게 요리해 줄까? B : 난 한쪽만 익히든가 아니면 완숙하는 게 좋아.

Pattern 070-072

Chapter 15

그 밖의 의문사 활용하기

앞서 익힌 의문사 외의 의문사를 활용한 패턴을 알아볼게요. '누구'를 묻는 who, '어떤 것[사람]'을 묻는 which를 포함하여 whereabouts처럼 조금 생소한 의문사도 활용해 보세요.

Date. . .

Whereabouts ~?

어디쯤 ~? 어디쯤에 있나요?

Whereabouts
do you work?

근무하시는 직장이 어디쯤에 있나요?

Whereabouts
is the closest convenience store?

제일 가까운 편의점은 어디쯤에 있나요?

Whereabouts
in the area is your apartment?

네가 살고 있는 아파트는 그 지역의 어디쯤이니?

Whereabouts
in the airport will you be?

공항 어디쯤에 있을 거니?

Whereabouts
should I ask my mom to drop me off?

엄마한테 어디쯤에 내려 달라고 해야 하니?

convenience store 편의점 drop off (자동차 등에서) 내려 주다

Whereabouts는 '어디쯤에'라는 뜻의 의문사로도 쓰이고 '있는 곳, 소재, 행방'이라는 뜻의 명사로도 쓰입니다. 찾고자 하는 장소가 '어디쯤에 있나요?'라고 물어볼 때 쓸 수 있는 표현이랍니다.

Date. . .

Who do you think ~?

누가 ~라고 생각하나요? 당신이 뭔데 ~하죠?

Who do you think
will win the election?

이 선거에서 누가 이길 거라고 생각하니?

Who do you think
our teacher will be this year?

올해 우리 선생님은 누가 될 거라고 생각하니?

Who do you think
will be asked to go on the business trip?

누가 출장을 가게 될 거라고 생각하니?

Who do you think
left their shoes by the door?

문 옆에다 신발을 두고 간 애가 누구라고 생각하니?

Who do you think *you are,*
taking credit for my hard work?

넌 도대체 뭔데, 내가 힘들여 한 것을 네가 가로채는 거야?

election 선거 take credit for ~에 대한 공을 가로채다

이 패턴은 두 가지 의미로 쓸 수 있습니다. 말 그대로 어떤 일을 한 사람이 누구인지 궁금해서 질문하는 경우에 쓸 수 있고, 또 다른 경우는 말하는 이가 화가 나서 당신이 뭔데 상관하냐고 따질 때 쓰는 것이죠.

Date. . .

□□□

Which of these ~?

이 중에서 어떤 것을 ~하세요?

Which of these
socks match those shoes?

이 양말 중에서 어떤 게 저 구두와 어울리니?

Which of these
dishes go with those plates?

이 접시 중에서 어떤 게 저 큰 접시들과 어울리니?

Which of these
clothes are you getting rid of?

이 옷 중에서 어떤 걸 버릴 거니?

Which of these
towels need to be laundered?

이 수건 중에서 어떤 게 세탁해야 할 거니?

Which of these
books are you planning on donating?

이 책 중에서 어떤 걸 기부하려고 하니?

get rid of 없애다 launder (옷 등을) 세탁하다 donate 기부하다

둘 이상의 물건이나 대상 중에서 상대방에게 어느 것을 선호하거나 선택할지 물을 때 쓰는 패턴입니다. 예를 들어, 친구랑 쇼핑 가서 어느 게 더 마음에 드는지 물어볼 때에도 이 패턴을 사용할 수 있죠.

070

A : **Whereabouts** *in the airport will you be?*

B : I'll be in Terminal 1 by the currency exchange booth.

......

A : **Whereabouts** *do you work?*

B : I work a block away from City Hall.

currency exchange 환전 block 블록, 구역

071

A : I can't believe summer break is over!

B : **Who do you think** *our teacher will be this year?*

......

A : Everyone has gone home; it's been a long night!

B : **Who do you think** *left their shoes by the door?*

072

A : Please put your shoes on. We are going to be late!

B : **Which of these** *socks match those shoes?*

......

A : I have to take a few boxes to the library in a little while.

B : **Which of these** *books are you planning on donating?*

070 A : 공항 어디쯤에 있을 거니? B : 1번 터미널 환전 부스 옆에 있을 거야. | A : 근무하시는 직장이 어디쯤에 있나요? B : 시청에서 한 블록 떨어진 곳에 있어요. 071 A : 여름 방학이 끝났다는 것을 믿을 수가 없어! B : 올해 우리 선생님은 누가 될 거라고 생각하니? | A : 모두들 집에 갔네. 긴 밤이었어! B : 문 옆에다 신발을 두고 간 애가 누구라고 생각하니? 072 A : 신발 좀 신어. 늦겠어! B : 이 양말 중에서 어떤 게 저 구두와 어울리니? | A : 잠시 후에 상자 몇 개를 도서관으로 갖고 가야 해. B : 이 책 중에서 어떤 걸 기부하려고 하니?

Pattern 073-082

Chapter 16

의문사 없이 의문사처럼 물어보기

물어볼 때 반드시 의문사를 사용하는 것은 아닙니다. 조동사를 이용할 수도 있고 '~가 궁금해요' 또는 '~인지 모르겠네요'라고 우회적으로 물어보는 방법도 있죠. 이번 Chapter에서는 의문사가 없는 의문문과 간접 의문문을 이용한 패턴을 알아보아요.

Date. . .

I was wondering if ~.

~인지 (아닌지) 궁금했어요.

I was wondering if *you had time to meet me today.*

네가 오늘 나를 만날 시간이 있는지 궁금했어.

I was wondering if *he has mentioned me at all.*

그 남자가 나에 대해서 무슨 말이라도 했는지 궁금했어.

I was wondering if *I could ask you for some advice.*

너한테 조언을 부탁해도 되는지 궁금했어.

I was wondering if *I could borrow your car this weekend.*

이번 주말에 네 차를 빌릴 수 있는지 궁금했어.

I was wondering if *it was possible to exchange these shoes for ones in a different size.*

이 구두를 다른 사이즈로 교환할 수 있는지 궁금해서요.

mention 언급하다 exchange 교환, 주고받음

어떤 일에 대한 궁금증을 나타낼 때 사용하는 패턴입니다. 어떤 질문을 직설적으로 하기보다는 돌려서 부드럽게 물어볼 때 쓸 수 있는 패턴이죠. 따라서 Are ~?나 Can ~? 등의 질문보다는 상대방에게 부드럽게 들리겠죠?

Date. . .

I don't know if ~.

~인지 모르겠어요.

I don't know if
this dress fits me anymore.

이 드레스가 이제 맞는지 모르겠네.

I don't know if
she is still coming this weekend.

이번 주말에 그 여자가 그래도 올 지 모르겠어.

I don't know if
anyone invited him to the party.

누가 그 남자를 파티에 초대했는지 모르겠어.

I don't know if
our goals for the future are similar.

우리들의 미래 목표가 비슷한지 모르겠어.

I don't know if
the project will be moving forward.

프로젝트가 진전될지 모르겠어.

goal 목표 move forward 전진하다, 진전하다

뭔가에 대해 모르거나 확답을 줄 수 없을 때 사용하는 패턴입니다. '~한지 모르겠어, ~할 수 있을지 모르겠어'라고, 어떤 상황에 대해서 분명한 결론을 내릴 수 없을 때 써 보세요.

PATTERN CHALLENGE
075

Date. . .

If you don't mind, ~.

괜찮으시다면, ~.

If you don't mind,
I just need to send a quick email.

괜찮으시다면, 내가 급하게 이메일을 하나 보내야 하는데요.

If you don't mind,
I'd rather be alone right now.

괜찮으시다면, 나는 지금 혼자 있고 싶은데요.

If you don't mind,
I'd like to get a second opinion.

괜찮으시다면, 다른 사람 의견도 듣고 싶은데요.

If you don't mind,
could you move down a little?

괜찮으시다면, 조금 좁혀 앉을 수 있겠어요?

If you don't mind,
can I ask you a personal question?

괜찮으시다면, 개인적인 질문을 하나 해도 되겠습니까?

second opinion 다른 사람(의사)의 의견(진단) move down (차에서) 자리를 좁혀 앉다, 끌어 내리다
personal question 개인적인 질문

상대방이 반대하거나 불만을 가질 수 있는 부분에 대해 언급하며 조심스럽게 말하거나 부탁 혹은 거절할 때 사용할 수 있는 패턴입니다. '괜찮다면, ~.' 또는 '미안하지만, ~.'의 의미로, 상대방에게 예의를 갖추면서 본인의 입장을 분명하게 나타낼 때 쓸 수 있습니다.

PATTERN CHALLENGE

076

Date. . .

□□□

If there's anything ~, ~.

만일 ~한 것이 있다면, ~.

If there's anything
I detest, it's tardiness.

내가 싫어하는 것이 있다면, 그건 지각하는 거야.

If there's anything
I can't stand, it's excessive bragging.

내가 참을 수 없는 것이 있다면, 그건 너무 허풍을 떠는 거야.

If there's anything
I've forgotten at your place, send me a text.

내가 네 집에서 뭔가 깜박한 게 있다면, 문자로 찍어 줘.

If there's anything
you need at all, please let me know.

뭐든 필요한 게 있으면, 나에게 알려 줘.

If there's anything
missing from the package, contact us right away.

꾸러미에서 없어진 것이 있다면, 즉시 저희에게 연락해 주십시오.

detest 몹시 싫어하다 tardiness 지각 excessive 과도한 brag 자랑하다

상대방 대신 어떤 일에 대해 포괄적으로 말하는 동시에 뭔가를 강조할 때 쓸 수 있는 패턴입니다. 특히 불편한 점이 있거나 원하는 게 있으면 알려 달라는 식의 배려 돋는 말을 꺼낼 때 자주 애용되죠.

PATTERN CHALLENGE

077

Date. . .

□ □ □

If you ask me, ~.

(내게 묻는다면,) 내 생각에는 ~이에요.

If you ask me,
autumn is the best season.

내 생각에는 가을이 계절 중에서 최고야.

If you ask me,
the food is really overpriced.

내 생각에는 그 요리는 정말 비싸.

If you ask me,
social media can be dangerous.

내 생각에는 SNS는 위험할 수 있다고 봐.

If you ask me,
he is just making excuses.

내 생각에는 그 남자는 그냥 변명하고 있을 뿐이야.

If you ask me,
she indulges far too much in online shopping.

내 생각에는 그 여자는 지나치게 온라인 쇼핑에 빠졌어.

overpriced 값이 비싸게 매겨진 make excuses 변명하다 indulge in ~에 빠지다

어떤 일에 대한 본인의 의견을 말할 때 사용하는 패턴입니다. 본인의 생각을 드러낼 때 I think ~.라고 직접적으로 말하지 않고 같은 내용을 좀 더 부드럽게 전달할 때 쓸 수 있는 표현입니다.

PATTERN CHALLENGE

078

Date. . .

I'll ask A if ~.

~인지 A에게 물어볼게요.

I'll ask *her*
if *she's free on Friday.*

금요일에 시간이 있는지 그 여자에게 물어볼게.

I'll ask *the salesperson*
if *there are any other sizes in stock.*

다른 사이즈도 재고가 있는지 판매원에게 물어볼게.

I'll ask *him*
if *he would like to join us for lunch today.*

그 남자가 오늘 우리와 함께 점심 식사하고 싶은지 물어볼게.

I'll ask *my mother*
if *she needs anything from the pharmacy.*

내가 어머니에게 약국에서 필요한 게 있는지 물어볼게.

I'll ask *Jane*
if *it's true that she is leaving for another job.*

제인이 직장을 다른 곳으로 옮기려고 하는 게 사실인지 물어볼게.

salesperson 판매원 in stock 재고 있는 pharmacy 약국

다른 사람에게 무엇을 물어보겠다고 말할 때 사용하는 패턴입니다. 세상만사 모든 일을 혼자 다 알 수는 없는 거니까, 일상생활에서 의견이나 정보를 다른 사람에게 물어보고 확인해야겠다 싶은 일이 있을 때 활용해 보세요.

PATTERN CHALLENGE

079

Date. . .

If it's not too much trouble, would you ~? 번거롭지 않다면, ~해 주겠어요?

If it's not too much trouble, would you *give me a ride home?*

너무 번거롭지 않으면, 나를 집까지 태워다 주겠어?

If it's not too much trouble, would you *help me find my luggage?*

너무 번거롭지 않으면, 내 짐을 찾는 걸 도와주겠어?

If it's not too much trouble, would you *go to the bank and deposit this money?*

너무 번거롭지 않으면, 은행에 가서 이 돈을 입금해 줄래?

If it's not too much trouble, would you *show me how to use the photocopier?*

너무 번거롭지 않으면, 복사기 사용법을 알려 줄래?

If it's not too much trouble, would you *drop this package off at the post office for me?*

너무 번거롭지 않으면, 이 꾸러미를 우체국에 갖고 가서 부쳐 줄래?

luggage 여행용 짐 deposit money 예금 photocopier 복사기

우리말 의미에서도 그 정도를 충분히 느낄 수 있듯 누군가에게 정중하게 부탁할 때 사용하는 패턴이 되겠습니다. 'Would you mind -ing ~?'와 비슷한 의미로 사용할 수 있죠.

Date. . .

☐ ☐ ☐

Would it be possible to ~?

~하는 게 가능할까요?

Would it be possible to
cancel my reservation?

제 예약을 취소하는 게 가능할까요?

Would it be possible to
receive confirmation by email?

이메일로 확답 받을 수 있을까요?

Would it be possible to
adjust the time of my lesson?

제 레슨 시간을 조정할 수 있나요?

Would it be possible to
get a side of vegetables with my roast chicken?

제 구운 닭고기에 채소를 곁들일 수 있나요?

Would it be possible to *put this item on hold until I can come back later tonight?*

오늘 밤늦게 제가 다시 올 때까지 이 물건을 팔지 말아 주실 수 있나요?

confirmation 확인 adjust 조정하다 side of (food) 곁들임 요리 put on hold 보류하다

뭔가가 가능할지 물어볼 때 사용하는 패턴입니다. '~하는 것이 가능할까요? ~해 주실 수 있나
요?'의 의미로 상대에게 어떤 일을 해 줄 수 있는지 없는지 여부를 물어볼 때 활용해 보세요.

Date. . .

~, will you?

~해 줄래요?

Do the dishes, will you?

설거지 좀 해, 그렇게 해 주겠어?

Help clean this up, will you?

이걸 치우는 걸 좀 도와줘, 그렇게 해 주겠어?

Hand out the exams, will you?

시험지를 나눠 줘, 그렇게 해 주겠니?

Go out and buy some toilet paper, will you?

나가서 화장지 좀 사 줘, 그렇게 해 주겠어?

Take your car in for a wash, will you?

네 차를 세차장에 맡겨, 그렇게 할 거지?

hand out 나눠 주다, 배포하다 toilet paper (화장실용) 화장지

상대에게 부탁 혹은 지시할 때 쓸 수 있는 표현입니다. 부탁이나 지시할 사항을 먼저 명령문으로 전달하고 나서 그 문장 끝에 will you?를 덧붙이면 되죠. 이렇게 하면 지시나 부탁하는 내용은 더 강조하면서도 그냥 명령문만 쓸 때보다 훨씬 예의를 갖춘 부드러운 어감의 말이 된답니다.

Date. . .

Is there anyone ~?

~할 사람이 있나요?

Is there anyone
working in the office right now?

지금 사무실에서 일하고 있는 사람이 있나요?

Is there anyone
who can help you assemble the furniture?

네가 가구를 조립하는 것을 도와줄 사람이 있어?

Is there anyone
who can make sense of these documents?

이 문서를 이해할 수 있는 사람이 있어?

Is there anyone
who can help me move this weekend?

이번 주말에 내가 이사하는 걸 도와줄 수 있는 사람이 있어?

Is there anyone
in our class who likes to run marathons?

우리 반에 마라톤 뛰는 걸 좋아하는 사람이 있니?

assemble 조립하다 make sense of ~을 이해하다 run a marathon 마라톤을 뛰다

어떤 특징을 가진 사람이 있는지 물어볼 때 사용하는 패턴입니다. 특정한 사람을 찾을 때 유용하게 쓸 수 있는 표현이에요. 뒤에는 anyone을 꾸며 줄 수 있는 분사나 〈who + 동사〉절, 〈주어 + 동사〉절, 전치사구 등이 올 수 있죠.

073

A : **I was wondering if** *you had time to meet me today.*

B : I have a meeting this afternoon. Can I let you know in a few hours?

......

A : **I was wondering if** *I could borrow your car this weekend.*

B : I don't plan to use it at all, so go ahead.

go ahead 어서 해(허가)

074

A : Why don't you wear this one to the wedding?

B : **I don't know if** *this dress fits me anymore.*

......

A : Will we be seeing John there as well?

B : **I don't know if** *anyone invited him to the party.*

075

A : Are you ready to head out?

B : **If you don't mind,** *I just need to send a quick email.*

......

A : Do you still want me to come over?

B : **If you don't mind,** *I'd rather be alone right now.*

head out 출발하다

076

A : **If there's anything** *missing from the package, contact us right away.*

B : I sure will. Thank you for all of your assistance.

......

A : You left so quietly this morning that I didn't even realize you were gone until a little while ago.

B : **If there's anything** *I've forgotten at your place, send me a text.*

assistance 도움, 지원

073 A : 네가 오늘 나를 만날 시간이 있는지 궁금했어. B : 오늘 오후에 약속이 있어. 내가 몇 시간 후에 알려 줘도 되겠어? | A : 이번 주말에 네 차를 빌릴 수 있는지 궁금했어. B : 차를 사용할 계획이 전혀 없으니까 마음대로 써. 074 A : 결혼식에 이걸 입는 게 어때? B : 이 드레스가 이제 맞는지 모르겠네. | A : 우리 거기서 존도 보는 거야? B : 누가 그 남자를 파티에 초대했는지 모르겠어. 075 A : 출발할 준비 됐어요? B : 괜찮으시다면, 내가 급하게 이메일을 하나 보내야 하는데요. | A : 지금도 내가 왔으면 해요? B : 괜찮다면, 난 지금 혼자 있고 싶어요. 076 A : 꾸러미에서 없어진 것이 있다면, 즉시 저희에게 연락해 주십시오. B : 그럴게요. 여러 가지로 도와주셔서 감사합니다. | A : 네가 오늘 아침에 너무 조용하게 나가서, 난 조금 전만 해도 네가 갔는지도 몰랐어. B : 내가 네 집에서 뭔가 깜박한 게 있다면, 문자로 찍어 줘.

077

A : Have you been to the steakhouse down the street?

B : I checked it out last night. **If you ask me,** *the food is really overpriced.*

......

A : **If you ask me,** *he is just making excuses.*

B : I find it odd that he was placing the blame on so many people.

odd 이상한, 특이한

078

A : Have you had a chance to talk to the new employee on our team?

B : No, it's been a busy morning. **I'll ask** *him* **if** *he would like to join us for lunch today.*

......

A : I haven't seen your sister in ages. I miss her.

B : **I'll ask** *her* **if** *she's free on Friday.*

in ages 오랫동안

079

A : I'm going to be leaving pretty soon.

B : **If it's not too much trouble, would you** *give me a ride home*?

......

A : I'm going to the mall during lunch time to run some errands.

B : **If it's not too much trouble, would you** *drop this package off at the post office for me*?

run an errand 심부름 가다

077 A : 길 아래 있는 스테이크 전문 식당에 가봤어? B : 지난밤에 가 봤어. 내 생각에는 음식이 정말 비싼 것 같아. | A : 내 생각에는 그 남자는 그냥 변명하고 있을 뿐이야. B : 그렇게 여러 사람에게 책임을 전가하고 있는 게 이상하다 싶었어. 078 A : 우리 팀에 새로 들어온 사람과 얘기할 기회가 있었어? B : 아니, 오전에는 바빠서. 그 남자가 오늘 우리와 함께 점심 식사하고 싶은지 물어볼게. | A : 네 여동생을 못 본 지 정말 오래됐네. 걔를 보고 싶어. B : 걔가 금요일에 시간이 있는지 물어볼게. 079 A : 곧 나갈 거야. B : 너무 번거롭지 않으면, 나를 집까지 태워다 주겠어? | A : 몇 가지 처리할 게 있어서 점심시간에 쇼핑몰에 갈 거야. B : 너무 번거롭지 않으면, 이 꾸러미를 우체국에 갖고 가서 부쳐 줄래?

□□□

080

A : **Would it be possible to** *receive confirmation by email*?

B : Of course. I will send it to the email address we have on file.

......

A : How can I help you?

B : Something urgent has come up. **Would it be possible to** *cancel my reservation*?

081

A : I'm stuffed. I just want to take a nap.

B : *Let's clean up first! Do the dishes*, **will you**?

......

A : My car is so dirty you can't even tell what color it is anymore.

B : *Take your car in for a wash*, **will you**?

stuffed 배가 너무 부른 take a nap 낮잠 자다

082

A : The company finally responded to my inquiry but in a language that I don't understand.

B : **Is there anyone** *who can make sense of these documents*?

......

A : I forgot my phone at work, and I'm expecting an important call soon.

B : **Is there anyone** *working in the office right now*?

respond 대답(응답)하다 inquiry 질문, 문의

080 A : 이메일로 확답 받을 수 있을까요? B : 물론이죠. 우리 파일에 있는 선생님 이메일 주소로 보내드리겠습니다. | A : 어떻게 도와드릴까요? B : 급한 일이 생겨서요. 제 예약을 취소하는 게 가능할까요? 081 A : 배가 불러. 낮잠 좀 자고 싶어. B : 먼저 치우자고! 설거지를 해, 그렇게 할 거지? | A : 내 차가 너무 더러워서 무슨 색깔이었는지 알아보지 못할 거야. B : 세차장에 맡겨, 그렇게 할 거지? 082 A : 그 회사가 드디어 내 문의에 응했지만 내가 이해할 수 없는 언어로 응답을 보냈어. B : 이 문서를 이해할 수 있는 사람이 있어? | A : 내가 직장에 폰을 놓고 왔어. 곧 중요한 전화가 올 텐데. B : 지금 사무실에서 일하고 있는 사람이 있니?

Part 4

거절할 땐 깔끔하게, 부정어 표현 패턴

우리말의 '아닌', '없는'에 해당하는 말로 영어에는 no, never, not, nothing 등이 있습니다. 부정의 뜻을 지니고 있다고 해서 '부정어'라고 하죠. 부정어가 들어가면 반대하거나 부정적인 뉘앙스를 담게 되므로 긍정의 표현보다 주의해서 써야 하는 점 기억해 주세요. 표현을 적재적소에 맞게 익혀서 상대방에게 오해 없이 내용을 제대로 전달해 보세요.

Pattern 083 - 094

Chapter 17

No, Never, Nothing

no, never, nothing을 이용한 패턴부터 알아볼게요. no는 '~이 아닌'의 뜻으로 명사 앞에서 그 명사를 수식하고요. never은 '결코 ~ 않다'는 뜻의 부사로 주로 동사 앞에서 사용되고 더 강조할 때는 문장 맨 앞에 나오기도 하죠. nothing은 '아무것도 ~ 아니다[없다]'는 뜻의 명사이고요. 같은 부정 표현이지만 품사도 뜻도 조금씩 다른 부정어 삼형제를 패턴 속에서 정확히 알아볼게요.

PATTERN CHALLENGE

Date. . .

083

□□□

There's no need to ~.

~할 필요가 없어요.

There's no need to *be greedy.*

욕심낼 필요 없어.

There's no need to *ask for permission.*

허락받을 필요 없어.

There's no need to *eat that much.*

그렇게 많이 먹을 필요가 없어.

There's no need to *buy any more groceries.*

식품을 더 살 필요가 없어.

There's no need to *laugh at someone's mistake.*

다른 사람의 실수에 대해 비웃을 필요가 없어.

greedy 욕심 많은 ask permission 허가(승인)를 요청하다 laugh at someone ~을 비웃다(놀리다)

뭔가를 할 필요가 없다고 말할 때, 즉 뭔가를 하지 않아도 된다는 의미로 쓰는 패턴입니다. 비슷한 표현으로 You don't have to ~.가 있죠. 물론 이때 to 뒤에는 동사원형이 와야 해요.

PATTERN CHALLENGE
084

Date. . .

☐☐☐

It's no use -ing ~.

~해도 소용없어요.

It's no use complaining *about it now.*

지금 그것에 대해 불평해 봐야 소용없어.

It's no use apologizing *to her at this point.*

이 시점에서 그 여자에게 사과해 봐야 소용없어.

It's no use trying *to talk to him.*

그 남자에게 얘기해 봐야 소용없어.

It's no use taking *the car to the mechanic; it cannot be repaired.*

그 차를 정비공한테 갖고 가 봐야 소용없어. 수리할 수가 없거든.

It's no use trying *to fix this leak because we don't have the proper equipment.*

여기 새는 데를 고치려고 해 봐야 소용없어, 우리한테는 제대로 된 장비가 없으니까.

complain 불평(항의)하다 at this point 이 시점에 mechanic (차량 엔진) 정비공 leak (액체 기체가) 새는 곳

어떤 일을 하는 것이 소용이 없다고 말할 때 사용할 수 있는 패턴입니다. 이때 use 다음에는 주로 -ing 형태가 나오는 데 유의하세요. 비슷한 표현으로 There's no point ~. 또는 There's no sense in ~.이 있습니다.

Date.   .   .

I had no choice but to ~.

선택의 여지가 없이 ~할 수밖에 없었어요.

I had no choice but to
sell my business.

난 사업체를 팔 수밖에 선택의 여지가 없었어.

I had no choice but to
park my car on the lawn.

나는 잔디밭에 주차할 수밖에 없었어.

I had no choice but to
accept a lower offer.

난 낮은 가격 제안을 받아들일 수밖에 선택의 여지가 없었어.

I had no choice but to
ask my parents for help.

우리 부모님에게 도와 달라고 부탁할 수밖에 선택의 여지가 없었어.

I had no choice but to
ask my manager for a favor.

난 선택의 여지가 없이 부장님에게 봐 달라고 할 수밖에 없었어.

lawn 잔디밭   ask for a favor 호의를 요청하다

어떤 선택이나 행동하는 데 있어서 선택의 여지가 없었다고 말할 때 사용하는 패턴입니다. 뭔가를 해야만 했던 상황을 강조할 때 쓸 수 있죠. 이때 to 뒤에는 동사원형이 나옵니다.

Date. . .

□□□

There's no excuse for ~.

~에 대해서는 변명의 여지가 없어요.

There's no excuse for
lying.

거짓말하는 것은 변명의 여지가 없어.

There's no excuse for
saying hurtful words.

상처를 주는 말을 하는 것은 변명의 여지가 없어.

There's no excuse for
domestic violence.

가정 폭력은 변명의 여지가 없어.

There's no excuse for
impaired driving.

음주 운전에 대해서는 변명의 여지가 없어.

There's no excuse for
missing such an important exam.

그렇게 중요한 시험을 놓친 것에 대해서는 변명의 여지가 없어.

hurtful 마음을 상하게 하는 domestic violence 가정 내 폭력 impaired driving 음주 운전

어떤 일을 용납할 수 없을 때 사용하는 패턴입니다. 즉, 변명은 통하지 않는다는 의미로 누군가의 잘못을 강하게 지적할 때 쓸 수 있죠. 반면, 자기 잘못을 인정하고 반성하고 있다고 할 때는 I have no excuse for ~. (나는 ~에 대해 변명의 여지가 없어요.)라고 해요.

Date. . .

I would by no means ~.

나 같으면 절대로 ~하지 않겠어요.

I would by no means
take bullying lightly.

나 같으면 절대로 집단 괴롭힘을 가볍게 받아들이지 않겠어.

I would by no means
be unfaithful to my spouse.

나 같으면 절대로 내 배우자를 놔두고 바람피우지 않겠어.

I would by no means
ask you to make such a great sacrifice.

나 같으면 절대로 너에게 그런 큰 희생을 강요하지 않겠어.

I would by no means *allow my children to run around in a restaurant.*

나 같으면 절대로 아이들이 식당에서 뛰어다니게 하지는 않겠어.

I would by no means *support a company with unfair labor practices.*

나 같으면 부당 노동 행위를 하는 회사를 절대 지지하지 않겠어.

bully 괴롭히다, 왕따 시키다 unfaithful 외도하는, 바람피우는 unfair labor practice 부당 노동 행위

무엇에 대한 강한 거부나 부정을 드러낼 때 쓸 수 있는 패턴입니다. '절대로 ~하지 않겠다'는 의미로, I would not ~.보다 더 단호한 느낌을 주는 표현이랍니다.

PATTERN CHALLENGE

088

Date. . .

No offense, but ~.

기분 상하라고 하는 말은 아니지만, ~.

No offense, but
he just isn't my type.

나쁜 뜻으로 하는 말은 아닌데, 그 남자는 내 타입이 아냐.

No offense, but
you're missing the point.

기분 상하라고 하는 말은 아닌데, 너는 핵심을 놓치고 있어.

No offense, but
your shirt and shorts clash.

나쁜 뜻으로 하는 말은 아닌데, 네 셔츠와 반바지는 어울리지 않아.

No offense, but
I'm not a fan of installation art.

오해는 하지 말았으면 좋겠는데, 나는 설치 미술의 팬은 아냐.

No offense, but
I think you should brush your hair.

기분 상하라고 하는 말은 아닌데, 너 머리 좀 빗어야겠다.

miss the point 핵심에서 벗어나다 clash 충돌하다 installation art 설치 미술

누군가에게 악의는 없지만 싫은 소리나 직언을 해야 할 때 유용하게 사용할 수 있는 패턴입니다. 상대방이 거북해하거나 민감하게 받아들일 수 있는 말을 해야 할 때, 조금이라도 완화시키려는 의도로 쓰는 표현이죠.

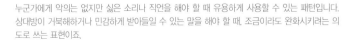

Date. . .

I never meant to ~.

~할 생각은 전혀 아니었어요.

I never meant to
upset you.

네 화를 북돋을 생각은 전혀 없었어.

I never meant to
cause you trouble.

폐를 끼칠 생각은 전혀 없었습니다.

I never meant to
get involved in the dispute.

그 말싸움에 말려들 생각은 전혀 없었어.

I never meant to
buy such an expensive computer.

이렇게 비싼 컴퓨터를 살 생각은 전혀 없었어.

I never meant to
be late for the surprise birthday party.

깜짝 생일 파티에 늦게 올 생각은 전혀 없었어.

cause someone trouble 남에게 누를 끼치다 dispute 분쟁

본의 아닌 결과가 생겼을 때 사용할 수 있는 패턴으로 '원래 그럴 생각이 없었다'는 의도를 표현할 때 씁니다. 이때 meant는 mean의 과거형이죠. to 뒤에는 동사원형을 넣어 주세요.

Date. . .

□ □ □

never ~ without ~.

~할 때는 꼭 ~을 해요.

I never *eat ramen* without *kimchi.*

나는 라면 먹을 때는 김치를 꼭 같이 먹어.

I never *leave home* without *an umbrella.*

나는 집을 나설 때는 꼭 우산을 갖고 가.

She never *goes outside* without *putting on sunscreen.*

그 여자는 밖에 나갈 때는 꼭 선크림을 발라.

Dogs should never *be walked* without *a leash in the park.*

공원에서 개를 산책 시킬 때는 꼭 목줄을 해야 해.

The department store never *issues a refund* without *a receipt.*

백화점에서 환불해 줄 때는 꼭 영수증을 확인해.

sunscreen 자외선 차단제 leash 개줄 issue a refund 환불해 주다

직역하면 '…없이는 결코 ~하지 않아요'라는 의미로 이중 부정을 사용하는 이 패턴은 반대로 강한 긍정의 의미를 갖게 되면서 '~할 때마다 반드시 …해요'라고 해석합니다. 즉, without 뒤에 나오는 대상이나 행동이 어떤 상황에서든 꼭 있어야 한다는 의미죠.

It's nothing but ~.

그건 ~일 뿐이에요. ~에 불과해요.

It's nothing but *a dream.*

그건 꿈일 뿐이야.

It's nothing but *empty calories.*

그건 영양가는 없고 열량만 높은 음식일 뿐이야.

It's nothing but *bad publicity for the company.*

그건 회사의 이미지에 먹칠하는 것에 불과한 거야.

It's nothing but *an excuse to buy more shoes.*

그건 신발을 더 사라는 변명에 불과하죠.

It's nothing but *a small dent; don't worry.*

그거 약간 찌그러진 것에 불과해, 걱정하지 마.

empty calories 영양가는 없고 열량만 높은 음식의 칼로리

'~외에는 아무것도 아니다', 즉 '~에 불과하다, ~밖에 없다'라는 의미입니다. 뭔가를 강조하거나 핵심이나 본질을 콕 집어서 말할 때 사용할 수 있는 패턴이죠. 이때 but(~외에는)은 접속사가 아니라 전치사이므로 뒤에는 명사나 명사구가 나오는 데 유의하세요.

Date. . .

□□□

Nothing can be ~.

아무것도 ~할 수 없어요.

Nothing can be
solved by war.

전쟁으로는 아무것도 해결할 수 없어.

Nothing can be
achieved without determination.

결심하지 않으면 아무것도 이룰 수가 없어.

Nothing can be
done about the poor weather.

악천후에 대해서는 아무것도 할 수 없어.

Nothing can be
better than giving birth to a healthy child.

건강한 아이만 낳으면 그게 최선이에요(더 좋을 건 없어요).

Nothing can be *done to recover the photos from your broken phone.*

네 고장 난 휴대폰에서 사진들을 복원할 수 있는 방법은 아무것도 없어.

achieve 해내다 determination 결심, 투지 give birth 출산하다

어떤 상황에서 모든 것을 부정할 때 사용하는 패턴입니다. 부정어인 nothing이 맨 앞에 나와서 '아무것도 ~할 수 없다, ~할 수 있는 게 아무것도 없다'며 부정의 의미를 강조하고 있습니다.

I have nothing to do with ~.

난 ~과는 아무런 상관이(관계가) 없어요.

I have nothing to do with *the neighbors.*

난 그 이웃들과는 아무런 상관이 없어.

I have nothing to do with *the matter in any way.*

난 어떤 면에서건 그 일과는 아무런 관계가 없어.

I have nothing to do with *the ongoing office drama.*

나는 지금 펼쳐지고 있는 사무실 막장 드라마와는 아무런 관계가 없어.

I have nothing to do with *my husband's political views.*

나는 우리 남편의 정치적 견해하고는 아무런 상관도 없어.

I have nothing to do with *the decision made by my supervisor.*

내 상사가 내린 결정은 나와는 아무런 관계가 없어.

ongoing 계속 진행 중인 office drama 사무실의 가십(소문), 동료들 사이의 갈등 political view 정치관

어떤 문제나 일, 또는 사람 등과 내가 관련 없다, 엮여 있지 않다고 말할 때 사용하는 패턴입니다. with 다음에 대상이 되는 문제나 일, 사람이 나오겠죠?

Date. . .

□□□

You have nothing to ~.

당신은 ~할 게 없어요.

You have nothing to *lose.*

넌 잃을 게 없어.

You have nothing to *worry about.*

넌 걱정할 게 없어.

You have nothing to *be bitter about.*

네가 씁쓸해할 거 없어.

You have nothing to *prove to anyone.*

넌 누구한테도 증명할 게 없어.

You have nothing to *gain by arguing with Dad.*

아빠와 말싸움해서 네가 얻을 게 없어.

be bitter about ~으로 괴로워하다, ~에 억울해하다 prove 입증(증명)하다

이 패턴은 상대를 향해 '아무것도 ~할 필요가 없다' 혹은 '~할 것은 아무것도 없다'고 말할 때 씁니다. 상대를 설득하거나 안심시키고자 할 때 자주 쓰는 표현입니다.

083

A : Ugh, I feel sick.

B : **There's no need to** *eat that much.* You should take it easy.

……

A : Should we buy some fruit on the way home?

B : We have plenty of food at home. **There's no need to** *buy any more groceries.*

plenty of 많은

084

A : I have never met someone so stubborn.

B : **It's no use trying** *to talk to him.*

……

A : She won't answer any of my calls.

B : **It's no use apologizing** *to her at this point.*

stubborn 완고한, 고집스러운

085

A : The real estate market has changed dramatically these past few months.

B : **I had no choice but to** *accept a lower offer.*

……

A : Tuition has gone up again this year.

B : **I had no choice but to** *ask my parents for help.*

real estate 부동산 중개업 dramatically 극적으로 tuition 등록금

083 A : 웩, 토할 것 같아. B : 그렇게 많이 먹을 필요가 없어. 좀 자제해. | A : 집에 가는 길에 과일 좀 사야 할까? B : 집에 음식이 많잖아. 식품을 더 살 필요가 없어. 084 A : 저렇게 고집이 센 사람은 처음 봐. B : 그 남자에게 얘기해 봐야 소용없어. | A : 그 여자는 내 전화는 전혀 받지 않아. B : 이 시점에서 그 여자에게 사과해 봐야 소용없어. 085 A : 지난 몇 개월 동안에 부동산 시장이 극적으로 변했어. B : 그래서 난 낮은 가격 제안을 받아들일 수밖에 선택의 여지가 없었어. | A : 올해도 등록금이 또 올랐어. B : 그래서 난 우리 부모님에게 도와 달라고 부탁할 수밖에 선택의 여지가 없었어.

086

A : I slept in this morning and didn't make it to the exam on time.

B : **There's no excuse for** *missing such an important exam.*

......

A : My driver's license has been revoked.

B : I hope you understand how serious this is. **There's no excuse for** *impaired driving.*

revoke 철회(취소)하다

087

A : I can't stand parents who don't supervise their kids in public.

B : Same here. **I would by no means** *allow my children to run around in a restaurant.*

......

A : I've decided to boycott this cosmetics brand.

B : Good thinking. **I would by no means** *support a company with unfair labor practices.*

boycott (항의의 표시로) 구매를 거부하다 cosmetics 화장품

088

A : How did your blind date with Julie go?

B : **No offense, but** *she just isn't my type.*

......

A : Do you want to go to the contemporary art show at the national gallery?

B : **No offense, but** *I'm not a fan of installation art.*

contemporary art 현대 미술

086 A : 오늘 아침에 늦잠을 자서 제시간에 시험장에 도착하지 못했어. B : 그렇게 중요한 시험을 놓친 것에 대해서는 변명의 여지가 없어. | A : 내 운전면허가 취소됐어. B : 이게 얼마나 심각한 일인지 네가 이해했으면 좋겠어. 음주 운전에 대해서는 변명의 여지가 없어. 087 A : 공공장소에서 아이들을 감독하지 않는 부모들이 참 한심해. B : 나도 그렇게 생각해. 나 같으면 절대로 아이들이 식당에서 뛰어다니게 하지는 않겠어. | A : 나는 이 브랜드의 화장품을 사지 않기로 했어. B : 잘 생각했어. 나 같으면 부당 노동 행위를 하는 회사를 절대 지지하지 않겠어. 088 A : 줄리와 소개팅한 건 어떻게 됐어? B : 나쁜 뜻으로 하는 말은 아닌데, 그 여자는 내 타입이 아냐. | A : 국립 미술관에서 열리고 있는 현대 미술 전시회에 가고 싶어? B : 오해는 하지 말았으면 좋겠는데, 나는 설치 미술의 팬은 아냐.

089

A : **I never meant to** *get involved in the dispute.*

B : Well, it's too late now. Mark is mad at you for taking David's side.

......

A : I thought you were looking for a used computer. Isn't this brand new?

B : Yes. **I never meant to** *buy such an expensive computer.*

take a person's side 남의 편을 들다 brand new 신품인

090

A : Uh-oh. It looks like it's going to rain.

B : Don't worry. *I* **never** *leave home* **without** *an umbrella.*

......

A : Why are you selling your new shoes online? Just take them back to the store.

B : *The department store* **never** *issues a refund* **without** *a receipt.*

091

A : Why would a company endorse a celebrity who has a negative image?

B : I have no idea. **It's nothing but** *bad publicity for the company.*

......

A : I'm sorry about your bicycle! I'll pay to get it repaired.

B : **It's nothing but** *a small dent; don't worry.*

endorse (상품을) 홍보하다 publicity 홍보 repair 수리하다 dent 움푹 들어간(찌그러진) 곳

089 A : 그 말싸움에 말려들 생각은 전혀 없었어. B : 그래도 이제는 너무 늦었어. 데이비드 편을 들었다고 마크가 너한테 엄청 화가 났어. | A : 나는 네가 중고 컴퓨터를 찾은 줄 알았는데. 이건 최신형 컴퓨터 아냐? B : 맞아. 이렇게 비싼 컴퓨터를 살 생각은 전혀 없었어. 090 A : 이런. 비가 올 것 같은데. B : 걱정하지 마. 나는 외출할 때는 꼭 우산을 갖고 가거든. | A : 왜 새 신발을 온라인에서 팔려고 하는 거니? 그냥 상점에 갖고 가면 될 텐데. B : 백화점에서 환불해 줄 때는 꼭 영수증을 확인해. 091 A : 왜 어떤 회사는 이미지가 나쁜 연예인을 광고에 등장시키려고 하는 거지? B : 나도 몰라. 그건 회사의 이미지에 먹칠하는 것에 불과한 거야. | A : 네 자전거가 그렇게 돼서 미안해! 수리비는 내가 낼게. B : 그거 약간 찌그러진 것에 불과해. 걱정하지 마.

□□□

092

A : Do you want your first child to be a boy or a girl?

B : I'm fine with either one. **Nothing can be** *better than giving birth to a healthy child.*

......

A : Is there anyway that I can download my photos?

B : Sorry. **Nothing can be** *done to recover the photos from your broken phone.*

recover 복구하다

093

A : I heard your team is having trouble getting along.

B : **I have nothing to do with** *the ongoing office drama.*

......

A : Jack and I had a heated debate about the upcoming elections last night.

B : **I have nothing to do with** *my husband's political views.*

get along 잘 지내다, 꾸려 나가다 heated 열띤

094

A : I'm thinking about applying for the scholarship program.

B : Give it a shot. **You have nothing to** *lose.*

......

A : Dad and I don't see eye to eye on anything these days. It's really frustrating.

B : He's a stubborn man. **You have nothing to** *gain by arguing with Dad.*

see eye to eye 견해가 일치하다 frustrate 좌절(실망)하다 stubborn 완고한

092 A : 첫째가 사내아이면 좋겠어요, 아니면 여자아이면 좋겠어요? B : 둘 다 좋아요. 건강한 아이만 낳으면 그게 최선이에요. | A : 내 사진들을 다운 받을 수 있는 방법이 있나요? B : 미안합니다. 고장 난 고객님 핸드폰에서 사진들을 복원할 수 있는 방법은 아무것도 없습니다. 093 A : 내가 듣기로는 네 팀은 문제가 많다고 하던데. B : 나는 지금 펼쳐지고 있는 사무실 막장 드라마와는 아무런 관계가 없어. | A : 잭과 나는 이번 선거에 관해서 어젯밤 불꽃 튀는 설전을 벌였지. B : 나는 우리 남편의 정치적 견해하고는 아무런 상관도 없어. 094 A : 그 장학금을 신청할 생각이야. B : 신청해 봐. 밑져야 본전이니까. | A : 아빠와 나는 요즘 매사에 마음이 안 맞아. 정말 짜증스러워. B : 아빠는 완고한 분이셔. 아빠와 말싸움해서 네가 얻을 게 없어.

Pattern 095-105

Chapter 18

Not

'~가 아닌'이라는 뜻의 not을 동사나 조동사에 붙이면 부정적인 표현이 되는 것 알고 있죠? 그래서 not은 아마 가장 빈번하게 사용되는 단어 중 하나일 거예요. 이번 Chapter에서는 부정어 not을 사용한 다양한 패턴을 익혀보도록 할게요.

Date. . .

I'm not in favor of ~.

난 ~에 찬성하지 않아요.

I'm not in favor of
one-food diets.

난 한 가지 음식만 먹는 다이어트에 찬성하지 않아.

I'm not in favor of
corporal punishment.

난 체벌에 찬성하지 않아.

I'm not in favor of
my company's new slogan.

난 우리 회사의 새로운 슬로건이 마음에 들지 않아.

I'm not in favor of
giving children unlimited screen time.

난 아이들에게 화면을 볼 수 있는 시간을 무제한으로 주는 것을 찬성하지 않아.

I'm not in favor of
excessive body piercings or tattoos.

난 몸에 피어싱이나 문신을 과도하게 하는 것을 찬성하지 않아.

corporal punishment 체벌 slogan 구호, 슬로건 screen time (휴대폰, PC, TV 등) 화면을 보는 시간
excessive 지나친, 과도한

뭔가에 찬성하지 않거나 좋게 생각하지 않는다고 말할 때 사용하는 패턴입니다. I don't like ~.나 I don't agree with ~.와 같이 직접적으로 말하는 것보다 완곡한 느낌을 주는 표현이죠.

Date. . .

□□□

It's not necessary to ~.

~할 필요는 없어요.

It's not necessary to
wear a suit and tie.

정장에다 넥타이를 매지 않아도 돼.

It's not necessary to
put others down.

다른 사람들을 깔아뭉갤 필요는 없어.

It's not necessary to
cater to everyone's requests.

다른 사람들의 구미를 모두 맞출 필요는 없어.

It's not necessary to
let me know your every move.

너의 모든 움직임을 내게 알려 줄 필요는 없어.

It's not necessary to
go to the grand opening of the new branch.

새로 생긴 지점의 개장식에 갈 필요는 없어.

put someone down ~를 바보로 만들다(깎아내리다) cater to someone ~의 구미에 맞추다
grand opening 개장, 개점

뭔가를 할 필요가 없다고 말할 때 사용하는 패턴입니다. 뭔가를 하지 않아도 된다는 의미로 You don't have to ~.와 비슷한 의미지만 필요성이 없다는 것을 강조한다는 점에서 뉘앙스가 약간 다르죠.

PATTERN CHALLENGE
097

Date. . .

Not everyone ~.

모두가 ~하는 것은 아니에요.

Not everyone
prefers rice over pasta.

모두 파스타보다 쌀밥을 더 좋아하는 건 아니야.

Not everyone
thinks the same way.

모두 똑같이 생각하는 건 아니야.

Not everyone
respects the new manager.

모두 새로 온 매니저를 존경하는 건 아니야.

Not everyone
dreams of being in the spotlight.

모두 화려한 각광을 받고 싶어 하는 꿈이 있는 건 아니야.

Not everyone
is fortunate to find a career they love.

모두 자신이 좋아하는 직업을 발견하는 행운을 누리는 건 아니야.

fortunate 운 좋은 career 직업, 경력

어떤 일에 대해 모든 사람이 같은 입장이거나 같은 행동을 취하지는 않는 법이라고 말할 때 쓸 수 있는 패턴입니다. 즉, 어떤 사람들은 다르다 혹은 예외도 있다는 점을 부각시키고 싶을 때 쓰는 거죠. Some people ~.이라고도 말할 수 있습니다.

PATTERN CHALLENGE
098

Date. . .

☐ ☐ ☐

I don't care about ~.

난 ~에 신경을 쓰지 않아요.

I don't care about *being single.*

난 독신인 거에 신경을 안 써.

I don't care about *getting a fancy car.*

난 멋있는 차를 사는 것에 신경 쓰지 않아.

I don't care about *our past differences.*

우리가 과거에 충돌이 있었다는 것에 대해서 나는 신경을 쓰지 않아.

I don't care about *fashion; I dress as I please.*

난 유행에 신경 쓰지 않아. 난 내가 좋은 대로 입어.

I don't care about *what others say about me.*

난 다른 사람들이 나에 대해서 뭐라 말하든 신경 쓰지 않아.

fancy 유행, 멋진, 화려한 as one pleases 제멋대로

care는 여기서 '상관하다, 신경 쓰다, 개의하다'라는 뜻의 동사로 쓰였습니다. 따라서 I don't care about ~.이라고 하면 어떤 일에 신경 쓰지 않겠다, 즉 개의치 않겠다는 의미이죠. care가 '돌봄, 조심'이라는 뜻의 명사로 많이 쓰이지만 여기서는 달리 쓰인거죠.

PATTERN CHALLENGE
099

Date. . .

I don't believe ~.

난 ~을 믿지 않아요.

I don't believe
in destiny.

난 운명을 믿지 않아.

I don't believe
in rote learning.

난 암기식 교육을 믿지 않아.

I don't believe
that psychics can read the future.

난 신통력이 있는 사람들이 미래를 읽을 수 있다는 것을 믿지 않아.

I don't believe
what most politicians say anymore.

난 대부분의 정치인들이 하는 말을 이제는 믿지 않아.

I don't believe
that we've had the opportunity to speak before.

나는 우리가 전에 이야기할 기회가 있었다는 것을 믿지 않아.

destiny 운명 rote learning 무턱대고 외우기, 암기식 학습 psychic 심령술사, 신통력 있는 사람
opportunity 기회

believe는 '믿다, ~라고 생각하다, 여기다'라는 뜻이죠. 따라서 I don't believe ~. 하면 당연히 '~을 믿지 않는다, ~이 믿기지 않는다, ~이 아니라고 생각한다'라는 뜻이 됩니다. 또 believe in 하면 '~이 존재함을 믿다'라는 뜻으로 believe in God이란 표현도 있죠.

Date. . .

I don't like the way ~.

난 ~하는 방식이 싫어요.

I don't like the way
asparagus tastes.

난 아스파라거스 맛이 싫어.

I don't like the way
you drive recklessly.

난 네가 난폭하게 운전하는 게 싫어.

I don't like the way
he teases his younger brothers.

난 걔가 자기 남동생들을 놀리는 게 싫어.

I don't like the way
this color looks against my skin tone.

난 이 색깔이 내 피부색과 대비되어 보이는 것이 싫어.

I don't like the way
the novel was adapted into a movie.

난 그 소설이 영화로 각색된 방식이 싫어.

reckless 난폭한 tease 놀리다, 약올리다 adapt (연극 · 영화 · 텔레비전 극으로) 개작(각색)하다

I don't like는 '마음에 들지 않는다, 싫다'는 의미이고, 〈the way S+V ~〉는 '~하는 방식, 스타일, 행동 등'을 의미하죠. 따라서 어떤 방식이나 스타일, 행동 등이 마음에 들지 않거나 불만스러울 때 I don't like the way ~로 그런 마음을 표출해 보세요.

Date. . .

□□□

I can't stand ~.

난 ~은 참을 수 없어요.

I can't stand
the freezing cold.

난 몸이 얼어붙을 것 같은 추위는 견딜 수가 없어.

I can't stand
having to make meaningless small talk.

난 아무 의미도 없는 잡담이나 해야 하는 건 견딜 수가 없어.

I can't stand
people who have no common sense.

난 상식이 없는 사람은 참을 수가 없어.

I can't stand
the sound of my husband snoring.

난 남편이 코 고는 소리는 견딜 수가 없어.

I can't stand *it when my brother arrives late
to every family dinner.*

내 남동생이 가족 저녁 식사 때마다 늦는 건 난 참을 수 없어.

freezing cold 매섭게 추운 meaningless 의미 없는, 무의미한 small talk (사교적인 자리에서 예의상 나누는) 한담
common sense 상식 snore 코를 골다

stand에 '참다, 견디다'라는 의미가 있다는 거, 혹시 알고 있나요? 이 패턴에서의 stand가 바로 이런 의미랍니다. 뭔가를 극도로 싫어하는 마음을 표현할 때나, 어떤 대상 혹은 상황을 더 이상 견디기 어려울 때 쓸 수 있는 패턴이죠.

Date. . .

I couldn't bear ~, so ~. ~을 견딜 수 없어서 ~했어요.

I couldn't bear *the sight of her tears*, so *I gave in.*

난 그녀가 눈물 흘리는 모습을 견딜 수가 없어서 내가 항복했어.

I couldn't bear *my mother's constant nagging*, so *I moved out.*

우리 엄마가 계속 잔소리해대는 걸 견딜 수가 없어서 집을 나왔어.

I couldn't bear *to stay apart from my children any longer*, so *I cut the trip short.*

아이들과 떨어져 지내는 걸 더 이상 견딜 수가 없어서 여행을 중단했지.

I couldn't bear *the thought of upsetting my parents*, so *I told them a white lie.*

우리 부모님을 언짢게 하는 것은 견딜 수가 없어서 선의의 거짓말을 했지.

I couldn't bear *to walk such a long distance*, so *I starting taking the subway.*

그렇게 먼 거리를 걷는 것을 견딜 수가 없어서 지하철을 타기 시작했어.

give in ~에 굴복하다 nag 잔소리를 하다, 바가지를 긁다 upset 속상하게 만들다 white lie 악의 없는(선의의) 거짓말

어떤 일이나 대상, 상황을 도저히 견딜 수 없어서 그 결과로 특정 행동을 했다고 말할 때 쓰는 패턴입니다. 여기서 bear는 '참다, 견디다'라는 의미이며, so 뒤에 오는 절은 과거형 동사를 써야 한다는 데 유의하세요.

Date. . .

I couldn't care less ~.

난 ~에는 전혀 신경 쓰지 않아요.

I couldn't care less
if she doesn't like me.

그 여자가 나를 좋아하지 않아도 난 아무 상관없어.

I couldn't care less
if people are talking behind my back.

사람들이 내 뒤에서 무슨 말을 하든 난 상관없어.

I couldn't care less
as long as I get paid.

난 돈만 받으면 신경 쓰지 않아.

I couldn't care less
whether I'm invited or not.

내가 초대받든 아니든 난 신경 쓰지 않아.

I couldn't care less
about how others perceive me.

다른 사람들이 날 어떻게 보든 난 신경 쓰지 않아.

talk behind one's back 뒷담화하는 것 perceive ~을 (~로) 여기다

특정한 주제나 사건에 관해 본인이 전혀 관심이나 흥미가 없을 때 쓸 수 있는 패턴입니다. 나는 최소한의 관심도 없기 때문에 신경 쓰지 않는다는 뉘앙스를 갖고 있습니다.

Date. . .

I don't mean to ~, but ~.

~을 하려는 건 아니지만, ~.

I don't mean to *offend you*, but
you really need a haircut.

네 기분을 상하게 하려는 건 아니지만, 너 정말 머리를 깎아야겠다.

I don't mean to *interrupt*, but
someone is at the door.

방해하려는 건 아니지만, 문에 누가 왔어요.

I don't mean to *be cheap*, but
that's too expensive for my liking.

내가 구두쇠처럼 굴려는 건 아닌데, 그건 너무 비싸서 내 구미에는 안 맞아.

I don't mean to *brag*, but
I got a perfect score on my test.

자랑하려는 건 아닌데, 시험에서 만점을 받았어.

I don't mean to *be disrespectful*, but
I can't stand it when my uncle lectures me.

건방지게 굴려는 건 아닌데, 우리 삼촌이 나한테 잔소리하면 참을 수가 없어.

offend 기분 상하게(불쾌하게) 하다 cheap 인색하다 brag 자랑하다 disrespectful 무례한, 실례되는
lecture 잔소리(설교)를 하다

자기 생각을 상대의 감정을 상하게 할까봐 굳이 전달하고 싶은 마음은 없지만 그래도 해야 한다고 느낄 때 쓸 수 있는 패턴입니다. 대화를 나누면서 오해의 여지를 줄이기 위해 완곡하게 쓰이는 표현이랍니다.

Date. . .

105

☐☐☐

I'm not going to bother to ~. 난 굳이 ~을 할 생각은 없어요.

I'm not going to bother to *change my clothes.*

난 굳이 옷을 갈아입을 생각은 없어.

I'm not going to bother to *text her. She's always too busy.*

나는 굳이 그 여자에게 문자를 보낼 생각은 없어. 그녀는 늘 너무 바쁘거든.

I'm not going to bother to *take a nap. I have to be at work in an hour.*

나는 굳이 낮잠을 잘 생각은 없어. 한 시간 후에 출근해야 하거든.

I'm not going to bother to *eat lunch. I have early dinner plans.*

난 굳이 점심을 먹을 생각은 없어. 이른 저녁 약속이 있거든.

I'm not going to bother to *sweep the floor. I'll just vacuum later.*

난 굳이 바닥을 쓸 생각은 없어. 이따가 그냥 진공청소기로 청소할 거야.

sweep 쓸기, 비질하기 vacuum 진공청소기로 청소하다

어떤 행동을 하는 것이 귀찮거나 내키지 않은 경우, 그 일을 하느라 신경 쓰고 싶지 않다고 말할 때 쓸 수 있는 패턴입니다. 굳이 번거롭게 그럴 생각은 없다는 것이죠. to 뒤에는 동사원형을 넣어 말하면 됩니다.

095

A : I'm itching to get a new tattoo on my forearm.

B : Another one? **I'm not in favor of** *excessive body piercings or tattoos.*

......

A : I have a hard time concentrating because I'm always hungry.

B : You should talk to a dietician. **I'm not in favor of** *one-food diets.*

forearm 팔뚝 concentrate 집중하다, 전념하다 dietician 영양사

096

A : I'll be home a little late today. I have to return a book to the library.

B : That's fine! **It's not necessary to** *let me know your every move.*

......

A : Everyone keeps changing their mind about what they want for lunch!

B : **It's not necessary to** *cater to everyone's requests.*

097

A : Have you had a chance to talk to Mr. Kim?

B : No. Apparently, he's a bit outspoken. **Not everyone** *respects the new manager.*

......

A : Jenny should try out for the audition program. She's exceptionally talented.

B : **Not everyone** *dreams of being in the spotlight.*

apparently 명백히, 분명히 outspoken 노골적으로(거침없이) 말하는 exceptionally 특별히
be in the spotlight 사람들의 이목을 끌다

095 A : 난 팔뚝에 문신을 새로 하고 싶어 죽겠어. B : 또 해? 난 몸에 피어싱이나 문신을 과도하게 하는 것을 찬성하지 않아. | A : 난 항상 배가 고파서 무슨 일에 집중하기가 어려워. B : 영양사에게 얘기해 봐. 난 한 가지 음식만 먹는 다이어트에 찬성하지 않아. 096 A : 난 오늘 좀 늦게 올 거야. 도서관에 책을 반납해야 하거든. B : 괜찮아! 너의 모든 움직임을 내게 알려 줄 필요는 없어. | A : 점심에 뭘 먹을 건지 사람들이 모두 이랬다저랬다 해! B : 다른 사람들의 구미를 모두 맞출 필요는 없어. 097 A : 김 부장님과 얘기할 기회가 있었니? B : 아니. 그분은 말이 좀 노골적인 것 같던데. 모두 다 새로 온 부장을 존경하는 건 아니야. | A : 제니는 오디션을 보는 게 좋겠어. 재능이 뛰어나잖아. B : 모두 화려한 각광을 받고 싶어 하는 꿈이 있는 건 아니야.

098

A : I have some really great friends that I can set you up with.

B : I'm too busy at work these days. **I don't care about** *being single.*

......

A : You just got a huge promotion. It's time to upgrade your car!

B : My car runs perfectly fine. **I don't care about** *getting a fancy car.*

promotion 승진, 진급 upgrade 개선하다, 승급시키다

099

A : The new mayor has a lot of plans to improve the city.

B : **I don't believe** *what most politicians say anymore.*

......

A : Are you interested in seeing a tarot card reader with me?

B : No, thanks. **I don't believe** *that psychics can read the future.*

mayor 시장

100

A : Finish all of your vegetables.

B : **I don't like the way** *asparagus tastes.*

......

A : How about this shirt? It's very stylish.

B : **I don't like the way** *this color looks against my skin tone.*

098 A : 너한테 소개해 줄 수 있는 멋진 친구들이 있는데. B : 요즘은 일이 너무 바빠. 난 독신이라는 것에 신경 쓰지 않아. | A : 자네는 대대적으로 승진했잖아. 자네 차를 멋진 것으로 바꿀 때야! B : 내 차는 아주 잘 달려. 난 멋있는 차를 사는 것에 신경 쓰지 않아. 099 A : 새로운 시장은 도시를 개선하려는 계획을 많이 가지고 있던데. B : 난 대부분의 정치인이 하는 말을 이제는 믿지 않아. | A : 나랑 타로 카드 점을 치는 사람을 만나 볼래? B : 고맙지만 안 볼래. 난 신통력이 있는 사람들이 미래를 읽을 수 있다는 것을 믿지 않아. 100 A : 채소를 다 먹어라. B : 저는 아스파라거스 맛이 싫어요. | A : 이 셔츠는 어때? 아주 멋져. B : 난 이 색깔이 내 피부색과 대비되어 보이는 것이 싫어.

101

A : Do you want to go skiing with me sometime?

B : I'll pass. **I can't stand** *the freezing cold.*

……

A : What do you mean you're not going on any more blind dates?

B : **I can't stand** *having to make meaningless small talk.*

blind date 서로 모르는 남녀의 데이트, 소개팅

102

A : I thought you were returning next week.

B : **I couldn't bear** *to stay apart from my children any longer*, **so** *I cut the trip short.*

……

A : Your new apartment is much farther from work. Do you still walk?

B : **I couldn't bear** *to walk such a long distance*, **so** *I started taking the subway.*

cut something short (계획한 것보다) 더 빨리 끝내다

103

A : I'm surprised you haven't received an invitation to the party yet.

B : **I couldn't care less** *whether I'm invited or not.*

……

A : Why are you wearing socks with holes in them?

B : **I couldn't care less** *about how others perceive me.*

101 A : 언제 나랑 스키를 타러 갈래? B : 난 사양하겠어. 난 몸이 얼어붙을 것 같은 추위는 견딜 수가 없어. | A : 이제는 소개팅은 하지 않겠다는 건 무슨 의미야? B : 난 아무 의미도 없는 잡담이나 해야 하는 건 견딜 수가 없어. 102 A : 난 네가 다음 주에 돌아간다고 생각했는데. B : 아이들과 떨어져 지내는 걸 더 이상 견딜 수가 없어서 여행을 중단했지. | A : 네가 새로 이사한 아파트는 직장에서 훨씬 더 멀잖아. 아직도 걸어 다녀? B : 그렇게 먼 거리를 걷는 것을 견딜 수가 없어서 지하철을 타기 시작했지. 103 A : 네가 아직 그 파티에 초대를 받지 않았다니 놀라워. B : 내가 초대받든 아니든 난 신경 쓰지 않아. | A : 왜 구멍 난 양말을 신고 있는 거니? B : 다른 사람들이 날 어떻게 보든 난 신경 쓰지 않아.

104

A : Let's move on to the next item on the agenda.

B : Sorry. **I don't mean to** *interrupt*, **but** *someone is at the door.*

……

A : Why don't you buy this bag? It would suit you well.

B : **I don't mean to** *be cheap*, **but** *that's too expensive for my liking.*

agenda 안건 interrupt 방해하다 suit 어울리다

105

A : We are going to a buffet for lunch. Do you want to come?

B : **I'm not going to bother to** *eat lunch. I have early dinner plans.*

……

A : I can't believe you pulled an all-nighter.

B : **I'm not going to bother to** *take a nap*. I have to be at work in an hour.

pull an all-nighter 무언가를 하기 위해 밤을 새우다

104 A : 자, 안건의 다음 항목으로 넘어갑시다. B : 죄송합니다. 방해하려는 건 아니지만, 문에 누가 왔어요. | A : 이 가방을 사지 그러니? 너한테 잘 어울릴 것 같은데. B : 내가 구두쇠처럼 굴려는 건 아닌데, 그건 너무 비싸서 내 구미에는 안 맞아.
105 A : 우리는 뷔페식당에 가서 점심을 먹을 거야. 너도 갈래? B : 난 굳이 점심을 먹을 생각은 없어. 이른 저녁 약속이 있거든. | A : 네가 밤을 새우며 야근했다니 믿어지지 않아. B : 나는 굳이 낮잠을 잘 생각은 없어. 한 시간 후에 출근해야 하거든.

Pattern 106 - 114

Chapter 19

부정어 없이 부정적인 뉘앙스로 말하기

'하기 싫어!', '안 할래!'처럼 직접적인 부정어를 사용해서 부정 표현을 할 수 있는 반면에 '그걸 하느니 차라리 죽겠어', '그것 말고는 뭐든 할 수 있어요'처럼 부정어를 사용하지 않고도 충분히 부정적인 어감을 줄 수 있죠. 이렇게 부정어 없이 부정적인 어감을 주는 패턴을 배워볼게요.

106 The last thing ~ is ~.

107 I seldom ~.

108 I'd rather die than ~.

109 I fail to see(understand) ~.

110 I've always been opposed to ~.

111 I'm fed up with ~.

112 I'll do anything but ~.

113 What bothers me most ~.

114 There's something about ~.

Date. . .

□□□

The last thing ~ is ~.

제일 ~하기 싫은 일(나중에 하는 일)은 ~이에요.

The last thing *I want to do* is *discourage you.*

내가 제일 하기 싫은 일이 네 사기를 꺾는 거야.

The last thing *I need* is *another mouth to feed.*

나한테 제일 불필요한 건 부양가족이 하나 더 느는 거야.

The last thing *I do before bed* is *meditate.*

잠자리에 들기 전에 제일 나중에 하는 게 명상이야.

The last thing *I drink each day* is *a warm cup of tea.*

내가 매일 가장 마지막에 마시는 것은 따듯한 차 한 잔이야.

The last thing *I do before leaving home* is *make sure the gas valve is turned off.*

집을 나서기 전에 가장 나중에 하는 일은 가스 밸브가 잠겨 있는지 확인하는 거야.

discourage 좌절시키다 mouth to feed 먹는 입, 부양가족 meditate 명상하다

the last thing은 '맨 마지막 것'을 뜻하죠. 그런데 하고 싶은 것 중에 맨 마지막이라는 건 '제일 하기 싫은 것'이란 얘기잖아요. 그리고 일과나 습관 등에서 '가장 나중에 하는 것'을 말할 때도 쓸 수 있습니다.

Date. . .

I seldom ~.

난 거의 ~을 하지 않아요.

I seldom
eat sweets.

난 거의 단것을 먹지 않아.

I seldom
feel discouraged.

난 거의 의기소침하지 않아.

I seldom
write online reviews.

난 거의 온라인 후기를 쓰지 않아.

I seldom
go home during the semester.

나는 학기 중에는 거의 집에 가지 않아.

I seldom *watch television,*
but I do enjoy the occasional documentary.

난 텔레비전을 거의 보지 않지만 어쩌다 다큐멘터리는 즐겨 봐.

online review 온라인 사용 후기 occasional 가끔씩

자신에게 좀처럼 일어나지 않는 일이나 거의 하지 않는 행동을 묘사할 때 쓰는 패턴입니다. rarely, seldom, hardly ever는 같은 뜻을 나타내므로, 이 세 단어는 서로 바꾸어 쓸 수 있습니다.

Date. . .

□□□

I'd rather die than ~.

~하느니 차라리 죽겠어요.

I'd rather die than *admit that I was wrong.*

내가 틀렸다는 것을 인정하느니 차라리 죽을래.

I'd rather die than *give up ice cream.*

아이스크림을 포기하느니 차라리 죽을래.

I'd rather die than *give a speech.*

연설을 하느니 차라리 죽을래.

I'd rather die than *make my mother shed tears.*

우리 어머니 눈에서 눈물이 나게 하느니 차라리 죽을래.

I'd rather die than *be stuck in traffic for hours.*

몇 시간이나 길에 묶여 있느니 차라리 죽을래.

admit 인정(시인)하다 shed a tear 눈물을 흘리다 stuck in traffic 교통에 막힌(정체된)

이 패턴은 '절대로 ~하지 않겠어요'라는 의미를 나타냅니다. 자신이 극도로 싫어하는 것이 있어 차라리 죽을지언정 그건 하지 않겠다는 의지를 나타낼 수 있죠.

I fail to see(understand) ~.

나는 ~이 이해되지 않아요(모르겠어요).

I fail to see
the bright side of this situation.

난 이 상황에 긍정적인 면이 있다는 게 이해가 되지 않아.

I fail to see
why everyone finds her so attractive.

왜 모두들 그 여자가 그렇게 매력적이라고 생각하는지 난 이해가 되지 않아.

I fail to see
how this is my problem.

난 왜 이게 내 문제인지 이해가 되지 않아.

I fail to understand
the urgency of this matter.

난 이 문제가 급하다는 게 이해가 되지 않아.

I fail to understand
how you consider that a convincing argument.

난 네가 그게 설득력 있는 주장이 된다고 생각하는 게 이해가 되지 않아.

bright side 긍정적인 면 attractive 매력적인 urgency 절박, 긴박
convincing 설득력 있는(convincing argument 설득력 있는 주장, 지당한 논의)

어떤 상황이나 의도를 파악하기 어려울 때, 또 상대의 행동이 이해되지 않을 때 이 패턴을 써서 말하면 됩니다. fail to 뒤에는 '알다, 이해하다'라는 뜻의 see, understand 외에도 같은 맥락의 grasp, comprehend 등의 동사도 올 수 있습니다.

Date. . .

I've always been opposed to ~.

난 항상 ~에 반대해 왔어요.

I've always been opposed to *corporal punishment in schools.*

난 학교에서의 체벌은 항상 반대해 왔어.

I've always been opposed to *teaching religion in the classroom.*

난 수업 시간에 종교를 가르치는 걸 항상 반대해 왔어.

I've always been opposed to *strenuous activity in the bitter cold.*

난 몹시 추울 때 힘든 활동하는 걸 항상 반대해 왔어.

I've always been opposed to *giving up everything for one person.*

난 한 사람 때문에 모든 걸 포기하는 걸 항상 반대해 왔어.

I've always been opposed to *living together before marriage.*

난 결혼 전에 동거하는 걸 항상 반대해 왔어.

corporal punishment 체벌 religion 종교 strenuous 격렬한

특정 관념이나 행위에 동의한 적이 한 번도 없었다고 말할 때 이 패턴을 쓸 수 있습니다. 어떤 것에 대해 처음부터 지금까지 쭉 반대하는 입장이라는 의미를 나타냅니다. 같은 뜻을 나타내는 표현으로 I've always been against ~.가 있죠.

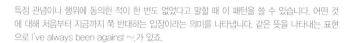

PATTERN CHALLENGE
111

Date. . .

I'm fed up with ~.

난 ~에 질렸어요.

I'm fed up with
rising food prices.

식료품비가 오르는 것에 난 질렸어.

I'm fed up with
your constant whining.

너의 끊임없는 칭얼거림에 질렸어.

I'm fed up with
being broke all the time.

항상 돈이 없는 것에 난 질렸어.

I'm fed up with
all the junk mail that I get in my inbox.

받은 메일함에 들어 있는 모든 스팸 메일에 난 질렸어.

I'm fed up with
my roommate playing loud music every night.

매일 밤 음악을 커다랗게 틀어 놓은 룸메이트에 질렸어.

whining 투덜대는 broke 무일푼의, 빈털터리의 junk mail 정크(스팸) 메일

반복되는 상황이나 누군가의 행동이 더 이상 견디기 어려워 불만을 표현할 때 쓰는 패턴입니다. I'm sick of ~.도 같은 맥락으로 쓰이는 표현이죠. '진절머리가 나다'로도 해석할 수 있어요.

Date. . .

I'll do anything but ~.

~만 빼고 뭐든 하겠어요.

I'll do anything but
touch worms.

지렁이 만지는 것만 빼면 뭐든 하겠어.

I'll do anything but
dance in front of people.

사람들 앞에서 춤추는 것만 빼고는 뭐든 하겠어.

I'll do anything but
eat raw octopus.

산낙지 먹는 것만 빼고는 뭐든 하겠어.

I'll do anything but
watch a movie at the theater alone.

극장에서 혼자 영화를 보는 것 빼고는 뭐든 하겠어.

I'll do anything but
cheat to get ahead in life.

출세하려고 부정행위 하는 것 빼고는 뭐든 하겠어.

worm 지렁이 raw 익히지 않은, 날것의 octopus 문어, 낙지 get ahead 출세(성공)하다

but 다음에 나오는 행동 말고는 뭐든지 다 하겠다는 의사를 나타내는 패턴으로 '어떤 일이 있어도 ~은 하지 않겠어요.'라는 의미를 갖습니다. but 뒤에는 동사원형이 나온다는 데 유의하세요. 비슷한 표현으로 The last thing I'll do is ~.도 있습니다.

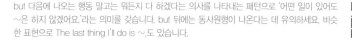

Date. . .

What bothers me most ~.

~이 내 신경에 제일 거슬려요.

What bothers me most
is his insensitivity.

그 남자의 무신경한 태도가 내 신경에 제일 거슬려.

What bothers me most
is her lack of respect for her siblings.

그 여자가 자기 형제자매를 존중하지 않는 것이 내 신경에 제일 거슬려.

What bothers me most *is that*
I'm the only one taking the project seriously.

이 프로젝트를 진지하게 받아들이는 사람은 나밖에 없다는 것이 제일 신경에 거슬려.

What bothers me most *is that*
gender discrimination is still prevalent today.

오늘날에도 성차별이 만연되어 있다는 것이 제일 신경에 거슬려.

What bothers me most *about my boyfriend*
is his excessive shopping.

내 남자 친구에 관해서 제일 신경에 거슬리는 건 그의 과도한 쇼핑이야.

insensitivity 둔감한, 몰이해한 lack of ~이 부족하다 take seriously 심각하게 여기다 discrimination 차별
prevalent 일반적인 excessive 지나친, 과도한

자신의 신경을 거슬리게 하거나 성가시게 하는 게 뭔지 강조해서 말하고 싶을 때 쓸 수 있는 패턴입니다. What bothers me most가 주어 자리에 쓰이므로, 다음에는 동사인 is가 나오는 거죠.

Date. . .

□□□

There's something about ~.

~에는 뭔가 있어요.

There is something about
her voice that I find very soothing.

그 여자 목소리에는 뭔가 아주 마음을 달래주는 게 있어.

There is something about
the stew that doesn't taste right.

이 스튜에는 뭔가 입맛에 맞지 않은 게 있어.

There is something about
Alex that I can't quite figure out.

알렉스에게는 내가 제대로 이해할 수 없는 뭔가 있어.

There is something about
that abandoned school that scares me.

저 폐교에는 겁을 주는 뭔가 있어.

There is something about
the fireplace that brings our family together.

그 벽난로에는 우리 가족을 뭉치게 하는 뭔가 있어.

soothing 마음을 달래 주는, 부드러운 figure out 이해하다 abandoned 버려진 fireplace 벽난로

여기서 something은 뭔가 무서운 것, 신경 쓰이는 것, 마음에 안 드는 것 등 부정적인 의미의 뭔가가 있다고 말할 때 주로 쓰입니다. 그런데 반대로 묘하게 끌리는 것, 특별한 것과 같이 긍정적인 의미의 뭔가가 있다고 할 때도 쓰일 수 있으니, 뒤에 오는 말의 내용에 유의해야 해요.

106

A : I'm having a hard time falling asleep these days.

B : I was like that, too. *Now,* **the last thing** *I do before bed* **is** *meditate.*

……

A : I hear your younger brother is coming to stay with you for a while.

B : Yes, I'm worried. **The last thing** *I need* **is** *another mouth to feed.*

107

A : Will you be going to see your parents during the long weekend?

B : *It's so far that* **I seldom** *go home during the semester.*

……

A : Did you know that some sites reward customers for writing reviews?

B : I had no idea. **I seldom** *write online reviews.*

reward 보상(사례)하다

108

A : I've been asked to give a speech at my sister's wedding reception.

B : Good luck! **I'd rather die than** *give a speech.*

……

A : **I'd rather die than** *give up ice cream.*

B : I prefer savory treats like potato chips.

give a speech 연설(축사)하다 reception 환영(축하) 연회(wedding reception 결혼 피로연) savory 짭짤한

106 A : 요즘 잠을 통 못 자겠어. B : 전에는 나도 그랬어. 지금은 잠자리에 들기 전에 제일 나중에 하는 게 명상이야. | A : 네 남동생이 한동안 너와 함께 지내려고 온다면서. B : 그래, 걱정이 돼. 나한테 제일 불필요한 건 부양가족이 하나 더 느는 거야. 107 A : 이번 긴 연휴에 부모님을 뵈러 갈 거니? B : 너무 멀어서 나는 학기 중에는 거의 집에 가지 않아. | A : 어떤 사이트에서는 고객이 사용 후기를 쓰면 사례한다는 것을 알고 있었니? B : 나는 전혀 몰랐어. 난 거의 온라인 후기를 쓰지 않아. 108 A : 내 여동생 결혼식 피로연에서 축사해 달라는 부탁을 받았어. B : 잘 해봐! 난 축사를 하느니 차라리 죽을래. | A : 아이스크림을 포기하느니 차라리 죽을래. B : 난 포테이토칩 같은 짭짤한 간식거리가 좋아.

109

A : Have you met the new girl, Linda?

B : Yes. **I fail to see** *why everyone finds her so attractive.*

......

A : How are you going to fix this issue?

B : **I fail to see** *how this is my problem.*

110

A : Are you interested in buying a season pass with me for the ski resort?

B : No, thanks. **I've always been opposed to** *strenuous activity in the bitter cold.*

......

A : I'm surprised you've decided to study abroad. Isn't your girlfriend upset?

B : She's fine with my decision. **I've always been opposed to** *giving up everything for one person.*

111

A : I just paid ten dollars for a bunch of bananas!

B : Unbelievable! **I'm fed up with** *rising food prices.*

......

A : Why have you decided to move out of the dormitory?

B : **I'm fed up with** *my roommate playing loud music every night.*

dormitory 기숙사

109 A : 새로 전학 온 여자 애, 린다를 만나 봤어? B : 그래. 난 왜 다들 걔가 그렇게 매력적이라고 생각하는지 이해가 되지 않아. | A : 이 문제를 어떻게 바로잡을 거니? B : 난 왜 이게 내 문제인지 이해가 되지 않아. 110 A : 나랑 같이 스키 휴양지 시즌 패스를 살래? B : 고맙지만 나는 안 할래. 난 몹시 추울 때 힘든 활동하는 걸 항상 반대해 왔어. | A : 네가 해외 유학 가기로 결정했다는 소식을 듣고 놀랐어. 여자 친구가 속상해하지 않아? B : 걔는 내 결정에 아무렇지도 않아 해. 난 한 사람 때문에 모든 걸 포기하는 걸 항상 반대해 왔어. 111 A : 방금 바나나 한 송이에 10달러나 줬어! B : 믿을 수 없네! 식료품비가 오르는 것에 난 질렸어. | A : 왜 기숙사에서 나오기로 했니? B : 매일 밤 음악을 커다랗게 틀어 놓은 룸메이트에 질렸어.

112

A : Are you up for a fishing trip this weekend?

B : Yes. **I'll do anything but** *touch worms.*

……

A : Let's participate in the upcoming talent show.

B : **I'll do anything but** *dance in front of people.*

talent show 장기 자랑

113

A : How did your talk with Cindy go?

B : Not well. **What bothers me most** *is her lack of respect for her siblings.*

……

A : **What bothers me most** *is that I'm the only one taking the project seriously.*

B : Why don't you hold a team meeting to address the issue?

114

A : Try the stew. I've ordered it before, but it tastes different today.

B : You're right. **There is something about** *the stew that doesn't taste right.*

……

A : Why are you crossing the street? My house is on this side of the road.

B : **There is something about** *that abandoned school that scares me.*

cross the street 길을 건너다

112 A : 이번 주말에 낚시하러 가니? B : 맞아. 지렁이 만지는 것만 빼면 뭐든 하겠어. | A : 이번 장기 자랑에 같이 나가자. B : 사람들 앞에서 춤추는 것만 빼고는 뭐든 하겠어. 113 A : 신디와의 얘기는 어떻게 됐니? B : 별로 신통하지 않아. 걔가 형제자매를 존중하지 않는 것이 내 신경에 제일 거슬려. | A : 이 프로젝트를 진지하게 받아들이는 사람은 나밖에 없다는 것이 제일 신경에 거슬려. B : 팀 회의를 해서 그 문제를 제기하는 게 어때? 114 A : 스튜를 맛봐. 전에도 주문했었는데, 오늘은 맛이 달라. B : 맞아. 이 스튜에는 뭔가 입맛에 맞지 않은 게 있어. | A : 왜 길을 건너고 있니? 우리 집은 길 이쪽에 있는데. B : 저 폐교를 보면 뭔가 무서워.

Pattern 115 - 120

Chapter 20

금지하기

하지 말라고 할 때 쓸 수 있는 패턴을 배워볼게요. 우리가 잘 알고 있는 Don't ~를 활용한 표현 외에도 다양한 표현으로 금지 사항을 말할 수 있어요. 표현에 따라 금지의 강약이 달라지기도 하고요. 그럼 완곡한 금지 표현부터 강한 금지 표현까지 다양하게 알아볼까요?

115 Don't be ~.

116 Don't make me ~.

117 You're not allowed to ~.

118 You are not supposed to ~.

119 keep A from -ing

120 Don't hesitate to ~.

Don't be ~.

~하지 마세요.

Don't be *so nosy!*

그렇게 남의 일에 참견하지 마!

Don't be *a poor sport.*

유치하게 굴지 마.

Don't be *a backseat driver.*

운전은 하지도 않으면서 잔소리 좀 그만해.

Don't be *fooled by appearances.*

외모에 속지 마.

Don't be *afraid to admit your mistakes.*

실수를 인정하는 걸 겁내지 마.

nosy 참견하기 좋아하는 poor sport 패배를 깨끗하게 인정하지 않는 사람
backseat driver 운전자에게 계속 잔소리를 하는 사람 be fooled by ~에 속다 appearance 겉모습

어떤 행동을 하지 말라고 가벼운 경고나 충고의 의미로 말할 때 쓰는 패턴입니다. 또 겁내거나 무서워하지 말라는 식으로 말할 때도 이 패턴을 사용할 수 있습니다.

Date. . .

□□□

Don't make me ~. (내가) ~하게 하지 마세요.

Don't make me *guess.*

내가 추측하게 하지 마. (감질나게 하지 말고, 어서 얘기해.)

Don't make me *choose between you and Emily.*

너랑 에밀리 사이에서 내가 선택하게 하지 마. (너랑 에밀리 사이에서 누구를 선택하라는 거야?)

Don't make me *go on any roller coasters.*

나더러 롤러코스터에 타라고 하지 마.

Don't make me *carry more bags than I have to.*

내가 들어야 하는 것보다 더 많은 가방을 들게 하지 마. (가방은 더 이상 못 들고 가.)

Don't make me *go to the prom alone.*

나 혼자 무도회에 가게 하지 마. (나더러 무도회에 혼자 가라는 거야?)

prom (미국 고등학교의) 무도회

상대방에게 '내가 ~하지 않도록 해주세요.'라는 뜻으로 어떤 행동이나 감정을 갖게 하지 말아 달라고 말할 때 쓰는 패턴입니다. 여기서 〈make me + 동사원형〉은 '내가 ~하게 하다'라는 의미이죠.

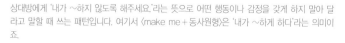

Date. . .

You're not allowed to ~.

~하는 건 허용되지 않아요. ~은 금지입니다.

You're not allowed to
enter China without a visa.

비자가 없으면 중국에 입국이 허용되지 않아요.

You're not allowed to
run on the pool deck.

수영장 덱에서 뛰면 안 돼.

You're not allowed to
drink alcohol while on duty.

근무 중 음주는 허용되지 않습니다.

You're not allowed to
bring any explosives or flammables on board.

폭발물이나 인화 물질을 휴대하고 탑승하시면 안됩니다.

You're not allowed to
use a calculator during the math exam.

수학 시험 중에 계산기를 사용하면 안됩니다.

pool deck 수영장 덱(노대) on duty 근무 중, 일하고 있는 explosive 폭발물 flammable 인화성 물질
on board 탑승한, 승선한 calculator 계산기

규칙이나 법규에 의해 어떤 행동이 금지된 경우 그 행동을 하면 안 된다고 말할 때 쓰는 패턴입니다. 즉, 그 행동은 허용되지 않으니 하지 말라는 의미를 갖는 표현이죠. 반대로 〈be allowed to + 동사원형〉이 '~하도록 허락[허용]되다'라는 뜻인 거 알죠?

PATTERN CHALLENGE

Date. . .

118

You are not supposed to ~.

~하면 안되게 되어 있어요(안 돼요).

You're not supposed to *walk on the lawn.*

잔디밭 위로 지나가면 안되게 되어 있어.

You're not supposed to *play soccer in the classroom.*

교실에서 축구를 하면 안되게 되어 있어.

You're not supposed to *wash black and white clothes together.*

검은색과 흰색 옷을 한꺼번에 세탁하면 안되게 되어 있어.

You're not supposed to *eat raw eggs while pregnant.*

임신 중에는 계란을 날로 먹으면 안되게 되어 있어.

You're not supposed to *tell Alex about the surprise farewell dinner.*

알렉스에게 깜짝 송별 만찬에 대해 말하면 안되게 되어 있어.

lawn 잔디밭 pregnant 임신 farewell dinner 송별회

어떤 행동을 하는 것이 허락되지 않아서 그렇게 해서는 안 된다고 할 때, 윤리적으로나 사람들의 정서상, 또는 관례적으로 그래서는 안 된다고 할 때, 상황이나 규칙이 바뀌어서 더이상 그래서는 안 된다고 할 때 모두 쓸 수 있는 패턴입니다.

Date. . .

keep A from -ing

A가 ~을 못하게 하다

Daily exercise and healthy eating
keep *me* from gaining *weight.*

매일 운동하고 건강한 음식을 먹으니까 살이 안 쪄.

Put a bandage on the cut to
keep *it* from getting *infected.*

베인 상처에 밴드를 붙이면 감염이 방지돼.

Storing bread in the freezer can
keep *it* from going *stale.*

빵을 냉동실에 보관하면 상하지 않아.

My noisy roommates
kept *me* from studying *last night.*

시끄러운 룸메이트들 때문에 난 어젯밤 공부를 못했어.

My financial advisor
kept *me* from going *into debt.*

재무 설계사 덕분에 빚을 지지 않게 됐어.

bandage 반창고 cut 상처 infected (세균에) 감염된 freezer 냉동실 stale 신선하지 않은
go into debt 빚을 내다

keep A from -ing는 'A가 ~하지 못하게 하다'라는 뜻으로, A가 어떤 사람이나 사물 때문에 ~하지 못한다고 할 때 이 패턴을 써서 말합니다. 비슷한 표현으로는 prevent A from -ing가 있습니다.

Date. . .

Don't hesitate to ~.

주저하지 말고 ~하세요.

Don't hesitate to
make yourself at home.

주저하지 말고 집에 온 것처럼 편하게 있어.

Don't hesitate to
revise the draft.

주저하지 말고 원고를 고쳐 줘.

Don't hesitate to
say no to others.

주저하지 말고 다른 사람들에게 아니라고 말해.

Don't hesitate to
ask questions if you don't understand.

이해를 못하겠으면 주저하지 말고 질문을 해.

Don't hesitate to *call the police*
if you notice any suspicious activity.

수상한 행동을 봤으면 주저하지 말고 경찰에 전화해.

make oneself at home 자기 집에 있는 것처럼 편하게 지내다 revise 수정하다 suspicious 의심스러운, 수상쩍은

상대가 어떤 일을 하는 것에 대해 주저하거나 부담스러워할 때 그러지 말고 기꺼이 혹은 얼마든지 편하게 해도 된다고 호의를 보이는 표현입니다. 유사한 표현으로 'Feel free to ~'가 있어요.

115

A : Hurry up! You're driving way too slowly!

B : I know what I'm doing. **Don't be** *a backseat driver.*

......

A : Look! The new neighbors are out in the backyard gardening. They also have three grandkids and a dog.

B : **Don't be** *so nosy!* Close the curtains, and let them be.

116

A : I've decided that I don't want to go to the prom this year.

B : Oh, come on! **Don't make me** *go to the prom alone.*

......

A : You're not even going to go on one ride?

B : **Don't make me** *go on any roller coasters.* I'll get sick.

ride 놀이 기구 get sick 메스꺼운, 토할 것 같은

117

A : Are we permitted to bring calculators to the exam?

B : *No,* **you're not allowed to** *use a calculator during the math exam.*

......

A : I've got to start packing for the trip.

B : Don't forget; **you're not allowed to** *bring any explosives or flammables on board.*

115 A : 서둘러! 너무 천천히 운전하잖아! B : 내가 알아서 한다고. 운전은 하지도 않으면서 잔소리 좀 그만해. | A : 저것 좀 봐! 새로 이사 온 사람들이 뒷마당에서 정원을 손보고 있어. 손주 셋에 개도 있네. B : 그렇게 남의 일에 참견하지 마! 커튼 닫고 그 사람들에게 신경 꺼. 116 A : 난 올해 무도회는 가지 않기로 했어. B : 오, 안 돼! 나 혼자 무도회에 가게 하지 마. | A : 넌 놀이 기구를 하나도 타지 않을 거야? B : 나더러 롤러코스터에 타라고 하지 마. 토할 것 같아. 117 A : 시험장에 계산기를 갖고 가도 되니? B : 아니, 수학 시험 도중에 계산기를 사용하면 안되게 되어 있어. | A : 나 여행 짐을 싸야겠어. B : 잊지 마, 폭발물이나 인화 물질을 휴대하고 탑승하면 안 돼.

118

A : Look at my white shirt! It turned gray in the wash.

B : **You're not supposed to** *wash black and white clothes together.*

......

A : **You're not supposed to** *play soccer in the classroom.*

B : Yes, I know. I'm sorry about the broken window.

119

A : The bakery was having an end of day sale, and I went a little overboard.

B : *Storing bread in the freezer can* **keep** it **from going** *stale.*

......

A : Are you ready for the test?

B : No, not at all. *My noisy roommates* **kept** me **from studying** *last night.*

go overboard 잔뜩 흥분(열광)하다

120

A : My counselor says that I need to create healthy boundaries at work.

B : He's absolutely right. **Don't hesitate to** *say no to others.*

......

A : Let me take a look at what you've written so far.

B : Thanks. **Don't hesitate to** *revise the draft.*

boundary 경계선

118 A : 내 하얀 셔츠 좀 봐! 세탁했더니 회색으로 변했어. B : 검은색과 흰색 옷을 한꺼번에 세탁하면 안되게 되어 있어. | A : 교실에서 축구를 하면 안되게 되어 있어. B : 네, 알고 있어요. 창문이 깨져서 죄송합니다. 119 A : 빵 가게가 마무리 세일하고 있었는데, 그걸 보고 내가 좀 흥분해서 너무 많이 샀어. B : 빵은 냉동실에 보관하면 상하지 않아. | A : 시험 준비는 다 됐어? B : 아니, 전혀. 시끄러운 룸메이트들 때문에 난 어젯밤 공부를 못했어. 120 A : 내 상담사가 말하기를 직장에서는 건전한 울타리를 칠 필요가 있다는 거야. B : 그 사람 말이 전적으로 옳아. 주저하지 말고 다른 사람들에게 아니라고 말해. | A : 지금까지 쓴 것을 좀 보여 줘. B : 고마워. 주저하지 말고 원고를 고쳐 줘.

Part 5

의미를 더 명확하게, 조동사 활용 패턴

조(助)동사는 동사를 도와주는 동사인데요, 동사만으로는 표현할 수 없는 미묘한 어감을 조동사가 붙어서 도와주죠. 예를 들어, 무언가를 요청할 때 조동사 would를 사용해서 Would you ~?로 물어보면 훨씬 더 예의 있는 표현이 돼요. 조동사로 섬세한 어감 차를 표현할 수 있어서 동사만큼 중요해요. 이번 Part에서는 일상생활에서 빈번하게 쓰이는 조동사 활용 패턴을 살펴볼게요.

Pattern 121 - 130

Chapter 21

Could, Can

보통 could는 can의 과거형으로만 알고 있을 거예요. 그래서 could는 '할 수 있었다' 정도로 해석하죠. 하지만 could는 가능성을 말할 때나 정중한 부탁을 할 때 독립적으로 많이 쓰여요. can만큼 활용도가 높다고 볼 수 있죠. 우리가 미처 놓쳤던 could와 can의 의미를 활용한 패턴을 알아보아요.

121 I could never ~.

122 I can't believe ~.

123 ~ couldn't be better.

124 I couldn't agree more with ~.

125 could have p.p. ~.

126 I couldn't help -ing ~.

127 Can you make time ~?

128 I can't ~, let alone ~.

129 I can't help but ~.

130 I can't help it if ~.

Date. . .

I could never ~.

나는 ~은 절대로 못할 것 같아요.

I could never
complete a triathlon.

난 절대로 철인 3종 경기는 다 못 뛸 것 같아.

I could never
abstain from sweets.

난 단것은 절대로 못 끊을 것 같아.

I could never
bear to disappoint my children.

내 아이들을 실망하게 하는 것은 나는 절대로 못 참을 것 같아.

I could never
meet my parents' expectations.

난 우리 부모님의 기대는 절대로 못 맞출 것 같아.

I could never
understand why she chose to move so far away.

그 여자가 왜 그렇게 멀리 이사를 가려고 했는지 절대로 이해를 못 할 것 같아.

triathlon 철인 3종 경기 abstain 자제하다, 삼가다 expectation 예상, 기대

never는 '결코 ~않다'는 의미의 강한 부정어이죠. 따라서 이 패턴은 결코[절대로] 뭔가를 할 수 없을 것이라고 말할 때 사용할 수 있습니다. 흔히 사용하는 I can't ~보다 훨씬 강한 느낌의 표현이죠.

Date. . .

I can't believe ~.

~것이 믿어지지 않아요.

I can't believe
it's only Wednesday!

아직 수요일밖에 되지 않았다는 게 믿어지지 않아!

I can't believe
he thinks that poorly of me!

그 남자가 나를 그렇게 하찮게 생각한다는 게 믿어지지 않아!

I can't believe
she still hasn't forgiven me!

그 여자가 나를 아직도 용서하지 않았다는 게 믿어지지 않아!

I can't believe
I've misplaced my glasses again!

내가 안경을 또 잘못 뒀다는 게 믿어지지 않아!

I can't believe
you watched the movie without me!

네가 나를 빼고 그 영화를 봤다는 게 믿어지지 않아!

think poorly of ~을 좋게 생각하지 않다, 탐탁하게 여기지 않다 misplace 제자리에 두지 않다

어떤 사실을 믿을 수 없다는 말로 놀라움을 표현하는 패턴입니다. 어이없거나 안타까운 사실을 접했을 때 어떻게 이럴 수가 있냐며 믿기지 않는다는 식의 감탄사처럼 쓸 수 있죠. 물론 놀라울 정도로 좋은 소식이나 멋진 일을 접했을 때도 쓸 수 있고요.

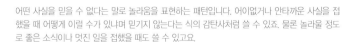

Date. . .

☐☐☐

~ couldn't be better.

~이 더할 나위 없이 좋아요.

This dessert
couldn't be better.

이 디저트는 더할 나위 없이 좋아.

The timing of your call
couldn't be better.

네가 전화한 타이밍은 더할 나위 없이 좋아.

The layout of your new apartment
couldn't be better.

네가 새로 이사한 아파트의 배치는 더할 나위 없이 좋아.

His resume is impressive;
it couldn't be better.

그 남자의 이력은 인상적이야, 더할 나위 없이 좋아.

The reviews for our new product
couldn't be better.

우리 신제품의 품평은 더할 나위 없이 좋아.

timing 시기 선택 layout (책 · 정원 · 건물 등의) 배치 impressive 인상적인

어떤 것이 더 좋을 수는 없을 정도로 최상이라고 말할 때 쓰는 패턴입니다. 직역하면 '더 이상 좋을 수 없다'는 의미로 기분이나 사물, 상황 등이 최고라는 것을 강조할 때 이용해 보세요.

Date. . .

□□□

I couldn't agree more with ~.

난 ~에 전적으로 동의해요.

I couldn't agree more with
what was just said.

저는 방금 말씀하신 것에 전적으로 동의합니다.

I couldn't agree more with
the negative restaurant reviews.

부정적인 그 식당 후기에 난 전적으로 동의해.

I couldn't agree more with
the article about corrupt corporations.

부패한 기업들에 대한 기사에 난 전적으로 동의해.

I couldn't agree more with
his analysis of why the project failed.

프로젝트 실패 원인에 대한 그의 분석에 난 전적으로 동의해.

I couldn't agree more with
her observations about the class.

그 수업에 대해 그 여자가 관찰한 것에 난 전적으로 동의해.

negative 부정적인 corrupt 부패(타락)한 analysis 분석 observation 관찰

강한 동의를 표현하고 싶을 때 쓰는 패턴입니다. 누군가의 의견이나 결정에 내가 이 이상 더 동의할 수 없을 만큼 전적으로 동의한다는 의미로, 강한 의견 일치를 피력하고자 할 때 사용하면 됩니다.

could have p.p. ~.

~할 수도 있었어요.

I could have been *a lawyer.*

난 변호사도 될 수 있었는데.

I could have put *forth more effort.*

더 노력을 기울일 수도 있었는데.

The kids could have hurt *themselves on the ice.*

아이들이 얼음 위에서 다칠 수도 있었어.

They could have told *me that they were going to be late.*

그 사람들은 늦을 거라고 나한테 말해 줄 수도 있었잖아.

You could have told *me that class had been canceled.*

넌 그 수업이 취소됐다고 나한테 말해 줄 수도 있었잖아.

lawyer 변호사 put forth 발휘하다

〈조동사의 과거형 + have p.p.〉라고 달달 외웠던 바로 그 패턴 가운데 하나로 '~할 수도 있었는데 결국은 하지 않았다'는 의미입니다. 과거 사실에 대한 반대를 가정하는 표현을 사용해 과거에 대한 후회나 반대의 사건이 일어났을 가능성에 대해 말하는 것이죠.

Date. . .

□□□

I couldn't help -ing ~.

~할 수밖에 없었어요.

I couldn't help laughing *in delight.*

난 너무 기뻐서 웃을 수밖에 없었어.

I couldn't help crying *out in fear.*

난 너무 무서워서 소리지를 수밖에 없었어.

I couldn't help cooing *at the baby.*

난 아이에게 달콤하게 속삭일 수밖에 없었어.

I couldn't help overhearing *the argument.*

난 논쟁을 엿들을 수밖에 없었어.

I couldn't help yawning *during the speech.*

난 연설하는 동안 하품을 할 수밖에 없었어.

in delight 즐겁게 coo 달콤하게 속삭이다 overhear (남의 대화 등을) 우연히 듣다 yawn 하품하다

'(그때는) 선택의 여지가 없어서 ~할 수밖에 없었다'라는 의미로, 어떤 일을 하지 않을 수 없었다, 즉 어떤 일을 할 수밖에 없었다고 말할 때 사용합니다. cannot help -ing라고 하면 '~할 수밖에 없다'는 현재를 나타내지만 couldn't를 썼기 때문에 과거의 일을 나타내는 표현입니다.

Date. . .

□□□

Can you make time ~?

~할 시간을 내 줄 수 있어요?

Can you make time
to visit Bob in the hospital tonight?

오늘 밤 병원에 입원한 밥을 문병할 시간을 내 줄 수 있겠어?

Can you make time
to help me rearrange my room later?

나중에 내 방 재배치하는 것을 도와줄 시간 내 줄 수 있겠어?

Can you make time
for a quick call?

잠깐 전화할 시간을 내 줄 수 있겠어?

Can you make time
for a team meeting today?

오늘 팀 회의를 하는 데 시간 내 줄 수 있겠어?

Can you make time
for a consultation with the lawyer?

변호사와 상담하는 데 시간을 내 줄 수 있겠어?

rearrange 재배치하다 consultation 상담

상대방에게 시간을 내 줄 수 있는지 물어볼 때 사용하는 패턴입니다. 바쁘거나 다른 선약이 있을지도 모르는 상대방의 입장을 고려해 뭔가를 할 시간적 여유가 있냐고 물어보는 것이죠.

Date. . .

I can't ~, let alone ~.

~은 고사하고 ~도 못해요.

I can't *float,*
let alone *swim.*

난 수영은 고사하고 물에 뜨지도 못해.

I can't *smile,*
let alone *laugh at his terrible jokes.*

그 남자의 형편없는 농담에 난 웃는 것은 고사하고 미소도 지을 수 없어.

I can't *eat another bite,*
let alone *have a big slice of cake.*

난 케이크 큰 한 조각은 고사하고 한 입도 먹을 수 없어.

I can't *understand basic French,*
let alone *speak the language.*

나는 말하는 것은 고사하고 기초 프랑스어도 이해하지 못해.

I can't *stay up past 10 p.m.,*
let alone *pull an all-nighter.*

난 밤샘은 고사하고 밤 10시까지 앉아 있을 수도 없어.

float (가라앉지 않고 물에) 뜨다 terrible 심한 pull an all-nighter 뭘 하기 위해 밤새우다

뭔가를 못하겠다는 것을 강조할 때 쓸 수 있는 패턴입니다. 어려운 일은커녕 더 쉬운 것조차 못하겠다는 말로, 못한다는 점을 부각시킬 때 사용하죠.

Date. . .

□□□

I can't help but ~.

난 ~할 수밖에 없어요.

I can't help but
roll my eyes.

난 눈을 굴릴 수밖에 없어.

I can't help but
wish I had made a different choice.

전에 선택을 달리했으면 좋았을 걸 하고 바랄 수밖에 없어.

I can't help but
wonder what my old boss is up to these days.

전에 내 상사였던 사람이 요즘 뭘 하는지 궁금해지는 건 어쩔 수 없어.

I can't help but
laugh when my daughter acts sassy.

내 딸이 시건방지게 굴 때는 웃어넘길 수밖에 없어.

I can't help but
indulge in an unhealthy snack once in a while.

어쩌다 건강에 좋지 않은 간식에 빠지는 건 어쩔 수 없어.

roll one's eyes 눈을 굴리다 sassy 건방진, 대담한 indulge 마음껏 하다, 빠지다

'~하지 않을 수 없어요.' 즉, '~할 수밖에 없어요.'라고 말할 때 이 패턴을 씁니다. 현재 어쩔 수 없이 그럴 수밖에 없다는 자신의 입장이나 상태를 드러내는 거죠. 이때 but 다음에는 동사원형이 나온다는 점에 유의하세요.

I can't help it if ~.

~하더라도(해도) 난 어쩔 수 없어요.

I can't help it if
I'm clumsy.

내가 서툴러서 어쩔 수 없어.

I can't help it if
he won't listen to me.

그 남자가 내 말을 듣지 않으려 해도 난 어쩔 수 없어.

I can't help it if
people find me unapproachable.

사람들이 날 접근하기 어렵다고 생각해도 난 어쩔 수 없어.

I can't help it if
you don't agree with my opinion.

네가 내 의견에 동의하지 않는다 해도 난 어쩔 수가 없어.

I can't help it if
I'm in a meeting every time you try to call me.

네가 나와 통화하려고 할 때마다 내가 회의 중이면 난 어쩔 수가 없어.

clumsy 세련되지 못한, 어설픈 unapproachable 접근하기가 어려운

어떤 상황에 대해 '만일 ~한다면 자신은 어쩔 도리가 없다'고 말할 때 사용할 수 있는 패턴입니다.
어떤 상황에 대한 책임을 질 수 없다고 말할 때 쓸 수도 있죠. if 뒤에는 절이 나옵니다.

121

A : I am cutting out all refined sugar from my diet.

B : *Wow,* **I could never** *abstain from sweets.*

……

A : I can't believe you agreed to wear the mascot costume for the school fair.

B : Little Johnny and Jane were so eager for me to participate. **I could never** *bear to disappoint my children.*

refined sugar 정제 설탕 participate 참가하다

122

A : This week feels awfully long. What a drag.

B : **I can't believe** *it's only Wednesday*!

……

A : The new Hollywood blockbuster was amazing!

B : **I can't believe** *you watched the movie without me*!

drag 지겨운 사람(것) blockbuster 블록버스터, 대작 영화

123

A : I hope you are enjoying your meal.

B : Everything was delicious. *This dessert* **couldn't be better.**

……

A : *The reviews for our new product* **couldn't be better.**

B : It is all thanks to the hard work of our amazing team!

121 A : 나는 내 식단에서 정제 설탕은 모두 끊을 거야. B : 와, 나 같으면 절대로 단것은 못 끊을 거야. | A : 난 당신이 학교 축제에 마스코트 복장을 하겠다고 한 게 믿어지지 않아. B : 꼬마 조니와 제인이 내가 참가하기를 엄청 바랐지. 난 아이들을 실망하게 하는 짓은 절대로 못할 것 같아. 122 A : 이번 주는 엄청나게 길게 느껴져. 너무 지겨워. B : 아직 수요일밖에 되지 않았다는 게 믿어지지 않아! | A : 그 새로운 할리우드 블록버스터 영화는 정말 놀라웠어! B : 네가 나를 빼고 그 영화를 봤다는 게 믿어지지 않아! 123 A : 맛있는 식사를 즐기시기를 바랍니다. B : 다 맛있었어요. 이 디저트는 더할 나위 없이 좋아요. | A : 우리 신제품의 품평은 더할 나위 없이 좋습니다. B : 이게 모두 우리 멋진 팀이 열심히 일한 덕분이죠!

124

A : Was the food as terrible as you had feared?

B : Yes. **I couldn't agree more with** *the negative restaurant reviews.*

......

A : **I couldn't agree more with** *her observations about the class.*

B : Me, too. Now we will take steps to make the necessary adjustments.

adjustment 수정, 조정

125

A : Why are you waiting by the door?

B : I'm expecting some friends. *They* **could have told** *me that they were going to be late.*

......

A : *You* **could have told** *me that class had been canceled.*

B : I was going to call you, but my phone battery was dead.

expect 기다리다 dead 방전되다

126

A : Isn't Joan's baby so adorable?

B : I know! **I couldn't help cooing** *at the baby.*

......

A : That was the scariest movie I've seen in a long time!

B : **I couldn't help crying** *out in fear.*

adorable 사랑스러운

127

A : **Can you make time** *for a team meeting today*?

B : Sure. I'm free after 2 p.m. this afternoon.

......

A : **Can you make time** *to visit Bob in the hospital tonight?*

B : Yes. I'll make time to pay hom a visit.

make time 짬을 내다

124 A : 네가 걱정한 대로 그렇게도 음식이 형편없었니? B : 응. 부정적인 그 식당 후기에 난 전적으로 동의해. | A : 그 수업에 대해 그 여자가 관찰한 것에 난 전적으로 동의해. B : 나도 마찬가지야. 이제 필요하다고 생각되는 조치를 단계적으로 취할 거야. 125 A : 왜 문 옆에서 기다리고 있니? B : 몇몇 친구들이 오기를 기다리고 있어. 그들은 늦을 거라고 나한테 말해 줄 수도 있었는데. | A : 넌 그 수업이 취소됐다고 나한테 말해 줄 수도 있었잖아. B : 전화하려고 했지만, 전화 배터리가 다 나갔어. 126 A : 조앤의 아기는 너무 귀엽지 않아? B : 그러게 말이야! 난 아이에게 달콤하게 속삭일 수밖에 없었어. | A : 오랜만에 이렇게 무서운 영화는 처음 봐! B : 난 너무 무서워서 소리지를 수밖에 없었어. 127 A : 오늘 팀 회의를 하는데 시간 내 줄 수 있니? B : 물론이지. 오후 2시 이후 가능해. | A : 오늘 밤 병원에 입원한 밥을 문병할 시간을 내 줄 수 있겠어? B : 응, 그를 방문할 시간을 낼게.

□□□

128

A : You're not going to join us in the pool?

B : No, thanks. **I can't** *float,* **let alone** *swim.*

……

A : **I can't** *stay up past 10 p.m.,* **let alone** *pull an all-nighter.*

B : I'm the same way.

129

A : Can you believe how bad our manager's jokes are?

B : **I can't help but** *roll my eyes.* I hope he doesn't see me.

……

A : **I can't help but** *wonder what my old boss is up to these days.*

B : You have to be kidding me. Don't you dare forget how much grief he put you through!

grief 고민, 비탄 put ~ through (불쾌한 일을) 겪게 하다

130

A : Why didn't you answer your phone? I had an urgent question to ask you!

B : **I can't help it if** *I'm in a meeting every time you try to call me.*

……

A : You're so much nicer than I initially thought.

B : I try my best to be friendly. **I can't help it if** *people find me unapproachable.*

urgent 긴급한, 시급한 initially 처음의, 초기의

128 A : 우리랑 풀장에 가지 않을래? B : 고맙지만 안 갈래. 난 수영은 고사하고 물에 뜨지도 못해. | A : 난 밤샘은 고사하고 밤 10시까지 앉아 있을 수도 없어. B : 나도 그래. 129 A : 우리 부장이 얼마나 저질스러운 농담을 하는지 믿을 수 있겠어? B : 난 눈을 굴릴 수밖에 없어. 내 그런 모습을 부장이 보지 못했으면 좋겠어. | A : 전에 내 상사였던 사람이 요즘 뭘 하는지 궁금해지는 건 어쩔 수 없어. B : 너 농담하는 거지. 그 사람이 너를 얼마나 괴롭혔는지 설마 잊은 건 아니겠지! 130 A : 넌 왜 내 전화를 안 받는 거니? 긴급한 질문이 있어서 너한테 물어보려고 했는데! B : 네가 나와 통화하려고 할 때마다 내가 회의 중이면 난 어쩔 수가 없어. | A : 넌 내가 처음에 생각했던 것보다 훨씬 친절해. B : 난 사람들에게 친절하게 대하려고 최선을 다해. 사람들이 날 접근하기 어렵다고 생각해도 난 어쩔 수 없어.

Pattern 131 - 137

Chapter 22

May, Might

may와 might는 둘 다 추측이나 가능성을 나타내는 조동사입니다. 정도의 차이가 있을 뿐이지 거의 같은 의미로 쓰이는 형제 같은 사이죠. 그래서 이번 Chapter에 나오는 패턴은 may나 might를 서로 바꿔 써도 되는데요. 단 패턴 137 May I help you ~?는 제외하고요.

131 I might as well ~.

132 I thought I might ~.

133 There may not be ~.

134 There may be a chance that ~.

135 This may be one's last chance to ~.

136 I may have p.p. ~.

137 May I help you ~?

Date. . .

I might as well ~.

~하는 편이 좋겠어요.

I might as well
sleep in.

난 늦잠을 자는 편이 좋겠어.

I might as well
give up.

난 포기하는 게 좋겠어.

I might as well
call it a day.

오늘은 그만두는 편이 좋겠어.

I might as well
have another donut.

도넛을 한 개 더 먹는 편이 좋겠어.

I might as well
stock up on toilet paper while it's on sale.

세일할 때 화장지를 쟁여 놓는 게 좋겠어.

give up 포기하다 call it a day ~을 그만하기로 하다 stock up (~을) 많이 사서 비축하다

'(다른 여러 가지 중에서) ~을 하는 것이 가장 낫겠다'는 의미를 나타냅니다. 즉, '내가 할 수 있는 가장 좋은 선택은 ~이겠다'라는 뜻을 포함하고 있는 패턴이죠. 불만족스럽거나 체념하는 마음에 '그나마 ~하는 것이 낫겠다'라는 의미로도 자주 쓰입니다.

Date. . .

I thought I might ~.

~할까 하고 생각했어요.

I thought I might
try baking some cookies.

쿠키를 구울까 하고 생각했어.

I thought I might
go for a walk after dinner.

저녁을 먹은 다음에 산책할까 생각했어.

I thought I might
give away some clothes that no longer fit me.

이제는 나한테 맞지 않는 옷은 다른 사람들에게 줄까 하고 생각했어.

I thought I might
grab a sandwich before boarding the plane.

비행기에 타기 전에 샌드위치나 간단히 먹을까 생각했어.

I thought I might
drop by the bookstore to pick up a new novel.

새로 나온 소설책을 사게 책방에 들를까 생각했어.

give away 나누어 주다 board 승차(탑승)하다 novel 소설

뭔가를 할까, 혹은 할 수 있지 않을까 하고 고려해 봤다고 할 때 쓸 수 있는 패턴입니다. might가 '~할지도 모른다'는 뜻을 나타내는 조동사라는 점, 알아두세요.

Date. . .

There may not be ~.

~이 없을지도 몰라요.

There may not be
enough time.

시간이 충분하지 않을지도 몰라.

There may not be
any other viable options.

실행 가능한 안이 더 없을지도 몰라.

There may not be
ample interest in this new course.

새로 개설된 이 강좌는 인기가 많이 없을지도 몰라.

There may not be
any other applicants for the position.

이 자리에 지원할 사람이 더 없을지도 몰라.

There may not be
anyone to guide us during the excursion.

이 여행을 안내해 줄 사람이 없을지도 몰라.

viable 실행 가능한 ample 충분한 applicant 지원자 excursion (단체로 짧게 하는) 여행

'~이 없을지도 모른다'라는 의미로 어떤 가능성을 부정할 때 쓸 수 있는 패턴입니다. There is[are] ~.가 '~이 있다'라는 뜻인 거 알죠? may는 '~일지도 모른다, ~일 수도 있다'라는 가능성을 나타내는데 이 둘이 합쳐진 것이죠.

Date. . .

☐☐☐

There may be a chance that ~. ~할 가능성이 있을지도 몰라요. ~할지도 몰라요.

There may be a chance that
he has forgotten about our date.

그 남자는 우리 데이트를 잊었을지도 몰라.

There may be a chance that
I won't get home until really late.

난 정말 늦게나 집에 도착할지도 몰라.

There may be a chance that
very few people show up to the in-store event.

매장 내 행사에 참석하는 사람이 아주 적을지도 몰라.

There may be a chance that
the value of this cryptocurrency will skyrocket.

이 암호 화폐의 가치가 급등할 가능성이 있을지도 몰라.

There may be a chance that
the concert will be postponed due to rain.

콘서트가 비 때문에 연기될 가능성이 있을지도 몰라.

in-store 매장 내 cryptocurrency 암호 화폐 skyrocket 급등하다 postpone 연기하다

어떤 일이 일어날 가능성을 설명할 때 이 패턴을 씁니다. chance가 여기서는 '가능성'이라는 뜻이므로, There may be a chance that ~.은 직역하면 '~할 가능성이 있을 수도 있다'라는 의미이죠.

This may be one's last chance to ~. 이게 ~할 수 있는 마지막 기회가 될지도 몰라요.

This may be his last chance to
help her.

이게 그 여자를 도울 수 있는 그의 마지막 기회가 될지도 몰라.

This may be his last chance to
prove himself.

이게 자신을 증명할 수 있는 그의 마지막 기회가 될지도 몰라.

This may be my last chance to
buy a limited-edition print.

이게 내가 한정판을 살 수 있는 마지막 기회가 될지도 몰라.

This may be our last chance to
see the circus perform in Korea.

이게 우리가 그 서커스의 한국 공연을 볼 수 있는 마지막 기회가 될지도 몰라.

This may be our last chance to
visit the restaurant before it closes permanently.

이게 우리가 그 식당이 완전히 문을 닫기 전에 가볼 수 있는 마지막 기회가 될지도 몰라.

prove oneself 실력을 증명하다 limited-edition 한정판 permanently 영구(영속)적인

어떤 상황에서 '이번이 ~할 마지막 기회일 수도 있다'고 말할 때 쓸 수 있는 패턴입니다. 앞으로는 같은 기회가 주어지지 않을 수 있다는 뉘앙스인 거죠. chance가 여기서는 '기회'라는 뜻으로 쓰였네요.

PATTERN CHALLENGE
136

Date. . . □□□

I may have p.p. ~.

내가 ~했을지도 몰라요.

I may have gone
a bit overboard.

내가 조금 오버했을지도 몰라.

I may have left
my wallet at the gym.

헬스장에 내 지갑을 두고 왔을지도 몰라.

I may have made
an embarrassing mistake.

내가 창피한 실수를 했을지도 몰라.

I may have underestimated
the value of a good friend.

내가 좋은 친구의 가치를 과소평가했을지도 몰라.

I may have given
the interviewer a bad first impression.

내가 면접관에게 좋지 않은 첫인상을 줬을지도 몰라.

go overboard 잔뜩 흥분(열광)하다 underestimate 과소평가하다 value 가치 first impression 첫인상

과거의 일에 대해 추측할 때 쓰는 패턴입니다. '아마도 ~했을지도 몰라요. ~했을 수도 있어요.'라는 의미를 나타내죠. I might have p.p. ~도 같은 의미이긴 하지만, 어감상 may를 쓸 때보다 '과거에 어떤 일이 일어났을 가능성'이 더 낮게 들린답니다.

Date. . .

May I help you ~?

~하는 것을 도와드릴까요?

May I help you
make dinner?

저녁 식사 준비하는 것을 도와드릴까요?

May I help you
to some more coffee?

커피를 좀 더 드릴까요?

May I help you
with anything else?

또 다른 것도 도와드릴까요?

May I help you
carry your suitcase up the stairs?

여행 가방을 위층으로 들어드릴까요?

May I help you
choose an outfit for the piano recital?

피아노 독주회 때 입을 의상 선택하는 것을 도와드릴까요?

suitcase 여행 가방 outfit (한 벌로 된) 옷, 의상 recital 연주회

많이 들어본 말이죠? 상점이나 매장에서 손님을 맞이하며 맨 먼저 하는 말이 바로 May I help you? 또는 Can I help you?입니다. 뒤에 구체적인 내용을 덧붙여 '~를 도와드릴까요?'라고 정중히 물을 때 쓰는 패턴입니다.

131

A : The professor is still ill, so class will likely be canceled tomorrow.

B : *If that's the case,* **I might as well** *sleep in.*

……

A : The odds of winning the lottery are shockingly slim.

B : **I might as well** *give up.*

odds 가능성 slim 박하다

132

A : Do you want to play a board game later?

B : **I thought I might** *go for a walk after dinner.* Want to join me?

……

A : I don't feel like going home just yet. What are you up to?

B : **I thought I might** *drop by the bookstore to pick up a new novel.*

133

A : I don't think he is a good candidate. Can we interview a few others?

B : **There may not be** *any other applicants for the position.*

……

A : **There may not be** *ample interest in this new course.*

B : I really want to take it. I hope it doesn't get canceled.

candidate 지원자

134

A : Why are you still home? I thought you had plans with Tom.

B : **There may be a chance that** *he has forgotten about our date.*

……

A : **There may be a chance that** *I won't get home until really late.*

B : Don't worry. I'll leave the lights on for you.

131 A : 교수님이 아직 편찮으셔서 내일 수업은 휴강할 것 같아. B : 사정이 그렇다면 난 늦잠을 자는 편이 좋겠는데. | A : 복권에 당첨될 확률은 극히 희박해. B : 난 포기하는 게 좋겠어. 132 A : 좀 이따가 보드게임 할래? B : 저녁을 먹은 다음에 산책할까 생각했어. 너도 같이 갈래? | A : 아직 집에 가기는 싫은데. 넌 뭘 할 생각이야? B : 새로 나온 소설책을 사게 책방에 들를까 생각했어. 133 A : 그 남자는 이 자리를 맡기에는 적합하지 않은 것 같아요. 몇 사람 더 면접 볼 수 있어요? B : 이 자리에 지원할 사람이 더 없을지도 몰라요. | A : 새로 개설된 이 강좌는 인기가 많이 없을지도 몰라. B : 난 정말 듣고 싶어. 강좌가 취소되지 않았으면 좋겠어. 134 A : 왜 아직도 집에 있어? 톰하고 데이트가 있는 줄 알았는데. B : 걔가 우리 데이트를 잊었을지도 몰라. | A : 난 정말 늦게나 집에 도착할지도 몰라. B : 걱정 마. 네가 도착할 때까지 불을 켜 놓을게.

□□□

135

A : Can we reschedule tonight's dinner?

B : **This may be our last chance to** *visit the restaurant before it closes permanently.*

……

A : Did you succeed in placing a preorder?

B : Yes, thank goodness. **This may be my last chance to** *buy a limited-edition print.*

preorder 사전 예약 주문

136

A : Where are you off to in such a rush?

B : **I may have left** *my wallet at the gym.*

……

A : How did the interview go?

B : My phone rang during the interview. **I may have given** *the interviewer a bad first impression.*

137

A : **May I help you** *with anything else?*

B : Yes. I would also like to try on this sweater in a medium.

……

A : **May I help you** *make dinner?*

B : That would be wonderful! Would you mind peeling the potatoes?

135 A : 오늘 밤 저녁 식사 일정을 바꿀 수 있을까? B : 이게 우리가 그 식당이 완전히 문을 닫기 전에 가볼 수 있는 마지막 기회가 될지도 몰라. | A : 사전 주문을 넣을 수 있었니? B : 그래, 다행히 할 수 있었어. 이게 내가 한정판을 살 수 있는 마지막 기회가 될지도 몰라. 136 A : 이렇게 급하게 어디로 가는 거야? B : 헬스장에 내 지갑을 두고 왔을지도 몰라. | A : 면접은 어떻게 됐어? B : 면접 도중에 전화벨이 울리지 뭐야. 내가 면접관에게 좋지 않은 첫인상을 줬을지도 몰라. 137 A : 또 다른 것도 도와드릴까요? B : 네. 중간 사이즈로 이 스웨터도 입어 보고 싶어요. | A : 저녁 식사 준비하는 것을 도와드릴까요? B : 그러면 아주 좋죠! 감자 깎는 것을 도와주시겠어요?

Pattern 138 - 143

Chapter 23

Should

should를 '~해야 한다'라고 권유, 충고하는 의미로 대부분 알고 있을 텐데요. 사실 should는 우리가 알고 있는 것보다 훨씬 부드러운 표현입니다. 우리말로 '~하는 게 좋을 거야' 정도의 느낌이죠. 또, should는 have p.p.와 함께 쓰여 '~했어야 했는데'라는 과거를 후회하는 표현, 상대방의 잘못을 책망하는 표현으로도 사용해요.

PATTERN CHALLENGE
138

Date. . .

I think I should ~.

~해야 할 것 같아요.

I think I should
get straight to the point.

바로 본론으로 들어가야 할 것 같아요.

I think I should
see a dentist as soon as possible.

나는 최대한 빨리 치과에 가 봐야 할 것 같아.

I think I should
review my notes before today's class.

오늘 수업에 들어가기 전에 노트를 훑어봐야 할 것 같아.

I think I should
remind everyone to come early tomorrow.

내일 일찍 오라고 모두에게 말해 줘야겠어.

I think I should *be thankful to have found a job during a recession.*

나는 불경기에 일자리를 구한 것에 대해 감사하는 마음을 가져야 할 것 같아.

get straight to the point 바로 본론으로 들어가다 review 복습하다 recession 불경기, 불황

'~을 해야 할 것 같다. ~을 하는 것이 좋겠다.'라는 의미로 말할 때 쓸 수 있는 패턴입니다. 직접적으로 '~을 하겠다'라는 의미인 I will ~.보다 부드럽고 완곡한 느낌을 주는 표현이므로, 실생활에서 자주 사용해 보세요!

Date. . .

What should I ~?

내가 ~을 어떻게 해야 할까요?

What should I
do with the leftover pizza?

남은 피자를 어떻게 해야지?

What should I
do before my physical exam?

신체검사 전에 뭘 해야지?

What should I
make for the potluck dinner?

포틀럭 파티에 뭘 만들어가야 하지?

What should I
do about the big stain on my shirt?

셔츠에 얼룩이 커다랗게 생겼는데, 어떻게 하지?

What should I
plan for my parents' fiftieth anniversary?

우리 부모님 결혼 50주년인데 어떻게 해야지?

leftover 남은 음식 physical exam 신체검사 potluck (여러 사람이) 각자 음식을 조금씩 가져와서 나눠 먹는 식사
stain 얼룩 anniversary 기념일

자신이 뭘 해야 할지 또는 뭘 하면 좋을지 상대방에게 조언을 구하려고 할 때 쓰는 패턴입니다. 이 때 What should I 뒤에는 당연히 동사원형이 오겠죠?

Date. . .

should have p.p. ~.

~을 했어야 했어요. ~했으면 좋았을 텐데.

He should have been
more responsible.

그 남자는 보다 책임감 있게 행동했어야 했어.

You should have been
home by 10 p.m.

너는 밤 10시까지는 집에 돌아와야 했어.

The report should have been
submitted yesterday.

그 보고서는 어제 제출했어야 했어.

I should have stretched
properly before jogging.

조깅하기 전에 제대로 스트레칭을 했어야 했어.

The government should have been
more prepared for the typhoon.

정부는 태풍에 더욱 잘 대비했어야 했어.

responsible 책임이 있는 typhoon 태풍

과거에 대한 후회나 미련, 유감을 표현할 때 쓰는 패턴입니다. 어떤 일을 하지 않았는데, 지금 생각해보니 예전에 그 일을 하는 것이 좋았겠다는 의미를 담고 있습니다.

Date. . .

I never should have p.p. ~.

난 절대 ~하지 말았어야 했어요.

I never should have dyed *my hair blue.*

머리를 절대 파란색으로 염색하지 말았어야 했어.

I never should have gone *ziplining.*

집라인을 절대 타는 게 아니었어.

I never should have doubted *my intuition.*

내 직관력을 절대 의심하는 게 아니었어.

I never should have had *that espresso after dinner.*

저녁을 먹은 후에 절대 그 에스프레소를 마시는 게 아니었어.

I never should have spent *all my allowance in one day.*

절대로 용돈을 하루에 다 써버리는 게 아니었어.

dye 염색하다 intuition 직관력 allowance 용돈

should have p.p. 앞에 never를 써서 강한 후회를 표현합니다. 뭔가를 하지 말았어야 했는데 했다는 의미로, 아쉬움이 묻어나는 어조인 should not have p.p.보다 훨씬 강한 뉘앙스를 나타내죠.

Date. . .

□□□

I shouldn't have p.p. ~.

~하는 게 아니었어요.

I shouldn't have quit
taking piano lessons.

피아노 레슨을 그만두는 게 아니었어.

I shouldn't have bought
these cheap sunglasses.

싸구려 선글라스를 사는 게 아니었어.

I shouldn't have procrastinated
all semester.

학기 내내 공부를 미루는 게 아니었어.

I shouldn't have ignored
my teacher's advice.

내 선생님의 조언을 무시하는 게 아니었어.

I shouldn't have lent
Kevin my favorite comic books.

케빈에게 내가 제일 좋아하는 만화책을 빌려주는 게 아니었어.

procrastinate (해야 할 일을 하기가 싫어서) 미루다 ignore 무시하다 lend 빌려주다 comic book 만화책

어떤 일을 하지 말았어야 했다는 후회를 나타낼 때 사용할 수 있는 패턴입니다. '나는 ~을 하지 말았어야 했는데 (했다)'는 의미로, 하지 않은 행동에 대한 아쉬움을 나타내는 I should have p.p. ~.보다 조금 더 강한 후회의 감정이 담긴 표현입니다.

Date. . .

☐☐☐

Maybe I should ~.

아마도 ~해야 할까 봐요.

Maybe I should
try learning a new language.

아마도 언어를 하나 새로 배워야 할까 봐.

Maybe I should
look into a career in consulting.

아마도 컨설팅 직종을 알아봐야 할까 봐.

Maybe I should
sleep on it before making a decision.

아마도 결정을 내리기 전에 하룻밤 자면서 곰곰이 생각해 봐야 할까 봐.

Maybe I should
find a new apartment closer to my parents.

아마도 우리 부모님이 사시는 곳 근처에 아파트를 새로 찾아봐야 할까 봐.

Maybe I should *have gone into physical therapy instead of nursing.*

아마도 간호보다는 물리 치료 쪽으로 갔어야 하는 게 아니었나 생각돼.

consulting 컨설팅, 자문 sleep on it (하룻밤 자면서) 시간을 갖고 신중히 생각하다 make a decision 결정을 하다
physical therapy 물리 치료

염두에 두고 있는 계획을 조심스럽게 드러낼 때 사용하는 패턴입니다. '아마도 ~하는 게 좋을 것 같아.'라는 의미로, I will ~.이나 I am going to ~.를 쓸 때와 달리, 확실한 결정을 내리지 않고 고민하고 있을 때 조심스러움을 담아 쓸 수 있는 표현입니다.

138

A : **I think I should** *review my notes before today's class.*

B : Good idea. The professor is known to give pop quizzes.

……

A : Hasn't your tooth been hurting for a few days now?

B : Yes, and the pain is getting worse. **I think I should** *see a dentist as soon as possible.*

pop quiz 쪽지 시험

139

A : **What should I** *make for the potluck dinner*?

B : How about a dessert? You can never have too many desserts!

……

A : I'm so embarrassed! **What should I** *do about the big stain on my shirt*?

B : Try hiding it with your scarf for now.

140

A : I'm sorry I'm late. I lost track of time.

B : *You* **should have been** *home by 10 p.m.*

……

A : Why are you wearing knee braces?

B : My knees really hurt. *I* **should have stretched** *properly before jogging.*

lose track of time 시간 가는 줄 모르다 brace 보조기

138 A : 오늘 수업에 들어가기 전에 노트를 훑어봐야 할 것 같아. B : 좋은 생각이야. 그 교수는 쪽지 시험을 친다는 소문이 있어. | A : 며칠 동안 이가 아프지 않았니? B : 아팠어. 그런데 통증이 점점 심해져. 최대한 빨리 치과에 가 봐야 할 것 같아. 139 A : 포틀럭 파티에 뭘 만들어가야 하지? B : 디저트를 만들어 갖고 가는 게 어때? 디저트야 많을 수록 좋잖아! | A : 너무 창피스러워! 셔츠에 얼룩이 커다랗게 생겼는데, 어떻게 하지? B : 당장은 네 스카프로 가려봐. 140 A : 늦어서 미안해. 시간 가는 줄 몰랐어. B : 넌 밤 10시까지는 집에 돌아와야 했어. | A : 왜 무릎 보호대를 하고 있는 거니? B : 무릎이 정말 아파. 조깅하기 전에 제대로 스트레칭을 했어야 했어.

141

A : Let's play video games at the arcade after school.

B : Sorry, I can't. **I never should have spent** *all my allowance in one day.*

……

A : It's 3 a.m.! Why are you still awake?

B : **I never should have had** *that espresso after dinner.*

arcade 오락실

142

A : Let's take a break from studying.

B : You go ahead. **I shouldn't have procrastinated** *all semester.* Now, it's almost impossible to for me to catch up.

……

A : **I shouldn't have bought** *these cheap sunglasses.* They're already broken.

B : Well, you get what you pay for.

catch up 밀린 것을 따라잡다

143

A : Have you decided which offer to accept?

B : Not yet. **Maybe I should** *sleep on it before making a decision.*

……

A : How do you like working at the hospital?

B : The twelve-hour shifts are grueling. **Maybe I should** *have gone into physical therapy instead of nursing.*

grueling 녹초로 만드는

141 A : 방과 후에 아케이드에서 비디오 게임을 하자. B : 미안하지만 난 못해. 절대로 용돈을 하루에 다 써버리는 게 아니었어. | A : 새벽 3시야! 왜 아직도 잠을 자지 않고 있는 거니? B : 저녁을 먹은 후에 절대 그 에스프레소를 마시는 게 아니었어. 142 A : 좀 쉬었다가 다시 공부하자. B : 너는 쉬어. 나는 학기 내내 공부를 미루는 게 아니었어. 이제는 따라잡는 게 거의 불가능해. | A : 싸구려 선글라스를 사는 게 아니었어. 벌써 망가졌어. B : 뭐, 싼 게 비지떡이지. 143 A : 어떤 제안을 받아들이기로 결정했니? B : 아직 결정 안 했어. 아마도 결정을 내리기 전에 하룻밤 자면서 곰곰이 생각해 봐야 할까 봐. | A : 병원에서 일하는 게 어때? B : 12시간 교대 근무는 너무 고되네. 아마도 간호보다는 물리 치료 쪽으로 갔어야 하는 게 아니었나 생각돼.

Pattern 144 - 150

Chapter 24

Would, Will

would는 will의 과거형입니다. 하지만 would 단독으로도 쓰이기 때문에 활용도만 따진다면 would가 will보다 훨씬 우세하다고 볼 수 있어요. 두 조동사 모두 기본적으로 '~할 것이다'라는 미래의 의미가 있지만 would의 경우 어떤 상황을 가정하고 '~일 것이다'라고 추측할 때 자주 사용해요. would와 will의 어감의 차이를 느끼며 패턴을 익혀보세요.

144 Would you mind if I ~?

145 I wish you wouldn't ~.

146 You wouldn't believe what ~.

147 I would rather ~.

148 It wouldn't hurt to ~.

149 Will you help me ~?

150 It won't be long before ~.

Date. . .

Would you mind if I ~?

내가 ~해도 괜찮겠어요?

Would you mind if I
asked how old you are?

연세를 여쭤봐도 괜찮겠어요?

Would you mind if I
dropped by the floral shop?

꽃집에 들러도 괜찮겠어요?

Would you mind if I
turned the volume down?

소리를 줄여도 괜찮겠어요?

Would you mind if I
took the day off tomorrow?

내일 하루 쉬어도 괜찮겠어요?

Would you mind if I
used that concept for the new design?

새로운 디자인에 그 컨셉을 사용해도 괜찮겠어요?

floral shop 꽃가게 take a day off 하루 휴가를 얻다

어떤 행동을 하면서 그렇게 해도 괜찮을지 상대방에게 양해를 구하려고 할 때 쓸 수 있는 패턴입니다. Can I ~?와 비슷한 뜻이지만 더 정중한 느낌을 주는 표현이죠. 가정의 의미가 있어 if절에 과거 동사를 쓴다는 것도 함께 알아두세요!

Date. . .

I wish you wouldn't ~.

당신이 그렇게 ~하지 않았으면 좋겠어요.

I wish you wouldn't
let the dishes pile up.

접시를 쌓아 놓지 않았으면 좋겠어요.

I wish you wouldn't
jaywalk across the street.

무단 횡단하지 않았으면 좋겠어요.

I wish you wouldn't
leave your dirty socks on the floor.

네 더러운 양말을 바닥에 두지 않았으면 좋겠어.

I wish you wouldn't
embarrass me in front of my friends.

제 친구들 앞에서 창피를 주지 말았으면 좋겠어요.

I wish you wouldn't
believe everything you saw on social media.

난 네가 SNS에서 보는 것을 다 믿지는 않았으면 좋겠어.

pile up 쌓이다 jaywalk 무단 횡단하다 embarrass 쑥스럽게 하다

상대방에게 어떤 일을 하지 않았으면 좋겠다고 할 때 쓰는 패턴입니다. 즉, 어떤 일을 하지 말아 달라는 말을 단도직입적으로 하지 않고, 정중히 부탁할 때 쓰죠. Don't ~. 또는 더 부드러운 표현인 Please don't ~.보다 더 완곡하게 돌려 말하는 표현입니다.

PATTERN CHALLENGE

146

Date. . .

□□□

You wouldn't believe what ~.

~것을 말해 줘도 믿지 못할 거예요.

You wouldn't believe what
I found under the sofa.

내가 소파 밑에서 뭘 발견했는지 말해 줘도 믿지 못할 거야.

You wouldn't believe what
I just witnessed with my own two eyes.

방금 내 두 눈으로 목격한 것을 말해 줘도 믿지 못할 거야.

You wouldn't believe what
I had to put up with at the office today.

오늘 사무실에서 내가 참아야 했던 것을 말해 줘도 믿지 못할 거야.

You wouldn't believe what
happened on the way to work.

출근하는 길에 벌어졌던 일을 말해 줘도 믿지 못할 거야.

You wouldn't believe what
the air quality is like these days.

요즘 대기질이 어떤지 말해 줘도 너는 믿지 못할 거야.

witness 목격하다 put up with 참고 견디다 air quality 공기의 질

상대방에게 놀라운 소식을 전할 때 쓸 수 있는 패턴입니다. 어떤 일을 믿지 못할 거라는 의미로 wouldn't believe를 써서 일상적인 일이 아닌, 믿기 힘들 정도로 놀라운 일을 전하려고 할 때 이 표현을 사용합니다.

Date. . .

□□□

I would rather ~.

나는 ~하는 게 낫겠어요.

I would rather
work night shifts.

나는 야근조에서 일하는 게 낫겠어.

I would rather
pay in cash rather than with a credit card.

신용 카드로 내는 것보다 현금으로 내는 게 낫겠어.

I would rather
sleep in than go on an early-morning hike.

새벽에 등산하는 것보다 늦잠을 자는 게 낫겠어.

I would rather *have a few really good friends than be very popular.*

엄청난 인기를 누리는 것보다 진짜 좋은 친구를 몇 명 사귀는 게 낫겠어.

I would rather *not go camping as I don't enjoy sleeping in a tent.*

난 텐트에서 잠자는 걸 좋아하지 않기 때문에 캠핑을 하지 않는 게 낫겠어.

night shift 야간 근무 credit card 신용 카드

여러 가지 선택 가능한 행동 가운데 자신은 '차라리 ~을 하겠다'라는 의미로 말할 때 사용하는 패턴입니다. 자신의 기호나 자신이 선호하는 것을 표현할 때 이 패턴을 쓸 수 있습니다. 여기서 rather는 '오히려, 차라리'라는 뜻이랍니다.

Date.   .   .

☐☐☐

It wouldn't hurt to ~.

~해서 나쁠 건 없어요.

It wouldn't hurt to
show a little more gratitude.

좀 더 감사의 표현을 한다고 해서 나쁠 건 없지.

It wouldn't hurt to
be nicer to your brother-in-law.

네 처남에게 친절하게 대한다고 해서 손해날 건 없어.

It wouldn't hurt to
pack a first-aid kit for the trip.

여행 갈 때 구급상자를 챙겨간다고 해서 나쁠 건 없어.

It wouldn't hurt to
pick up some extra drinks before the party.

파티 전에 술을 좀 더 산다고 해서 나쁠 건 없지.

It wouldn't hurt to
review the material again before the exam.

시험 전에 다시 한 번 교재를 복습한다고 해서 손해날 것은 없어.

gratitude 고마움 brother-in-law 시아주버니(시동생, 처남, 매부) first-aid kit 구급상자

권유나 제안 또는 충고를 간접적으로 돌려 말할 때 쓰는 패턴입니다. '~한다고 지장을 주진 않으니까 ~해보면 어때요?' 정도의 의미를 포함하죠. to 다음에는 동사원형을 넣어주세요.

Date. . .

Will you help me ~?

제가 ~하는 걸 도와줄래요?

Will you help me
move this dresser?

이 옷장을 옮기는 걸 도와줄래?

Will you help me
get dinner ready?

저녁 준비하는 걸 도와줄래?

Will you help me
organize the pantry?

식품 저장실 정리하는 걸 도와줄래?

Will you help me
locate this dog's owner?

이 개 주인을 찾는 걸 도와줄래?

Will you help me
find the directions to our meeting spot?

우리 모임 장소에 갈 수 있는 길 찾는 걸 도와줄래?

dresser 서랍장 organize 정리하다 pantry 식료품 저장실 locate ~의 정확한 위치를 찾아내다
meeting spot 모임 장소

도움을 요청할 때 쓰는 다양한 표현 중 하나입니다. '~ 부탁해도 될까요?', '~하는 것을 도와줄래요?'라는 의미로 예의를 갖춰 완곡하게 요청할 때 쓸 수 있죠. 비슷한 표현으로 Can you help me ~?가 있어요.

Date. . .

It won't be long before ~.

머지않아 ~하게 될 거예요.

It won't be long before
the leaves change colors.

머지않아 나뭇잎 색깔이 변하게 될 거야.

It won't be long before
my parents return from their trip.

머지않아 부모님들이 여행에서 돌아올 거야.

It won't be long before
my eldest starts driving!

머지않아 내 큰아이가 운전하기 시작할 거야!

It won't be long before
interest rates are increased again.

머지않아 금리가 다시 오를 거야.

It won't be long before
my youngest goes off to university.

머지않아 우리 집 막내가 대학에 가느라 집을 떠날 거야.

eldest 가장 나이가 많은 사람   interest rate 금리

어떤 상황에 도달하기까지 시간이 오래 걸리지 않을 거라고 말할 때 사용할 수 있는 패턴입니다. '머지않아 ~할 거야.'라는 의미로, 조만간 일어날 일에 대해 확신을 갖고 말할 때 사용합니다.

144

A : **Would you mind if I** *dropped by the floral shop*?

B : No, I don't mind at all. Please take your time.

......

A : Isn't this song great? It's been stuck in my head all week!

B : I can hardly hear a word you're saying. **Would you mind if I** *turned the volume down*?

stuck in one's head 머릿속을 떠나지 않는다(맴돈다)

145

A : I'm so jealous of this influencer. She's got the best life!

B : **I wish you wouldn't** *believe everything you saw on social media.*

......

A : Hello, my precious little cupcake! Let's go home!

B : Dad! **I wish you wouldn't** *embarrass me in front of my friends.*

influencer 인플루언서, 영향력을 끼치는 사람

146

A : **You wouldn't believe what** *happened on the way to work.*

B : Does it have anything to do with the animals that escaped from the zoo this morning?

......

A : I can't find my keys. Can you please help me move this?

B : Sure. **You wouldn't believe what** *I found under the sofa.*

escape from ~에서 탈출하다

144 A : 꽃집에 들러도 괜찮겠어요? B : 괜찮아요. 전 전혀 상관없어요. 천천히 하세요. | A : 이 노래 정말 굉장하지 않아요? 일주일 내내 머릿속에서 뱅뱅 맴돌아요! B : 무슨 말씀을 하시는지 거의 들리지 않아요. 제가 소리를 좀 줄여도 괜찮겠어요? 145 A : 이 인플루언서는 정말 샘이 나. 그녀는 최고의 삶을 누리고 있잖아! B : 난 네가 SNS에서 보는 것을 다 믿지는 않았으면 좋겠어. | A : 안녕, 너무나 소중한 내 귀염둥이야! 집에 가자! B : 아빠! 제 친구들 앞에서 창피스럽게 하지 말았으면 좋겠어요. 146 A : 출근하는 길에 벌어졌던 일을 말해 줘도 믿지 못할 거야. B : 오늘 아침에 동물원에서 탈출한 동물들에 관련된 거니? | A : 열쇠를 못 찾겠어. 이걸 옮기는 걸 도와줄 수 있어? B : 그럼. 소파 밑에서 뭘 발견했는지 말해 줘도 믿지 못할 거야.

147

A : We should take advantage of the beautiful weather tomorrow!

B : **I would rather** *sleep in than go on an early-morning hike.*

……

A : **I would rather** *work night shifts.*

B : Not me. I need to be in bed by 9:30 every night.

take advantage of ~을 기회로 활용하다

148

A : **It wouldn't hurt to** *be nicer to your brother-in-law.*

B : I'm trying, but it hasn't been easy.

……

A : Do you think we have everything we need?

B : **It wouldn't hurt to** *pick up some extra drinks before the party.*

149

A : **Will you help me** *find the directions to our meeting spot*?

B : Sure. Let me call John and find out exactly where it'll be.

……

A : Is there anything I can help you with?

B : **Will you help me** *get dinner ready*?

150

A : It's getting cooler in the mornings.

B : **It won't be long before** *the leaves change colors.*

……

A : **It won't be long before** *your eldest starts driving*!

B : Don't remind me. I don't know if my nerves will be able to handle it.

nerves 신경 handle 다루다, 감당하다

147 A : 내일 날씨가 좋아서 덕을 좀 보겠어! B : 새벽에 등산하는 것보다 늦잠을 자는 게 낫겠어. | A : 나는 야근조에서 일하는 게 낫겠어. B : 난 아니야. 나는 매일 밤 9시 반이 되면 잠자리에 들어야 해. 148 A : 네 처남에게 친절하게 대한다고 해서 손해날 건 없어. B : 그렇게 하려고 하는데, 쉽지 않네. | A : 필요한 건 모두 준비됐다고 생각하니? B : 파티 전에 술을 좀 더 산다고 해서 나쁠 건 없지. 149 A : 우리 모임 장소에 갈 수 있는 길 찾는 걸 도와줄래? B : 그럼. 존에게 전화해서 거기가 정확하게 어디가 될지 알아볼게. | A : 내가 도와줄 수 있는 게 있어? B : 저녁 준비하는 걸 도와줄래? 150 A : 아침에는 선선해지고 있어. B : 머지않아 나뭇잎 색깔이 변하게 될 거야. | A : 머지않아 네 큰아이가 운전하기 시작할 거야! B : 자꾸 그런 말 하지 마. 내가 그런 사태를 감당할 수 있을지 모르겠어.

Pattern 151 - 158

Chapter 25

그 밖에 자주 쓰는 조동사 패턴들

앞에서 학습한 조동사 외에도 다양한 조동사들이 있어요. have got to, used to, had better 등 조동사와는 다르게 생겼지만, 조동사의 역할을 하는 어구들이죠. 이 조동사들이 어떤 의미인지 패턴 속에서 자연스럽게 익혀볼까요?

151 You won't believe ~.

152 I've got to ~.

153 We've got to get on with ~.

154 I really must ~.

155 I don't ~ anymore, but I used to ~.

156 I'm not used to -ing.

157 You'd better ~ before ~.

158 You'd be better off ~.

Date. . .

You won't believe ~.

~을 당신은 믿지 못할 거예요.

You won't believe *my luck.*

나한테 찾아온 행운을 넌 믿지 못할 거야.

You won't believe *where I found my wallet.*

내 지갑을 어디서 찾았는지 넌 믿을 수 없을 거야.

You won't believe *who called me out of the blue.*

난데없이 누가 전화했는지 넌 믿을 수 없을 거야.

You won't believe *who showed up at my wedding!*

누가 내 결혼식에 나타났는지 넌 믿지 못할 거야!

You won't believe *how boring the final episode is.*

마지막 회는 얼마나 지루했는지 넌 믿지 못할 거야.

out of the blue 갑자기, 난데없이 show up (예정된 곳에) 나타나다 episode (라디오 · TV 연속 프로의) 1회 방송분

상대방이 듣기에 대단히 놀랄 만한 소식을 전할 때 이 패턴을 씁니다. '~했는지 (당신은) 못 믿을 거예요[믿기 어려울 거예요].'의 의미로, 받아들이기 힘든 일에 대해 얘기를 꺼낼 때 쓸 수 있는 표현이죠.

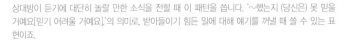

Date. . .

I've got to ~.

난 ~해야만 해요.

I've got to
go for my haircut now.

난 지금 머리를 자르러 가야 해.

I've got to
start working out again.

난 다시 운동을 시작해야 해.

I've got to
swing by home to feed the cats.

고양이 밥을 주러 집에 잠깐 들러야 해.

I've got to
hand in more job applications this week.

이번 주에 취업 지원서를 더 제출해야 해.

I've got to
rehearse my lines for the play.

연극에서 내가 맡은 역할의 대사를 연습해야 해.

swing by 잠깐 들르다 hand in 제출하다, 내다 rehearse one's lines 대사를 연습하다

자신이 어떤 일을 해야 한다고 말할 때 사용하는 패턴입니다. I have to ~.와 뜻은 비슷하지만, 더 강한 느낌의 구어체 표현이랍니다. 참고로 실생활에서 I've got to ~는 I've gotta ~ 또는 I gotta ~로 팍팍 줄여서 말하는 경우도 많다는 점, 알아두세요.

Date. . .

□□□

We've got to get on with ~.

우리는 ~을 계속해야 해요.

We've got to get on with *the presentation.*

우리는 발표회를 계속해야 해.

We've got to get on with *cooking dinner.*

우리는 저녁 요리 준비를 계속해야 해.

We've got to get on with *bringing in the laundry before it starts to pour.*

비가 퍼붓기 전에 빨래를 계속 걷어와야 해.

We've got to get on with *choosing the winner of the drawing contest.*

사생 대회의 우승자를 가리는 작업을 계속해야 해.

We've got to get on with *our day if we want to visit all of the famous historical sites.*

유명한 사적지를 모두 가 보려면 오늘 일정을 계속 진행해야 해.

pour 들어붓듯이 비가 오다 historical site 사적지

어떤 일을 계속 진행해야 한다고 말할 때 쓸 수 있는 패턴입니다. 중단된 어떤 일을 이어서 계속해야 한다고 할 때 활용해 보세요.

Date. . .

□ □ □

I really must ~. 난 정말 ~해야 해요.

I really must
plan a vacation soon.

난 정말 곧 방학 동안에 뭘 할지 계획을 세워야 해.

I really must
start budgeting better.

난 정말 예산을 더 잘 짜는 걸 시작해야 해.

I really must
discuss an important matter with you.

난 정말 너와 중요한 문제를 상의해야 해.

I really must
file my taxes this week.

난 정말 이번 주에 세금 신고를 해야 해.

I really must
refrain from eating so much processed food.

난 가공식품을 많이 먹는 것을 정말 절제해야 해.

budget 예산을 세우다 file taxes 세금을 신고하다 refrain from ~을 삼가다 processed food 가공식품

자신이 반드시 뭔가를 해야만 한다고 말할 때 쓸 수 있는 패턴입니다. I must ~.만으로도 어떤 일을 꼭 해야만 한다는 의미인데, really를 넣어 자신의 의도를 한층 강조할 수 있죠.

Date. . .

□□□

I don't ~ anymore, but I used to ~. 이제는 ~하지 않는데, 전에는 ~했었어요.

I don't *swim* anymore, but I used to *go to the lake every morning.*

난 이제는 수영을 하지 않는데, 전에는 매일 아침 호수에 갔어.

I don't *run* anymore, but I used to *participate in marathons around the globe.*

난 이제는 뛰지 않는데, 전에는 전세계를 돌아다니며 마라톤 대회에 참가했지.

I don't *eat desserts* anymore, but I used to *love cake and ice cream.*

난 이제는 디저트를 먹지 않는데, 전에는 케이크랑 아이스크림을 정말 좋아했지.

I don't *knit* anymore, but I used to *make all of my kids' clothes.*

난 이제는 뜨개질을 하지 않는데, 전에는 아이들 옷은 전부 내가 만들었지.

I don't *bake* anymore, but I used to *make birthday cakes for all my friends.*

이제는 빵을 굽지 않는데, 전에는 모든 친구들 생일 케이크를 만들었지.

participate in ~에 참가하다 around the globe 전 세계적으로 knit 뜨개질을 하다 bake (음식, 빵을) 굽다

왕년엔 어땠다, 예전엔 어땠다는 말을 영어로는 〈used to + 동사원형〉을 써서 나타냅니다. 따라서 이 패턴은 현재는 하지 않지만 과거에는 뭔가를 했었다고 말할 때 쓸 수 있죠. 현재와 과거의 대조적인 상황을 말할 때 유용한 표현입니다.

Date. . .

□ □ □

I'm not used to -ing.

난 ~하는 데에 익숙하지 않아요.

I'm not used to speaking
in public.

난 대중 앞에서 연설하는 것에는 익숙하지 않아.

I'm not used to conversing
in Spanish.

난 스페인어로 말하는 것에는 익숙하지 않아.

I'm not used to walking
in high heels.

난 하이힐을 신고 걷는 것에는 익숙하지 않아.

I'm not used to adding
tax and a tip to the price of a meal.

난 식사 가격에 세금이랑 팁을 더하는 것에 익숙하지 않아.

I'm not used to working
for such a temperamental boss.

난 그런 신경질적인 상사 밑에서 일하는 것에 익숙하지 않아.

converse 회화(소통)하다 tax and a tip 세금과 팁 temperamental 신경질적인

자신이 어떤 일을 하는 것에 익숙하지 않다고 말할 때 이 패턴을 사용할 수 있습니다. 낯설거나 새로운 상황에 처했을 때 쓸 수 있는 표현이죠. I used to는 '~에 익숙하다'라는 표현이겠죠? 'I used to + 동사원형'과는 반대로 to 다음에는 동명사를 써야 한다는 점 유의하세요!

Date. . .

□□□

You'd better ~ before ~.

~하기 전에 ~해야 해요.

You'd better *get going* before *your mom calls you again.*

네 엄마가 다시 전화하기 전에 넌 가야만 해.

You'd better *turn in your homework* before *the deadline passes.*

마감일이 지나기 전에 넌 숙제를 제출해야만 해.

You'd better *eat something* before *our next meeting.*

우리의 다음 회의 전에 넌 뭘 좀 먹어야만 해.

You'd better *buy some groceries* before *the store closes.*

넌 가게가 문을 닫기 전에 식품을 좀 사야만 해.

You'd better *buy a lottery ticket* before *the huge jackpot draw tonight.*

넌 오늘 밤 대박이 터지기 전에 복권을 사야만 해.

turn something in ~을 제출하다 deadline 기한 jackpot 복권에서 거액의 상금 draw 추첨

상대방에게 뭔가 안 좋은 일이 발생하기 전이나 마감 전에 어떻게 행동하는 것이 좋을 거라고 비교적 강하게 조언해 줄 때 씁니다. You'd better 다음에는 동사원형이 나오고, before 다음에는 주어, 동사를 포함한 절이 나오는 데 유의하세요.

Date.   .   .

You'd be better off ~.

~하는 게 당신에게 더 좋을 거예요.

You'd be better off
not driving during rush hour.

러시아워에는 운전하지 않는 게 좋을 거야.

You'd be better off *changing your major to something you enjoy more.*

네가 더 좋아하는 걸로 전공을 바꾸는 게 너한테 더 좋을 거야.

You'd be better off *moving to a different city and starting over fresh.*

다른 도시로 이사를 가서 새롭게 출발하는 것이 너한테 더 좋을 거야.

You'd be better off *reserving a ticket online rather than going to the ticket box in person.*

직접 매표소에 가는 것보다는 온라인으로 표를 예매하는 게 너한테 더 좋을 거야.

You'd be better off *speaking with the school counselor before making any drastic decisions.*

뭔가 급작스럽게 결정하는 것보다는 학교 상담 교사와 얘기하는 게 너한테 더 좋을 거야.

ticket box 매표소   drastic 과감한, 극단적인

상대방에게 어떤 것이 더 나을 거라고 선의를 가지고 말할 때 사용할 수 있는 패턴입니다. 다른 상황과 비교해서 어떤 것이 더 좋거나 낫다고 자신의 의견을 상대에게 말해줄 때 써보세요.

151

A : Did you book your flight to San Francisco?

B : Yes, just now. **You won't believe** *my luck*! My seat was upgraded to business class for free!

……

A : **You won't believe** *where I found my wallet.*

B : Was it in the fridge like the last time?

upgrade (비행기 좌석 · 호텔 객실 등을) 상위 등급으로 높여 주다

152

A : **I've got to** *start working out again.*

B : Me, too. Maybe I'll join you!

……

A : Do you want to watch a movie with me?

B : Not today. **I've got to** *rehearse my lines for the play.*

153

A : Don is late, and he won't answer my calls.

B : Let's just skip his part. **We've got to get on with** *the presentation.*

……

A : I'm exhausted. Can we take a break?

B : Our guests arrive in less than an hour. **We've got to get on with** *cooking dinner.*

skip 넘어가다 exhausted 기진맥진한

151 A : 샌프란시스코행 비행편을 예약했니? B : 그래, 방금 했어. 나한테 찾아온 행운을 넌 믿지 못할 거야! 내 자리를 무료로 비즈니스 클래스로 업그레이드해 줬어! | A : 내 지갑을 어디서 찾았는지 넌 믿을 수 없을 거야. B : 지난번에 냉장고에서 찾았던 것처럼? 152 A : 다시 운동을 시작해야 해. B : 나도 그래. 너랑 같이할까 봐! | A : 나랑 영화를 같이 볼래? B : 오늘은 안 돼. 연극에서 내가 맡은 역할의 대사를 연습해야 해. 153 A : 돈이 늦네, 그런데 내 전화를 받지 않아. B : 그 친구 담당 부분은 넘어가자. 우리는 발표회를 계속해야 해. | A : 난 너무 지쳤어. 잠깐 쉴까? B : 우리 손님들이 도착하기까지 한 시간도 안 남았어. 우리는 저녁 요리 준비를 계속해야 해.

154

A : **I really must** *discuss an important matter with you.*

B : I have some time now. Why don't you step into my office?

......

A : You've been studying at the library all week.

B : My last exam is tomorrow. **I really must** *plan a vacation soon.*

155

A : **I don't** *run* **anymore, but I used to** *participate in marathons around the globe.*

B : That would have been a great way to visit many different places.

......

A : That sweater is beautiful. Is it handmade?

B : Yes, it is. **I don't** *knit* **anymore, but I used to** *make all of my kids' clothes.*

156

A : Why are you limping? Did you hurt yourself?

B : It's these shoes. **I'm not used to walking** *in high heels.*

......

A : Are you okay? You're sweating a lot.

B : **I'm not used to speaking** *in public.* I have a bad case of butterflies in my stomach!

limp 다리를 절뚝거리다 butterflies in one's stomach 긴장하다, 안절부절못하다

154 A : 난 정말 너와 중요한 문제를 상의해야 해. B : 지금 시간이 좀 있어. 내 사무실로 오지 그래? | A : 넌 이번 주 내내 도서관에서 공부하고 있네. B : 내 마지막 시험이 내일이야. 난 정말 곧 방학 동안에 뭘 할지 계획을 세워야 해. 155 A : 난 이제는 뛰지 않는데, 전에는 전 세계를 돌아다니며 마라톤 대회에 참가했지. B : 그거 다른 여러 장소를 방문할 수 있는 좋은 방법이었겠구나. | A : 저 스웨터는 예쁘구나. 손으로 뜬 거니? B : 그래, 맞아. 난 이제는 뜨개질을 하지 않는데, 전에는 아이들 옷은 전부 내가 만들었지. 156 A : 왜 절뚝거리니? 다쳤어? B : 신발 때문에 그래. 난 하이힐을 신고 걷는 것에는 익숙하지 않아. | A : 괜찮아? 땀을 많이 흘리네. B : 난 대중 앞에서 연설하는 것에 익숙하지 않아. 너무 초조해서 견딜 수가 없어!

157

A : Should we stop at the convenience store for a late-night snack?

B : No. **You'd better** *get going* **before** *your mom calls you again.*

……

A : **You'd better** *turn in your homework* **before** *the deadline passes.*

B : When is the deadline? I haven't even started it yet!

158

A : I can't take it anymore. I think I'm going to drop out of school.

B : **You'd be better off** *speaking with the school counselor before making any drastic decisions.*

……

A : **You'd be better off** *reserving a ticket online rather than going to the ticket box in person.*

B : That's a good idea. It looks awfully cold outside.

can't take it anymore 더 이상 참을 수 없다 drop out 중퇴하다

157 A : 야식을 사러 편의점에 들를까? B : 아니. 네 엄마가 다시 전화하기 전에 넌 가야만 해. | A : 마감일이 지나기 전에 넌 숙제를 제출해야만 해. B : 마감일이 언제야? 난 아직 시작도 안 했는데! 158 A : 난 더 이상 견딜 수가 없어. 학교를 중퇴해야겠어. B : 뭔가 급작스럽게 결정하는 것보다는 학교 상담 교사와 얘기하는 게 너한테 더 좋을 거야. | A : 직접 매표소에 가는 것보다는 온라인으로 표를 예매하는 게 너한테 더 좋을 거야. B : 그거 좋은 생각이네. 밖은 엄청나게 추운 것 같으니까.

Part 6

네이티브도 감탄하게, 숙어 패턴

기본적인 영어 회화만 하려면 숙어는 별로 중요하지 않을지도 몰라요. 하지만 네이티브들이 자주 쓰는 숙어를 자유자재로 사용하면 그야말로 영어 실력 중상급자로 거듭날 수 있겠죠. 숙어의 경우, 원래 단어의 뜻과 다른 의미로 사용되는 경우가 많기 때문에 통으로 외우지 않으면 입에서 잘 안 떨어져요. 이런 숙어를 패턴 반복을 통해 외워 보세요. 영어 실력을 급상승하는 기분을 느낄 수 있을 거예요.

Pattern 159 - 168

Chapter 26

동사 활용 숙어

이번 Chapter에서는 동사가 중심이 되는 숙어를 살펴봅니다. 동사를 활용하는 숙어는 주로 수동태로 사용되는데요, 수동태이니 동사가 과거분사 형태로 바뀌는 것에 유념하며 익혀주세요.

159 take someone's word for it

160 I'm not cut out for ~.

161 I'm on the fence about ~.

162 I've come down with ~.

163 I'd like to point out ~.

164 I'm known for ~.

165 I'm bound to ~.

166 I ended up ~.

167 It depends on ~.

168 A goes well with B.

Date.　　.　　.

□□□

take someone's word for it

~의 말을 (곧이곧대로) 믿다

Take my word for it;
fad diets lead to inconsistent weight loss.

내 말을 믿어, 유행하는 다이어트는 일관성 없이 체중이 감소된다니까.

Take my word for it; *there are much better Mexican restaurants in town.*

내 말을 믿어, 시내에 훨씬 좋은 멕시코 식당들이 있다니까.

This will be the best ice cream you've ever had; take my word for it.

이게 네가 지금까지 맛본 아이스크림 중에서 최고일 거야, 내 말을 믿으라니까.

Take my word for it; *this is an opportunity that you shouldn't pass up.*

내 말을 믿어, 이 기회는 네가 놓치면 안 되는 거라니까.

You're going to regret going camping in this weather; take my word for it.

이런 날씨에 캠핑하러 가면 후회한다니까, 내 말을 믿어.

fad diet 유행하는 다이어트　pass up (기회를) 놓치다

어떤 사람이 하는 말을 그대로 믿으라고 할 때 쓸 수 있는 패턴입니다. 따라서 Take my word for it. 하면 '내 말을 믿어라.'가 되겠죠? 또, I will take your word for it.처럼 쓰면 '당신 말을 믿겠어요.'라는 의미가 된답니다.

I'm not cut out for ~.

난 ~하는 건 안 맞아요.

I'm not cut out for
a nine-to-five job.

난 아침에 출근했다가 저녁에 퇴근하는 일은 적성에 안 맞아.

I'm not cut out for
long-distance relationships.

난 멀리 떨어져서 연애하는 건 안 맞아.

I'm not cut out for *driving;*
it makes me really nervous.

난 운전하는 게 안 맞아, 운전하면 진짜 초조해지거든.

I'm not cut out for *working night shifts;*
my internal clock can't adjust.

난 야간조 근무는 적성에 안 맞아, 내 생체 시계가 적응을 못하거든.

I'm not cut out for *taking long road trips;*
I get terrible motion sickness.

난 장거리 여행은 안 맞아, 난 멀미가 엄청나게 나거든.

nine-to-five job 일반적인 사무직 근무(9시~5시) 시간 long-distance 장거리의 internal clock 생체 시계
motion sickness 멀미

어떤 활동이나 역할을 수행하는 데 있어 '나는 부적합해요'라는 의미로 말할 때 쓰는 패턴입니다. 이 패턴과 반대 의미인 '난 ~하는 데 적격이에요.'라는 뜻의 I'm cut out for ~.라는 표현도 있기는 하지만 일반적으로 자주 쓰이는 표현은 아니랍니다.

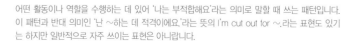

Date. . .

□□□

I'm on the fence about ~.

난 ~에 대해서 망설이고 있어요.

I'm on the fence about
which business school to attend.

난 어떤 경영 대학원에 다닐지 망설이고 있어.

I'm on the fence about
purchasing an electric car.

난 전기차를 사는 걸 망설이고 있어.

I'm on the fence about
getting my children vaccinated.

난 아이들에게 백신을 맞힐지 망설이고 있어.

I'm on the fence about
whether or not to take the job.

난 그 일자리를 받아들일지 망설이고 있어.

I'm on the fence about
which soccer team to root for.

난 어떤 축구팀을 응원해야 할지 망설이고 있어.

business school 경영 대학원 vaccinate 접종하다 root for 응원(성원)하다

울타리(fence) 양쪽 중 어디를 선택해야 할지 몰라서 그 위에 앉아 있는 모습을 그려 보세요. 갈지 말지, 살지 말지, 받을지 안 받을지 고민하고 망설일 때 이 표현을 쓸 수 있어요.

Date. . .

I've come down with ~.

난 ~에 걸렸어요.

I've come down with
a bad cold.

난 독감에 걸렸어.

I've come down with
an eye infection.

난 눈병에 걸렸어.

I've come down with
a terrible migraine.

심한 편두통이 찾아왔어.

I've come down with
heat rash all over my body.

온몸에 땀띠가 났어.

I've come down with
pneumonia.

폐렴에 걸렸어.

eye infection 눈병의 감염 migraine 편두통 heat rash 땀띠 pneumonia 폐렴

어떤 병에 걸려서 앓고 있다고 말할 때 사용할 수 있는 패턴입니다. 보통 감기나 두통처럼 별로 심각하지 않은 병에 걸렸을 때 이 표현을 쓸 수 있습니다.

Date. . .

I'd like to point out ~.

난 ~을 지적하고 싶어요.

I'd like to point out
that it was not Mary's fault.

그건 메리의 잘못이 아니었다는 점을 지적하고 싶어.

I'd like to point out
that poverty still exists in our city.

우리 도시에는 아직도 가난이 존재한다는 사실을 지적하고 싶어.

I'd like to point out
that the company's website is outdated.

그 회사의 웹사이트는 구닥다리라는 점을 지적하고 싶어.

I'd like to point out
that there are calculation errors in the report.

이 보고서에는 계산 상의 오류가 있다는 점을 지적하고 싶어요.

I'd like to point out *that they were the ones who started the argument.*

그 사람들이 말싸움을 시작했다는 점을 지적하고 싶어요.

poverty 가난, 빈곤 outdated 구식인 calculation 계산 argument 논쟁

point out은 짚어주고 알려주고 지적하는 것을 뜻하는 동사로, 이 패턴은 누군가에게 어떤 사실을 지적하거나 알려줄 때 사용합니다. 특정 사실을 상대에게 주의시키고 싶을 때 쓸 수 있으며, I'd like to mention ~.으로 바꿔 표현할 수도 있습니다.

Date. . .

□□□

I'm known for ~.

난 ~으로 알려져 있어요.

I'm known for
my sarcastic humor.

난 냉소적인 유머를 던지는 사람으로 알려져 있지.

I'm known for
my unique taste in fashion.

난 나만의 독특한 패션 감각이 있는 사람으로 알려져 있어.

I'm known for
sticking to my guns.

난 자신의 소신을 굽히지 않는 사람으로 알려져 있지.

I'm known for
being very honest and transparent.

난 매우 정직하고 투명한 사람으로 알려져 있어.

I'm known for
being a headstrong person.

난 고집이 센 사람으로 알려져 있어.

sarcastic 빈정대는, 비꼬는 stick to one's guns 신념을 잃지 않다 transparent 명백한, 투명한
headstrong 고집불통의

이 패턴은 본인이 어떤 특징이나 남다른 업적으로 잘 알려져 있다고 말할 때 쓸 수 있는 표현입니다. 이때 for 다음에는 명사나 명사구가 들어가는데, 동사의 경우 동명사(-ing) 형태로 들어갈 수 있습니다.

Date. . .

I'm bound to ~.

난 ~하게 되어 있어요.

I'm bound to
regret my choice later on.

난 나중에 내 선택을 후회하게 되어 있어.

I'm bound to
win a prize eventually.

결국 난 상을 타게 되어 있어.

I'm bound to
feel sore after an intense workout.

난 강도 높은 운동을 한 후에는 몸이 쑤시게 되어 있어.

I'm bound to
overeat at the all-inclusive resort.

난 모든 게 다 포함된 휴양지에서는 과식하게 되어 있어.

I'm bound to
lose something as I'm very forgetful.

난 건망증이 아주 심하기 때문에 뭔가를 잃어버리게 되어 있어.

prize 경품 sore 아픈, 쑤시는 intense 강한, 심한 overeat 과식하다 forgetful 건망증이 있는

이 패턴은 앞으로 일어날 일을 피할 수 없어서 반드시 ~하게 될 것이라고 말할 때 쓸 수 있습니다. 예문들에서 보는 바와 같이 to 뒤에는 동사원형을 써주세요.

Date. . .

I ended up ~.

결국 난 ~하게 됐어요.

I ended up
getting stitches in my arm.

결국 난 팔을 몇 바늘 꿰매게 됐어.

I ended up
going to the movie theater alone.

결국 난 혼자 영화관에 가게 됐어.

I ended up
having a quarrel with my best friend.

결국 난 제일 친한 친구와 말다툼을 하게 됐어.

I ended up
trading my old phone in for the latest model.

결국 난 헌 전화기를 주고 최신 모델을 받는 보상 판매를 하게 됐어.

I ended up *falling asleep
without taking out my contact lenses.*

결국 난 콘택트렌즈를 빼지 않고 잠들게 됐어.

get stitches 봉합, 꿰매는 것 quarrel 다툼 trade something in (쓰던 물건을 주고) 보상 판매를 하다

어떤 과정을 거치면서 결국 어떻게 되었다고 할 때, 혹은 어쩌다 보니 자신도 모르게 어떻게 되었다고 할 때 쓸 수 있는 패턴입니다. 기대했던 것보다 결과가 못 미친다고 할 때도 쓸 수 있는 표현으로 대체로 '하고 싶지 않았는데 ~하게 되었다'라는 부정적인 뉘앙스를 표현하죠.

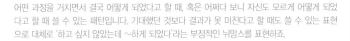

Date. . .

It depends on ~.

그건 ~에 달렸어요.

It depends on
what's for dinner.

그건 저녁이 뭔지에 달렸어.

It depends on
my mood.

그건 내 기분에 달렸어.

It depends on
the circumstances.

그건 상황에 달렸어.

It depends on
your definition of success.

그건 네가 성공을 뭐라고 생각하냐에 달렸지.

It depends on
whether the flight arrives on time or not.

그건 비행편이 제시간에 도착하느냐, 아니냐에 달렸지.

mood 기분 circumstance 상황, 정황 definition 정의

depend on이 '~에 달려 있다'라는 뜻인 거 알죠? 어떤 일의 결과가 뭔가에 좌지우지될 때 쓰는 패턴입니다. on 뒤에는 명사(구)가 올 수도 있고 절이 나올 수도 있습니다. 특히 의문사절 및 whether절과 자주 쓰이니 유의하세요.

Date. . .

A goes well with B.

A는 B와 잘 어울려요.

Kimchi goes well with *fried pork belly.*

김치는 삼겹살 볶음과 잘 어울려.

Does this hat go well with *my outfit?*

이 모자는 내 옷과 잘 어울리니?

This paint color goes well with *natural wood floors.*

이 페인트 색깔은 천연 목재 바닥과 잘 어울려.

That plaid navy tie goes well with *the brown suit.*

그 격자무늬 남색 넥타이가 갈색 정장과 잘 어울려.

These appetizers go well with *the main dish.*

이 전채 요리는 주요리와 잘 어울려.

natural wood floor 천연 목재 바닥 plaid 격자무늬 appetizer 전채 main dish (식사의) 주요리

이 패턴은 서로 다른 두 가지가 잘 어울린다고 말할 때 사용하는 표현입니다. 보통 사람보다는 두 가지 사물이 조화를 잘 이룬다고 말할 때 쓸 수 있죠. 비슷한 의미의 패턴으로 A matches with B.도 있습니다.

159

A : *You're going to regret going camping in this weather;* **take my word for it.**

B : I've already got everything packed into the car. I'll just have to take my chances.

......

A : I'm on a detox diet plan and lost ten pounds the first week but only one pound this week.

B : **Take my word for it;** *fad diets lead to inconsistent weight loss.*

detox diet 해독 요법 inconsistent 일관성 없는

160

A : I'm surprised you and John broke up. You were so great together.

B : **I'm not cut out for** *long-distance relationships.*

......

A : **I'm not cut out for** *driving; it makes me really nervous.*

B : I was like that at first, too. You just need to keep practicing.

161

A : The government strongly recommends that all children receive a flu shot this fall.

B : **I'm on the fence about** *my children getting vaccinated.*

......

A : **I'm on the fence about** *which business school to attend.*

B : Why don't you join a campus tour and talk to current students about their experiences?

current 현재의

159 A : 이런 날씨에 캠핑하러 가면 후회한다니까, 내 말을 믿어. B : 차에 캠핑에 필요한 걸 모두 챙겨 놨어. 운에 맡겨야지 뭐. | A : 난 디톡스 다이어트를 하고 있는데, 첫 주에는 10파운드를 뺐는데, 이번 주에는 1파운드밖에 빼지 못했어. B : 내 말을 믿어, 유행하는 다이어트는 일관성 없이 체중이 감소된다니까. **160** A : 너랑 존이 헤어졌다는 말을 듣고 놀랐어. 너희 둘은 너무 잘 맞았거든. B : 난 멀리 떨어져서 연애하는 건 안 맞아. | A : 난 운전하는 게 안 맞아, 운전하면 진짜 초조해지거든. B : 나도 처음에는 그랬어. 연습을 좀 하면 돼. **161** A : 정부에서는 이번 가을에 아이들에게 모두 독감 백신을 맞히라고 강력하게 권장하고 있어. B : 난 아이들에게 백신을 맞힐지 망설이고 있어. | A : 난 어떤 경영 대학원에 다닐지 망설이고 있어. B : 캠퍼스 투어에 참가하고 재학 중인 학생들에게 그들의 경험을 물어보는 게 어때?

162

A : I'm sorry, but I won't be able to go out tonight. **I've come down with** *a bad cold.*

B : No problem. I hope you feel better soon.

......

A : Did the medication help at all?

B : No. **I've come down with** *a terrible migraine*. I'm going to leave work early today.

163

A : **I'd like to point out** *that there are calculation errors in the report.*

B : I'm sorry. I'll correct them immediately.

......

A : Honestly, I had no idea that there were this many soup kitchens in our area.

B : **I'd like to point out** *that poverty still exists in our city.*

soup kitchen 무료 급식소

164

A : What is your greatest attribute?

B : **I'm known for** *being very honest and transparent.*

......

A : I thought your parents were against you becoming an actor.

B : *They didn't like the idea, but* **I'm known for** *sticking to my guns.*

attribute 속성

162 A : 미안하지만, 난 오늘 밤 못 나가. 독감에 걸렸거든. B : 괜찮아. 곧 좋아지길 바랄게. | A : 약이 좀 도움이 됐어? B : 아니. 심한 편두통에 걸린 거야. 오늘 일찍 퇴근할 거야. **163** A : 이 보고서에는 계산상의 오류가 있다는 점을 지적하고 싶어요. B : 죄송합니다. 바로 고치겠습니다. | A : 솔직히 말하면, 난 우리 지역에 이렇게 무료 급식소가 많은지 전혀 몰랐어요. B : 우리 도시에는 아직도 가난이 존재한다는 사실을 지적하고 싶어요. **164** A : 당신의 가장 큰 장점은 무엇이죠? B : 전 매우 정직하고 투명한 사람으로 알려져 있습니다. | A : 네 부모님은 네가 배우가 되는 것에 반대한 줄로 아는데. B : 내가 배우가 된다는 것을 좋아하지 않으셨지만, 난 자신의 소신을 굽히지 않는 사람으로 알려져 있지.

□□□

165

A : You've been exercising a lot more lately.

B : We're going on vacation next week. **I'm bound to** *overeat at the all-inclusive resort.*

......

A : How many raffle tickets did you buy?

B : Twenty! **I'm bound to** *win a prize eventually.*

raffle ticket 경품 응모권

166

A : I thought you were getting your old phone repaired.

B : **I ended up** *trading my old phone in for the latest model.*

......

A : Why are your eyes red?

B : **I ended up** *falling asleep without taking out my contact lenses.*

167

A : Are you going to eat at home tonight?

B : **It depends on** *what's for dinner.*

......

A : What kind of music do you like listening to?

B : **It depends on** *my mood.* Sometimes I like hip-hop, and sometimes I prefer rock.

168

A : I've decided to wear my brown suit to the wedding. Now I need to choose a necktie.

B : *That plaid navy tie* **goes well with** *the brown suit.*

......

A : I'm going to get fish as my main dish. What appetizer would you recommend?

B : *These appetizers* **go well with** *the main dish.*

165 A : 넌 요즘 운동을 더 많이 하네. B : 우리는 다음 주에 휴가를 떠나. 그런데 모든 게 다 포함된 휴양지에서는 난 과식을 하게 되어 있어. | A : 경품 추첨권을 몇 장이나 샀어? B : 20장! 결국 내가 경품을 타게 되어 있어. 166 A : 네 오래된 전화기를 수리한 걸로 알고 있었는데. B : 결국 난 헌 전화기를 주고 최신 모델을 받는 보상 판매를 하게 됐어. | A : 왜 눈이 빨갛니? B : 결국 난 콘택트렌즈를 빼지 않고 잠들게 됐어. 167 A : 오늘 밤은 집에서 먹을 거야? B : 그건 저녁이 뭔지에 달렸지. | A : 무슨 종류의 음악을 듣는 걸 좋아하니? B : 그건 내 기분에 달렸지. 어떤 때는 힙합을 좋아하고 또 어떤 때는 락을 더 좋아하지. 168 A : 결혼식에는 갈색 정장을 입고 가기로 했어. 이제 넥타이를 골라야 하는데. B : 그 격자무늬 남색 넥타이가 갈색 정장과 잘 어울려. | A : 난 주요리로 생선을 먹기로 했어요. 전채 요리는 뭘 추천해 주시겠어요? B : 이 전채 요리가 주요리와 잘 어울립니다.

Pattern 169 - 182

Chapter 27

명사 활용 숙어

명사를 활용하는 숙어는 만만한 have나 get 동사와 어울려 사용됩니다. have/get + 명사의 쓰임은 무궁무진하다고 볼 수 있죠. 명사에 절친 동사 have, get을 이용한 다양한 숙어 표현 알아볼까요?

169 I'm having trouble ~.

170 I'm in charge of ~.

171 It's out of the question for ~ to ~.

172 I have a hunch that ~.

173 I have no idea ~.

174 The bottom line is (that) ~.

175 ~ has a way with ~.

176 It's just a matter of time before ~.

177 I need to get my hands on ~.

178 ~ is(are) not my cup of tea.

179 I'm (not) in the mood ~.

180 I'm getting the hang of ~.

181 I'm having the + 최상급 + time ~.

182 The thing is that ~.

Date. . .

I'm having trouble ~.

난 ~하느라 애를 먹고 있어요.

I'm having trouble
hearing you.

네 말이 잘 안 들려.

I'm having trouble
sleeping through the night.

난 밤에 잠을 푹 자지 못하고 있어.

I'm having trouble
assembling the bedframe.

침대를 조립하느라 애를 먹고 있어.

I'm having trouble
signing in to my online bank account.

온라인 뱅킹 계좌에 들어가느라 애를 먹고 있어.

I'm having trouble
finding a birthday gift for my grandfather.

할아버지 생일 선물을 찾느라 애를 먹고 있어.

sleep through the night 밤새 깨지 않고 자다 assemble 조립하다

이 패턴은 하려는 일에 문제가 생겨 해결 혹은 진행이 어려워졌을 때 사용할 수 있습니다. '~을 하는 데 문제가 있어요(애를 먹고 있어요).'의 의미로, 어떤 일이 쉽사리 되지 않을 때 쓸 수 있죠. 뒤에는 ⟨with + 명사⟩ 또는 -ing 형태가 나옵니다.

Date. . .

I'm in charge of ~.

난 ~을 책임지고 있어요.

I'm in charge of
the company's Marketing Department.

저는 회사의 마케팅 부서를 책임지고 있어요.

I'm in charge of
all fifth-grade students.

저는 5학년 학생들을 모두 책임지고 있어요.

I'm in charge of
baking cookies for the fundraiser.

저는 모금 행사에 쓸 쿠키 굽는 일을 책임지고 있어요.

I'm in charge of
planning the year-end office party.

저는 사무실 송년회 계획을 책임지고 있어요.

I'm in charge of
booking hotel rooms for the annual family trip.

난 매년 가족 여행에서 호텔 방 예약하는 걸 책임지고 있어.

fundraiser 모금 행사 year-end 연말(의) annual 매년의

be in charge of는 '~을 담당하다, 책임지다'라는 의미의 표현입니다. 따라서 본인이 어떤 일이나 역할을 담당하고 있거나 책임지고 있다고 말할 때는 I'm in charge of ~. 패턴을 쓰면 되는 거죠.

Date. . .

It's out of the question for ~ to ~.

~가 ~한다는 것은 말도 안 돼요.

It's out of the question for *you* to *stay out after midnight.*

네가 밤 12시 넘어서까지 집에 안 들어온다는 것은 말도 안 되는 소리야.

It's out of the question for *us* to *push back the deadline.*

우리가 마감일을 연장한다는 것은 말도 안 되는 소리야.

It's out of the question for *her* to *take on additional duties at work.*

그 여자가 직장에서 일을 더 맡는다는 것은 말도 안 되는 소리야.

It's out of the question for *us* to *go on vacation this year.*

우리가 올해 휴가를 가는 것은 말도 안 되는 소리야.

It's out of the question for *me* to *ask my parents for more financial support.*

우리 부모님한테 재정적 지원을 더 해달라고 부탁한다는 것은 말도 안 되는 소리야.

push back (시간 · 날짜를 뒤로) 미루다 duty 직무, 임무 financial support 재정 지원

어떤 일을 하는 것이 불가능하거나 있을 수 없는 일이라고 말할 때 사용할 수 있는 패턴입니다. '~라니 어림도 없어.'라는 뉘앙스로, 어떤 상황이 현실적으로든 상식적으로든 용납되지 않을 때 이 패턴을 씁니다. out of the question이 '불가능한'이라는 뜻인 것도 알아두세요!

PATTERN CHALLENGE
172

Date. . .

I have a hunch that ~.

~할 것 같은 예감이 들어요.

I have a hunch that
it will rain this evening.

오늘 저녁에 비가 올 것 같은 예감이 들어.

I have a hunch that
she is pregnant with twins.

그 여자는 쌍둥이를 임신한 것 같은 예감이 들어.

I have a hunch that
Peter isn't telling us everything.

피터는 우리에게 모든 걸 다 얘기하지 않는 것 같은 예감이 들어.

I have a hunch that
there is going to be a housing market crash.

주택 시장이 붕괴할 것 같은 예감이 들어.

I have a hunch that
the price of gold will continue to climb.

금값이 계속 올라갈 것 같은 예감이 들어.

pregnant 임신한 housing market 주택 시장

여기서 꼭 알고 넘어가야 할 단어는 '예감, 직감, 육감'을 뜻하는 hunch예요. 살다 보면 어떤 감이 팍 느껴질 때가 있잖아요? 이렇게 예감이나 직감을 토대로 상황을 추측할 때 유용하게 쓰는 패턴이 I have a hunch that ~.입니다.

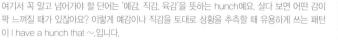

Date. . .

I have no idea ~.

나는 ~에 대해 전혀 모르겠어요.

I have no idea
what to expect.

나는 어떻게 될지 전혀 모르겠어.

I have no idea
what time it is right now.

지금 몇 시인지 도대체 모르겠어.

I have no idea
how to create a database.

어떻게 데이터베이스를 구축해야 할지 전혀 모르겠어.

I have no idea
who this hooded sweatshirt belongs to.

이 후드티가 누구 건지 전혀 모르겠어.

I have no idea
about current fashion trends.

지금 유행이 어떻게 흘러가는지 전혀 모르겠어.

hooded sweatshirt 후드 맨투맨 current fashion 요즘 유행하는 패션

영화나 드라마에서 많이 들어 본 문장이죠? 어떤 주제나 개념에 대해 전혀(도무지) 모를 때, 떠오르는 생각조차 없을 때 쓸 수 있는 표현입니다.

Date. . .

□□□

The bottom line is (that) ~.

요점은 ~는 거예요.

The bottom line is that *happiness looks different for everyone.*

요점은 행복이란 건 사람마다 다 다르게 보인다는 거야.

The bottom line is that *eating a balanced diet is the key to good health.*

요점은 균형 잡힌 식사를 하는 게 건강을 지키는 열쇠라는 거야.

The bottom line is that *I'm not ready for a serious relationship.*

요점은 난 깊이 사귈 마음의 준비가 되지 않았다는 거야.

The bottom line is that *starting a small business requires a plan and funding.*

요점은 작은 사업을 시작하려면 계획을 세우고 자금이 제공돼야 한다는 거야.

The bottom line is that *it will be difficult to make a profit this quarter.*

요점은 이번 분기에는 이익을 내기가 어렵다는 거야.

balanced diet 균형 잡힌 식사 serious relationship 진지한 관계 funding 자금 제공
make a profit 이윤을 내다 quarter 분기

bottom line은 '핵심, 요점, 최종 결산, 결과' 등의 뜻이에요. 따라서 최종 결과나 결론을 강조해서 말할 때 이 패턴을 쓸 수 있겠죠? 또 가장 중요한 사항, 즉 핵심을 전달할 때도 이 패턴을 사용해 말할 수 있습니다.

Date. . .

~ has a way with ~.

~는 ~을 잘하는 요령이 있어요.

My brother is outgoing and
has a way with *words.*

우리 오빠는 외향적인데다 말솜씨가 아주 좋아.

Martha has a way with
stretching the truth.

마사는 사실을 과장하는 기술이 탁월하지.

The school counselor has a way with
teenagers who seem to trust her.

학교 상담 교사는 자신을 믿는 것 같은 10대들을 아주 잘 대해.

I take after my father, who is logical and
has a way with *numbers.*

난 아버지를 닮았는데, 우리 아버지는 논리적이고 숫자를 아주 잘 다루시지.

My supervisor has a way with
negotiating successful deals.

우리 상사는 거래를 성공적으로 협상하는 데 탁월해.

outgoing 외향적인, 사교적인 stretch the truth 진실을 왜곡하다 counselor 상담 전문가 logical 논리적인
negotiate 협상하다

have a way with는 직역하면 '~을 다루는 요령(방식)을 알다' 정도의 뜻이 되어 '~을 잘 다루다'라는 의미가 된 것입니다. 이 패턴은 누군가가 사람이나 사물을 능숙하게 다루는 모습을 묘사할 때 유용하게 쓸 수 있죠. '~하는 재주가 남다르다'는 의미를 담고 있답니다.

PATTERN CHALLENGE

176

Date. . .

It's just a matter of time before ~.

~하는 것은 시간문제일 뿐이에요.

It's just a matter of time before *you get a raise.*

자네 월급이 오르는 것은 시간문제일 뿐이야.

It's just a matter of time before *Jordan goes broke.*

조던이 빈털터리가 되는 것은 시간문제일 뿐이야.

It's just a matter of time before *robots replace humans.*

로봇이 인간을 대신하는 것은 시간문제일 뿐이야.

It's just a matter of time before *our rivals try to copy our idea.*

우리 경쟁자들이 우리 아이디어를 베끼려고 하는 것은 시간문제일 뿐이야.

It's just a matter of time before *lawmakers address the issue.*

국회의원들이 이 주제를 다루는 것은 시간문제일 뿐이야.

get a raise 승급되다 go broke 무일푼이 되다 lawmaker 입법자 address an issue 쟁점을 거론하다

어떤 일이 발생하기까지 시간이 얼마나 걸릴지는 모르지만 언젠가는 분명히 그렇게 될 거라는 의도로 말할 때 쓸 수 있는 패턴입니다. '~하기까지는 시간문제일 뿐이에요.'라는 표현, 실제 회화에서 꼭 활용해 보세요!

Date. . .

I need to get my hands on ~.

난 ~을 손에 넣어야 해요.

I need to get my hands on
a copy of the contract.

난 그 계약서 사본을 한 부 손에 넣어야 해.

I need to get my hands on
the proper tools for a home DIY project.

내가 직접 집을 손볼 때 사용할 적절한 도구를 구해야 해.

I need to get my hands on
a signed special-edition copy of the album.

난 그 앨범의 사인이 들어간 특별판을 손에 넣어야 해.

I need to get my hands on
last year's exams.

난 작년 시험지를 손에 넣어야 해.

I need to get my hands on
a ticket to the championship match.

난 결승전 시합의 입장권을 손에 넣어야 해.

tool 연장, 도구 DIY (= Do It Yourself) 소비자가 직접 수리(조립)하기 special-edition 특별판

내가 뭔가를 필요로 하거나 원해서 구하고자 할 때 쓸 수 있는 패턴입니다. 직역하면 '~을 내 수중에 쥐어야 해.'의 의미로, 필요하거나 갖고 싶은 물건이나 장비 등이 있을 때 쓸 수 있습니다.

Date. . .

~ is(are) not my cup of tea.

~은 내 취향이 아니에요.

Pilates
is not my cup of tea.

필라테스는 내 취향이 아냐.

That genre of art
is not my cup of tea.

저런 장르의 예술은 내 취향이 아냐.

Nature documentaries
are not my cup of tea.

자연 다큐멘터리는 내 취향이 아냐.

My friends love getting pampered at the spa,
but it's not my cup of tea.

우리 친구들은 온천에 가서 호사를 누리고 오는 것을 좋아하는데, 그런 건 내 취향이 아냐.

I love to read, but self-help books
are not my cup of tea.

난 책을 읽는 걸 아주 좋아하긴 하지만, 자기 계발서는 내 취향이 아냐.

pamper 소중히 보살피다 self-help book 자습서, 자기 계발서

어떤 것이 자신의 취향이나 기호가 아니라고 말할 때 쓸 수 있는 패턴입니다. 여기서 cup of tea가 기호나 취미에 맞는 사람이나 물건을 뜻하죠. 직접적으로 싫다고 말하기보다 별로 좋아하지 않는다고 완곡하게 말할 때 이 패턴을 사용해 보세요.

Date. . .

I'm (not) in the mood ~.

난 ~을 하고 싶어요(~할 기분이 아니에요).

I'm in the mood *for a rich and creamy dessert.*

진한 크림이 많이 든 디저트가 당기는데.

I'm in the mood *to splurge on a fancy dinner.*

돈을 펑펑 쓰면서 멋있는 저녁 식사를 하고 싶은 기분이 드는데.

I'm in the mood *to visit my grandparents.*

우리 조부모님을 찾아뵙고 싶은 기분이 들어.

I'm not in the mood *for jokes.*

난 농담을 즐길 기분이 아냐.

I'm not in the mood *to argue with you.*

너랑 말다툼할 기분이 아냐.

rich and creamy 진하고 크림 같은 splurge 돈을 물 쓰듯 쓰기 fancy dinner 근사한 저녁 식사 joke 농담

'기분, 분위기'라는 뜻의 mood라는 단어를 사용해서, I'm in the mood ~.라고 하면 '~하고 싶은 기분이에요, ~하고 싶어요.'의 의미로 뭔가를 하고 싶은 심리 상태를 나타냅니다. 우리가 잘 아는 I want to ~.라는 표현을 다른 말로 하고 싶을 때 이 패턴을 쓸 수 있어요.

Date. . .

I'm getting the hang of ~.

난 ~을 하는 요령이 생겨요.

I'm getting the hang of
this new board game.

난 새로 산 이 보드게임에 대한 요령이 생겨.

I'm getting the hang of
feeding and dressing my newborn.

우리 갓난아기를 먹이고 입히는 요령이 생겨.

I'm getting the hang of
the new dance routine.

새로 나온 춤 동작을 할 수 있는 요령이 생겨.

I'm getting the hang of
the photo-editing software.

사진 편집 소프트웨어를 사용할 수 있는 요령이 생겨.

I'm getting the hang of
driving on the left side of the road.

차로 좌측통행하는 요령이 생겨.

dress someone 옷을 입히다 dance routine 정해진 춤 동작이 있는 율동 photo-editing 사진 편집

뭔가를 알게 되거나 이해하는 과정이라고 말할 때 쓸 수 있는 패턴입니다. 어떤 일을 하는 요령을 터득하거나 감을 잡고 있다고 말할 때 쓸 수 있죠. 여기서 the hang은 '올바르게 다루는 법, 사용법, 요령'의 뜻이랍니다.

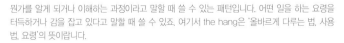

PATTERN CHALLENGE

Date. . .

181

□ □ □

I'm having the + 최상급 + time ~.

나는 가장 ~한 시간을 보내고 있어요.

I'm having the best time *at my new school.*

난 새 학교에서 가장 좋은 시간을 보내고 있어.

I'm having the greatest time *meeting my old school friends.*

난 옛날 학교 친구들을 만나 엄청나게 즐거운 시간을 보내고 있어.

I'm having the worst time *adjusting to the time difference.*

난 시차에 적응하느라 최악의 시간을 보내고 있어.

I'm having the most aggravating time *trying to change my flight reservation.*

난 비행편 예약을 변경하느라 너무 짜증나는 시간을 보내고 있어.

I'm having the most difficult time *getting through to a customer service representative.*

난 고객 서비스 담당자를 상대하느라 아주 힘든 시간을 보내고 있어.

adjust to ~에 적응하다 aggravating 약오르는, 화나는

가장 ~한 시간을 보내고 있다고 말할 때 사용할 수 있는 패턴입니다. 〈a + 형용사 + time〉은 단순히 '~한 시간'이라고 말할 때 쓰는 반면, 〈the + 최상급 + time〉이라고 말하면 '가장 ~한 시간'이란 뜻이므로 어떤 시간을 보내고 있는지 강조할 때 쓸 수 있죠.

Date. . .

The thing is that ~.

문제는 ~라는 거예요.

The thing is that
I just don't feel like it.

문제는 난 그럴 기분이 아니라는 거야.

The thing is that
I've already given him so many chances.

문제는 난 이미 그 남자에게 기회를 너무 많이 줬다는 거야.

The thing is that *I don't particularly enjoy being in her company.*

문제는 난 걔랑 어울리는 게 그렇게 좋지는 않다는 거야.

The thing is that *she gets extremely anxious in front of large groups.*

문제는 그 여자는 사람들이 많이 모인 데에서는 극도로 불안해한다는 거야.

The thing is that
I never had an opportunity to explain.

문제는 난 내 입장을 설명할 기회가 전혀 없었다는 거야.

particularly 특별히 in one's company ~와 함께 anxious 불안해하는

가장 핵심이 되는 내용이나 지금까지 말하지 않았던 사실을 실토할 때 쓰는 패턴입니다. '핵심은 ~', '실은 ~', '문제가 무엇이냐 하면 ~'의 의미로, 화자가 생각하는 가장 중요한 내용을 언급할 때 쓰죠. 이야기하던 주제에 관한 설명을 추가하거나 나쁜 사례, 구실, 이유를 덧붙일 때도 쓰고요.

169

A : The group sitting next to us is really loud. Should we move to a quieter table?

B : Yes. **I am having trouble** *hearing you.*

……

A : Can you give me a hand? **I'm having trouble** *assembling the bedframe.*

B : Sure. Let me take a look at the instructions.

instructions 설명서

170

A : I will be decorating the gym for Bingo Night tomorrow. How about you?

B : **I'm in charge of** *baking cookies for the fundraiser.*

……

A : **I'm in charge of** *planning the year-end office party.* Do you have any ideas for what to do?

B : How about an escape room? It's a fun and challenging activity that will encourage collaboration.

escape room 방 탈출 게임 collaboration 협력

171

A : Can't I sleep over at Jamie's just this once?

B : No. **It's out of the question for** *you* **to** *stay out after midnight.*

……

A : Let's travel somewhere warm this winter.

B : Money is tight. **It's out of the question for** *us* **to** *go on vacation this year.*

money is tight 돈이 궁하다

169 A : 우리 옆에 앉아 있는 무리가 너무 시끄럽네. 조용한 테이블로 옮길까? B : 그러자. 네 말이 잘 안 들려. | A : 좀 도와줄래? 침대 틀을 조립하느라 애를 먹고 있어. B : 그럴게. 우선 설명서 좀 보고. 170 A : 저는 내일 열리는 빙고 나이트에서 체육관 장식을 책임질 거예요. 당신은요? B : 저는 모금 행사에 쓸 쿠키 굽는 일을 책임지고 있어요. | A : 난 사무실 송년회 계획을 책임지고 있어. 뭘 할지 아이디어 있어? B : 방 탈출 게임 어때? 협동을 독려할 수 있는 재미있고 도전적인 게임이잖아. 171 A : 이번 한 번만 제이미 집에서 자고 와도 돼요? B : 안 돼. 네가 밤 12시 넘어서까지 집에 안 들어온다는 것은 말도 안 되는 소리야. | A : 이번 겨울에는 따뜻한 곳으로 가자. B : 돈이 빠듯해. 우리가 올해 휴가를 가는 것은 말도 안 되는 소리야.

172

A : Danielle has severe morning sickness and is gaining weight quickly.

B : **I have a hunch that** *she is pregnant with twins.*

......

A : I don't understand why Cindy broke off the engagement. Peter must be devastated.

B : **I have a hunch that** *Peter isn't telling us everything.*

morning sickness 입덧 devastate 엄청난 충격을 주다

173

A : I need to buy a new dress for a wedding. Will you go shopping with me?

B : Are you sure you want my help? **I have no idea** *about current fashion trends.*

......

A : Are you looking forward to your blind date tonight?

B : **I have no idea** *what to expect.* Hopefully, it will be fun.

looking forward to ~을 기대하다

174

A : I've realized that I have to stop starving myself to maintain long-term weight loss.

B : That's right. **The bottom line is that** *eating a balanced diet is the key to good health.*

......

A : Why did you stop seeing Mark? I thought things were going well.

B : **The bottom line is that** *I'm not ready for a serious relationship.*

172 A : 대니얼은 입덧이 심하고 체중이 갑자기 늘고 있어. B : 그 여자는 쌍둥이를 임신한 것 같은 예감이 들어. | A : 신디가 왜 약혼을 파혼했는지 이해할 수 없어. 피터는 엄청나게 충격을 받았을 거야. B : 피터는 우리에게 모든 걸 다 얘기하지 않는 것 같은 예감이 들어. 173 A : 결혼식에 입고 갈 드레스를 새로 사야 하는데. 나랑 같이 쇼핑 갈래? B : 내가 도와주길 바라는 거야? 난 지금 유행이 어떻게 흘러가는지 전혀 모르는데. | A : 오늘 밤에 있는 소개팅이 기대되니? B : 나는 어떻게 될지 전혀 모르겠어. 재미있었으면 좋겠어. 174 A : 장기적으로 체중 감량을 유지하려면 굶는 것은 중단해야 한다는 것을 깨달았어. B : 맞아. 요점은 균형 잡힌 식사를 하는 게 건강을 지키는 열쇠라는 거야. | A : 왜 마크랑 데이트를 하지 않는 거니? 너희 둘은 잘 되어가고 있는 것 같았는데. B : 요점은 난 깊이 사귈 마음의 준비가 되지 않았다는 거야.

175

A : I'm excited to meet your brother. What is he like?

B : *My brother is outgoing and* **has a way with** *words.*

……

A : My son has been seeing the counselor for help with career planning.

B : That's great. *The school counselor* **has a way with** *teenagers who seem to trust her.*

176

A : I feel underappreciated for my work these days.

B : Your performance has been stellar this year. **It's just a matter of time before** *you get a raise.*

……

A : There's a new café around the corner with a robot barista that makes coffee!

B : **It's just a matter of time before** *robots replace humans.*

underappreciated 인정을 덜 받는 stellar 뛰어난

177

A : Why are you going to the hardware store?

B : **I need to get my hands on** *the proper tools for a home DIY project.*

……

A : The history exam is next week, but I haven't started studying yet.

B : Same here. **I need to get my hands on** *last year's exams.*

hardware store 철물점

175 A : 네 오빠를 만난다니 마음이 설레. 오빠는 어떤 사람이니? B : 우리 오빠는 외향적인데다 말솜씨가 아주 좋아. | A : 우리 아들은 진로 계획 때문에 상담 교사와 면담하고 있어. B : 잘됐네. 학교 상담 교사는 자신을 믿는 것 같은 10대들을 아주 잘 대해. 176 A : 요즘에는 내가 한 일에 대해서 제대로 평가 받지 못한다는 느낌이 들어. B : 올해 자네 실적은 눈부셨지. 자네 월급이 오르는 것은 시간문제일 뿐이야. | A : 길모퉁이에 로봇 바리스타가 커피를 만드는 카페가 새로 생겼어! B : 로봇이 인간을 대신하는 것은 시간문제일 뿐이야. 177 A : 철물점엔 왜 가는 거니? B : 내가 직접 집을 손볼 때 사용할 적절한 도구를 구해야 해. | A : 다음 주에 역사 시험이 있는데, 난 시작도 못했어. B : 나도 그래. 난 작년 시험지를 손에 넣어야 해.

178

A : Why don't you try Pilates if you're experiencing back pain?

B : I've already tried it. *Pilates* **is not my cup of tea.**

......

A : I highly recommend this book on breaking bad habits and adopting good ones!

B : *I love to read, but self-help books* **are not my cup of tea.**

highly recommend 강력히 추천하다

179

A : What are your plans for this weekend?

B : I'll be spending a few days in my hometown. **I'm in the mood** *to visit my grandparents.*

......

A : **I'm in the mood** *for a rich and creamy dessert.*

B : Then let's have some chocolate cake with vanilla ice cream.

180

A : How do you like living in the United Kingdom?

B : It's great! **I'm getting the hang of** *driving on the left side of the road.*

......

A : Have you watched the dance tutorial?

B : Yes. **I'm getting the hang of** *the new dance routine.*

tutorial 강좌

178 A : 허리가 아프면 필라테스를 해 보지 그래? B : 벌써 해 봤는데, 필라테스는 내 취향이 아냐. | A : 나쁜 습관을 버리고 좋은 습관을 들이는 데는 이 책을 강력히 추천합니다! B : 저는 책을 읽는 걸 아주 좋아하긴 하지만, 자기 계발서는 제 취향이 아니에요. 179 A : 이번 주말에는 뭘 할 계획이야? B : 고향에 가서 며칠 보내려고 해. 우리 조부모님을 찾아뵙고 싶은 기분이 들어. | A : 진한 크림이 많이 든 디저트가 당기는데. B : 그렇다면 바닐라 아이스크림을 곁들인 초콜릿케이크를 먹자. 180 A : 영국에서 살아보니 어때? B : 아주 좋아! 난 차로 좌측통행하는 요령도 생겼어. | A : 그 댄스 강좌 봤어? B : 봤어. 이제는 새로 나온 춤 동작을 할 수 있는 요령도 생겼어.

□□□

181

A : Are you serious about wanting to go back to the hotel for a nap? The night is still young!

B : I'm dead serious. **I'm having the worst time** *adjusting to the time difference.*

……

A : **I'm having the most difficult time** *getting through to a customer service representative.*

B : It's probably a tactic they use to deter customers from trying to return or exchange products.

the night is young 아직 초저녁이다 tactic 전략 deter from ~하는 것을 단념하게 하다

182

A : Isn't it your cousin's birthday dinner tonight? Why are you still at home?

B : I'm not going. **The thing is that** *I don't particularly enjoy being in her company.*

……

A : Jenny shouldn't skip the annual company dinner. It's a great networking opportunity.

B : **The thing is that** *she gets extremely anxious in front of large groups.*

networking 인적 네트워크(정보망) 형성

181 A : 정말로 호텔로 돌아가서 한숨 잘 거야? 아직 초저녁인데! B : 정말이야. 난 시차에 적응하느라 최악의 시간을 보내고 있어. | A : 난 고객 서비스 담당자를 상대하느라 아주 힘든 시간을 보내고 있어. B : 그건 아마도 고객이 반품이나 교환하는 것을 단념시키려고 사용하는 전술일 거야. 182 A : 오늘 밤에 네 사촌의 생일 파티가 있지 않아? 그런데 왜 아직 집에 있는 거니? B : 난 안 가. 문제는 난 걔랑 어울리는 게 그렇게 좋지는 않다는 거야. | A : 제니는 연례 회사 만찬을 빼먹으면 안 되는 거야. 인맥을 만들 수 있는 아주 좋은 기회잖아. B : 문제는 그 여자는 사람들이 많이 모인 데에서는 극도로 불안해한다는 거야.

Pattern 183 - 192

Chapter 28

형용사 활용 숙어

Part 1에 Chapter 1에서처럼 형용사를 활용한 숙어 또한 감정에 관련된 표현이 많습니다. 주로 형용사로 감정을 표현하기 때문이죠. 형용사를 활용한 다양한 숙어로 하루에도 수십 번 변하는 다양한 감정이나 기분을 표현해 보세요.

183 I have mixed feelings about ~.

184 I'm itching to ~.

185 I'm dying to ~.

186 I'm fond of ~.

187 I'm amazed at ~.

188 I'm not familiar with ~.

189 ~ be just around the corner.

190 ~ for the time being.

191 It's as clear as day that ~.

192 I was under the impression that ~.

Date. . .

I have mixed feelings about ~.

난 ~에 대해 착잡한 심정이에요.

I have mixed feelings about *being promoted.*

난 승진에 대해서 착잡한 심정이야.

I have mixed feelings about *this new coffee flavor.*

이 새 커피의 풍미는 좋기도 하고 싫기도 해.

I have mixed feelings about *this checkered jacket.*

이 체크무늬 재킷은 좋기도 하고 싫기도 해.

I have mixed feelings about *your new hairstyle.*

네가 새로 한 헤어스타일은 마음에 들기도 하고 안 들기도 해.

I have mixed feelings about *going on this trip with Alex.*

이번 여행을 알렉스와 같이 가는 것에 대해서 착잡한 심정이야.

promoted 승진(진급)시키다 checkered 체크무늬의

mix가 '섞이다, 섞다'라는 뜻인 거 알죠? mixed는 '(좋고 나쁜 것이) 뒤섞인, (의견, 생각 등이) 엇갈리는'의 뜻이랍니다. 따라서 이 패턴은 불확실하거나 복잡하게 뒤섞인 감정을 느낄 때 사용합니다. 또 좋고 싫은 감정이 엇갈리는 상황에서도 쓸 수 있습니다.

PATTERN CHALLENGE

Date. . .

184

□□□

I'm itching to ~.

~하고 싶어 몸이 근질거려요.

I'm itching to *go on a relaxing bike ride by the lake.*

호숫가에서 편안하게 자전거를 타고 싶어 몸이 근질거려.

I'm itching to *go on holiday to a tropical island.*

열대의 섬으로 휴가를 가고 싶어 몸이 근질거려.

I'm itching to *go home and put some comfortable clothes on.*

집에 가서 편안한 옷을 입고 싶어 몸이 근질거려.

I'm itching to *try the new ramen place by the office.*

사무실 근처에 새로 생긴 라면집에 가서 먹어보고 싶어 몸이 근질거려.

I'm itching to *tell you what I overheard in the bathroom at work.*

직장 화장실에서 엿들은 이야기를 너한테 하고 싶어 몸이 근질거려.

tropical island 열대의 섬 overhear (남의 대화 등을) 우연히 듣다

우리말에도 뭔가 하고 싶어서 몸이 근질거릴 지경이라는 말이 있죠? 여기에 딱 들어맞는 영어 표현이 바로 I'm itching to ~.입니다. 뭔가를 정말 하고 싶어서 참기 힘들 지경이라고 말할 때 이 패턴을 씁니다.

Date. . .

I'm dying to ~.

난 ~하고 싶어 죽겠어요.

I'm dying to
find out what went down.

난 무슨 일이 일어났는지 알고 싶어 죽겠어.

I'm dying to
hear Mike's side of the story.

난 마이크의 입장에서 하는 얘기를 듣고 싶어 죽겠어.

I'm dying to
graduate and to start earning money.

난 얼른 졸업해서 돈을 벌고 싶어 죽겠어.

I'm dying to
introduce you to my extended family.

너를 우리 대가족한테 소개해 주고 싶어 죽겠어.

I'm dying to
finish renovating the kitchen this weekend.

이번 주말에 부엌 보수를 끝내고 싶어 죽겠어.

go down (무엇의 결과로) 일어나다 hear one's side of the story ~의 입장을 듣다
graduate 학업을 마치다, 졸업하다 extended family 대가족 renovate 개조(보수)하다

'~하고 싶어 죽겠다'는 감정을 표현할 때 쓸 수 있는 패턴입니다. 뭔가를 간절히 하고 싶어 죽을 지경일 정도라는 마음을 나타내고 싶을 때 이 패턴을 써서 말해보세요.

Date. . .

□□□

I'm fond of ~.

난 ~하는 게 좋아요.

I'm fond of
taking long walks in the forest.

난 숲에서 오래 걷는 게 좋아.

I'm fond of
the volunteers I work with each weekend.

난 주말마다 같이 일하는 자원봉사자들이 좋아.

I'm fond of
fragrant herbal teas.

난 향기로운 허브티가 좋아.

I'm fond of
my son's preschool teacher.

난 유치원에 다니는 우리 아들의 선생님이 좋아.

I'm fond of
listening to jazz while driving.

난 운전하면서 재즈를 듣는 게 좋아.

volunteer 자원봉사자 fragrant 향기로운, 향긋한 herbal tea 허브차 preschool 유치원

본인이 무엇을 좋아한다고 말할 때 사용할 수 있는 패턴입니다. '~을 좋아한다' 혹은 '(오래도록) ~에 대한 애착이 있다'고 말할 때 쓸 수 있는데, I like ~.와 비슷하지만 조금 더 강한 표현으로, 아끼는 마음이나 깊은 애정을 드러내고 싶을 때 씁니다.

Date. . .

I'm amazed at ~.

난 ~에 감탄할 수밖에 없어요.

I'm amazed at
how dedicated he is to his family.

그 남자는 가족에게 얼마나 헌신적인지 난 혀를 내둘러.

I'm amazed at
how much it costs for this tiny meal.

이렇게 조금 나오는 식사가 얼마나 비싼지 난 아연실색할 정도야.

I'm amazed at
her sense of entitlement.

그 여자가 자기 권리를 주장하는 태도에 난 아연실색할 정도야.

I'm amazed at *the results we were able to achieve in a short time period.*

단기간 내에 우리가 이루어 냈던 결과에 난 감탄할 수밖에 없어.

I'm amazed at *the level of technical support this company offers its clients.*

이 회사가 고객에게 해 주는 기술 지원 수준에 난 감탄할 수밖에 없어.

dedicated 전념하는, 헌신적인 sense of entitlement 특권 의식 achieve 달성하다, 해내다
technical support 기술 지원

amazing은 '놀라운'이라는 의미로 대화에서 많이 쓰이는 형용사죠. 비슷한 표현으로 'I'm surprised at(that) ~.'이 있는데, surprised는 예상치 못한 일에, amazed는 좋은 일에 놀랄 때 사용하는 약간의 차이가 있어요.

Date. . .

□□□

I'm not familiar with ~.

난 ~을 잘 몰라요.

I'm not familiar with
any rising pop artists.

난 요즘 뜨는 팝 가수는 잘 모르겠어.

I'm not familiar with
most of the people in my new unit.

난 새 부대에 있는 사람들은 대부분 잘 몰라.

I'm not familiar with
the book that everyone is raving about.

모두가 격찬하는 그 책을 난 잘 몰라.

I'm not familiar with
the banking system in this country.

난 이 나라의 은행 제도는 익숙하지 않아.

I'm not familiar with
many of my husband's coworkers.

난 남편의 회사 동료들은 잘 모르는 사람들이 많아.

unit 부대, 단체 rave 격찬(극찬)하다 banking system 은행 제도

대화의 주제가 되는 소재나 경험에 관한 사실이나 정보를 잘 알고 있거나 관련된 업무에 익숙하다면 be familiar with ~(~에 익숙해요, 잘 알아요)를 사용합니다. 반대로 이에 관해 잘 모르는 경우, 부정형을 사용해 위 패턴처럼 말할 수 있죠.

Date. . .

□□□

~ be just around the corner.

~이 모퉁이만 돌면 있어요. 바로 코앞이에요.

Thanksgiving
is just around the corner.

추수 감사절이 바로 코앞이야.

The summer solstice
is just around the corner.

하지가 바로 코앞이야.

Cheer up! I'm sure better days
are just around the corner.

기운을 내! 곧 좋은 시절이 올 게 확실해.

The courthouse
is just around the corner.

법원은 길모퉁이만 돌면 있어.

There is a French bakery
just around the corner.

프랑스 제과점이 길모퉁이만 돌면 있어.

Thanksgiving 추수 감사절 summer solstice 하지 courthouse 법원 청사 bakery 빵집

이 패턴은 뭔가가 아주 가까이에 있다고 말할 때 쓰는 표현입니다. 핵심은 just around the corner로 '모퉁이 하나만 돌면 된다, 모퉁이를 돌면 바로 있다'는 의미죠. 시기적으로 '어떤 날이 임박했다, 바로 코앞이다'고 말할 때도 많이 쓰입니다.

Date. . .

~ for the time being.

당분간 ~.

Let's put it out of our minds
for the time being.

당분간 그 일은 우리 머리에서 지워 버리자.

I'm going to stop exercising
for the time being.

난 당분간 운동을 중단할 거야.

He has decided to focus on his studies
for the time being.

그는 당분간 공부에 집중하기로 했어.

You can use my car
for the time being.

당분간 내 차를 사용해도 돼.

She will have to live with us
for the time being.

그녀는 당분간 우리랑 같이 살아야 할 거야.

put something out of one's mind (일부러) 잊어버리다 focus on 집중하다

for the time being은 '당분간'이나 '일단은'의 뜻입니다. 나중에 어떻게 될지 모르겠지만 현재 시점을 기준으로 '당분간' 또는 '지금으로서는'이라고 말할 때 이 패턴을 사용합니다.

Date. . .

□ □ □

It's as clear as day that ~.

~라는 게 뻔히 보여요.

It's clear as day that
you are distracted right now.

넌 지금 딴 데 정신 팔고 있는 게 분명하잖아.

It's clear as day that
he is truly a selfish person.

그 남자는 정말 이기적이라는 게 뻔히 보이잖아.

It's clear as day that
you will be awarded the promotion.

네가 승진할 게 분명해.

It's clear as day that
this job is not a good fit for me.

이 일은 나한테 맞지 않다는 게 뻔히 보이잖아.

It's clear as day that
they are trying to take advantage of her.

그들이 그 여자를 이용하려는 게 뻔히 보여.

distracted (정신이) 산만해진 selfish 이기적인 take advantage of ~을 이용하다

뭔가가 아주 명백히 보인다고 말할 때 사용할 수 있는 패턴입니다. 직역하면 '~이 대낮처럼 밝다' 는 뜻이 되므로, 어떤 상황이 의심의 여지 없이 명명백백하거나 불을 보듯 뻔하다고 말할 때 이 패턴을 씁니다.

Date. . .

I was under the impression that ~.

난 ~라는 느낌을 받았어요.

I was under the impression that
you weren't interested.

난 네가 관심이 없다는 느낌을 받았어.

I was under the impression that
she was a single mom.

난 그녀가 혼자 아이를 키우는 엄마라는 인상을 받았어.

I was under the impression that
the deadline had been extended.

난 마감일이 연장됐다는 느낌을 받았어.

I was under the impression that
he was the owner of the business.

난 그가 그 사업체의 사장이라는 인상을 받았어.

I was under the impression that
she would be coming home late tonight.

난 그녀가 오늘 밤늦게 집에 올 거라는 인상을 받았어.

single mom 혼자서 아이를 키우는 엄마 deadline 기한 extended 연장하다

'~라고 믿고(생각하고) 있었다.'의 의미로, 사실 여부와 관계없이 자신이 받은 느낌이나 인상을 표현할 때 씁니다. 어떤 상황을 두고 잘못 생각하거나 착각했을 때 '~라고 생각했다 (그런데 아니었다).'라는 의미로 자주 쓰는 표현입니다.

183

A : **I have mixed feelings about** *being promoted.*

B : I know what you mean. Your old team is really going to miss you.

……

A : **I have mixed feelings about** *your new hairstyle.*

B : I know it's unique, but I wanted a drastic hair change.

unique 독특한 drastic 과감한

184

A : I tell you, weddings are exhausting.

B : I know! **I'm itching to** *go home and put some comfortable clothes on.*

……

A : **I'm itching to** *try the new ramen place by the office.*

B : I went there last week. It was overpriced, and the broth was too salty.

overpriced 값이 비싸게 매겨진 broth 국물

185

A : **I'm dying to** *introduce you to my extended family.*

B : I'm so nervous. What if they don't like me?

……

A : Can you believe all that drama in the school cafeteria today?

B : **I'm dying to** *hear Mike's side of the story.*

186

A : **I'm fond of** *taking long walks in the forest.*

B : Not me. I'm always afraid of running into a bear.

……

A : They roast their own beans at this coffee shop. Can I buy you a bag?

B : Thank you, but that's not necessary. **I'm fond of** *fragrant herbal teas.*

run into 우연히 만나다

183 A : 난 승진에 대해서 착잡한 심정이야. B : 무슨 뜻인지 알겠어. 너의 옛 팀원들은 너를 정말로 보고 싶어 할 거야. | A : 네가 새로 한 헤어스타일은 마음에 들기도 하고 안 들기도 해. B : 이게 독특한 스타일이라는 것은 알지만, 난 머리를 과감하게 바꾸고 싶었거든. 184 A : 정말이지 결혼식이란 진이 빠져. B : 무슨 뜻인지 알아! 집에 가서 편안한 옷을 입고 싶어 몸이 근질거려. | A : 사무실 근처에 새로 생긴 라면집에 가서 먹어보고 싶어 몸이 근질거려. B : 난 지난주에 갔다 왔어. 가격만 비싸고 국물은 너무 짜. 185 A : 너를 우리 대가족한테 소개해 주고 싶어 죽겠어. B : 난 너무 불안해. 네 식구들이 날 싫어하면 어쩌지? | A : 오늘 학교 구내식당에서 일어났던 그 드라마 같은 사건을 믿을 수 있어? B : 난 마이크의 입장에서 하는 얘기를 듣고 싶어 죽겠어. 186 A : 난 숲에서 오래 걷는 게 좋아. B : 난 아니야. 곰을 만날까 봐 항상 무서워. | A : 이 커피숍에서는 커피콩을 직접 볶아. 한 봉지 사 줄까? B : 고맙지만, 난 커피콩이 필요하지 않아. 난 향기로운 허브티가 좋아.

187

A : **I'm amazed at** *her sense of entitlement.*

B : I know. Rachel was complaining about everything at the restaurant.

......

A : **I'm amazed at** *how much it costs for this tiny meal.*

B : I still can't get over how long we stood in line to get a table!

get over 넘다, 극복하다

188

A : Are you looking forward to joining your husband's company's golf getaway?

B : Not really. **I'm not familiar with** *many of my husband's coworkers.*

......

A : **I'm not familiar with** *the banking system in this country.*

B : Would you like me to go to the bank with you after class?

getaway 휴가

189

A : I love it when the days start getting longer.

B : Same here. *The summer solstice* **is just around the corner.**

......

A : I need to pick up some croissants on my way home.

B : *There is a French bakery* **just around the corner.**

190

A : I haven't seen Eric at our basketball games for a few weeks now.

B : *He has decided to focus on his studies* **for the time being.**

......

A : I heard your sister's house caught on fire. Is she okay?

B : Yes. *She will have to live with us* **for the time being.**

catch on fire 불붙다, 타오르다

187 A : 그 여자가 자기 권리를 주장하는 태도에 난 아연실색할 정도야. B : 나도 알아. 레이첼은 식당에서 사사건건 항의하고 있었어. | A : 이렇게 조금 나오는 식사가 얼마나 비싼지 난 아연실색할 정도야. B : 식당 자리를 잡으려고 얼마나 오래 줄 서서 기다렸는지 아직도 기분이 풀리지 않네! 188 A : 남편 회사 동료들과 떠나는 골프 휴가가 기대되니? B : 별로 그렇지도 않아. 난 남편의 회사 동료들은 잘 모르는 사람들이 많아. | A : 난 이 나라의 은행 제도는 익숙하지 않아. B : 수업이 끝난 후에 나랑 은행에 같이 갈까? 189 A : 낮 길이가 더 길어지기 시작하는 게 난 좋아. B : 나도 그래. 하지가 바로 코앞이야. | A : 집에 가는 길에 크루아상을 좀 사야 해. B : 프랑스 제과점이 길모퉁이만 돌면 있어. 190 A : 몇 주 동안 우리 농구 시합에서 에릭을 못 봤어. B : 그는 당분간 공부에 집중하기로 했어. | A : 네 여동생네 집에 불이 났다고 들었어. 걔는 괜찮아? B : 괜찮아. 그녀는 당분간 우리랑 같이 살아야 할 거야.

□□□

191

A : **It's clear as day that** *this job is not a good fit for me.*

B : You should start looking for something else before you become miserable.

......

A : I don't have a good feeling about Janet's new friends.

B : I agree. **It's clear as day that** *they are trying to take advantage of her.*

miserable 비참한

192

A : How come you took Jane to the concert and not me?

B : **I was under the impression that** *you weren't interested.*

......

A : Have you finished your written report for class tomorrow?

B : No. **I was under the impression that** *the deadline had been extended.*

written report 보고서

191 A : 이 일은 나한테 맞지 않다는 게 뻔히 보이잖아. B : 비참해지기 전에 다른 일자리를 찾아봐야 해. | A : 재닛이 새로 사귄 친구들은 좋은 느낌이 안 들어. B : 나도 그래. 그들이 걔를 이용하려는 게 뻔히 보여. 192 A : 넌 왜 난 빼고 제인만 콘서트에 데려간 거니? B : 난 네가 관심이 없다는 느낌을 받았어. | A : 내일 수업에 낼 보고서를 다 했어? B : 아니. 난 마감일이 연장됐다는 느낌을 받았어.

Part 7

네이티브처럼 세련되게, 어법 활용 고급 패턴

이번 Part에서는 문법 시간에 늘 학생들을 괴롭혔던, 생각만 해도 머리 아픈 문법을 활용한 패턴을 알아볼게요. 가정법, 비교급, It ~ that ... 구문같이 구조가 복잡해서 아예 포기했던 문법도 패턴으로 자연스럽게 외우면 어렵지 않게 입 밖으로 꺼낼 수 있어요. 패턴을 반복해서 쓰다 보면 문장 구조를 체득하게 되어 문법이 저절로 이해되기도 해요. 회화의 수준을 두 단계 높여 주는 어법을 활용한 고급 패턴을 지금부터 알아볼까요?

Pattern 193 - 201

Chapter 29

조건 달아 말하기

조건을 다는 패턴, if부터 떠오르죠? if 대신에 쓸 수 있는 수많은 패턴이 있어요. '내가 알기로는 ~', '~하는 경우에는'과 같이 조건을 말하는 표현은 대부분 부사절인데요. 그 뒤에 절만 붙여 주면 되니 간단히 쓸 수 있어요.

193 As I said before, ~.

194 As far as I know, ~.

195 While this may be true, ~.

196 I'm with you on that, but ~.

197 Now that ~, ~.

198 Once ~, ~.

199 In case ~, ~.

200 Even though ~, ~.

201 By the time ~, ~.

Date. . .

□□□

As I said before, ~.

내가 전에도 말했지만, ~.

As I said before,
I will call you when I'm done.

내가 전에 말했지만, 내가 끝나면 너한테 전화할게.

As I said before,
I am going to be busy all week.

내가 전에 말했지만, 이번 주 내내 바쁠 거야.

As I said before,
I'm not interested in attending church.

내가 전에 말했지만, 난 교회에 다니는 것에 흥미가 없어.

As I said before,
you should take care of your health.

내가 전에 얘기한 것처럼, 넌 건강에 신경을 써야 해.

As I said before, *the problem is serious,*
but we can turn it into an opportunity.

내가 전에 얘기한 것처럼, 문제는 심각하지만, 우리는 이것을 기회로 바꿀 수 있어.

attend 참석하다, 다니다 opportunity 기회

앞서 말한 내용을 반복해서 말할 때 쓸 수 있는 패턴입니다. '전에도 말했듯이'의 의미로, 이미 한 말을 다시 하거나 강조할 때 쓰죠. 비슷한 표현으로, Like I said before, ~.가 있습니다.

PATTERN CHALLENGE

194

Date. . .

As far as I know, ~.

내가 알기로는, ~.

As far as I know,
the family dinner has been postponed.

내가 알기로는, 그 가족 만찬은 연기됐어.

As far as I know,
he won't be coming back anytime soon.

내가 아는 한, 그 남자는 곧 돌아오지는 않을 거야.

As far as I know,
the cost of living is very high in Norway.

내가 알기로는, 노르웨이의 생활비는 상당히 많이 든다고 해.

As far as I know, *it's going to be hot and humid for the rest of the week.*

내가 아는 한, 이번 주 내내 덥고 습하다고 해.

As far as I know, *this exam is worth a large portion of our final grade.*

내가 아는 한, 이번 시험이 우리 최종 학점에 차지하는 비중이 높아.

postponed 연기하다, 미루다 cost of living 생활비 humid 습함 portion 부분(일부) final grade 최종 성적

자신이 알고 있는 바를 근거로 말할 때 쓸 수 있는 패턴으로 '내가 아는 한, 내가 아는 바로는'이라는 뜻입니다. To my knowledge ~.라는 표현도 있지만 격식을 갖춘 표현으로, 회화에서는 잘 쓰이지 않는답니다.

PATTERN CHALLENGE

195

Date. . .

While this may be true, ~.

그게 사실일지도 모르지만, ~.

While this may be true,
please don't tell anyone else yet.

그게 사실일지도 모르지만, 아직 누구에게도 말하지 마.

While this may be true,
it will still anger some people.

그게 사실일지도 모르지만, 아직 그것 때문에 화가 나는 사람들이 있을 거야.

While this may be true,
she violated several company policies.

그게 사실일지도 모르지만, 그 여자는 회사 방침을 몇 가지 어겼어.

While this may be true,
I don't necessarily agree with all of it.

그게 사실일지도 모르지만, 난 반드시 모든 것에 동의하는 건 아냐.

While this may be true, *there is a need for the process to be more transparent.*

그게 사실일지도 모르지만, 과정이 더 투명해야 할 필요는 있어.

violate 위반하다 transparent 명백한, 투명한

어떤 진술이 맞는다고 인정하면서도 그 사실에 관한 다른 측면을 지적할 때 쓸 수 있는 표현입니다. 어떤 진술에 부분적으로 수긍하면서도 반대되는 측면을 언급할 때 이 패턴을 적극 활용하세요.

Date. . .

PATTERN CHALLENGE

196

☐☐☐

I'm with you on that, but ~. 그 점에 있어서는 네 의견에 동의하지만, ~.

I'm with you on that, but
you need to be extra cautious.

그 점에 있어서는 네 의견에 동의하지만, 넌 더 조심해야 할 필요가 있어.

I'm with you on that, but
not everyone agrees with us.

그 점에 있어서는 네 의견에 동의하지만, 모두 우리와 같은 생각을 하는 건 아냐.

I'm with you on that, but
it's too early to make a decision.

그 점에 있어서는 네 의견에 동의하지만, 결정을 내리기에는 너무 일러.

I'm with you on that, but
he needs to get his point across calmly.

그 점에 있어서는 네 의견에 동의하지만, 그는 자기의 주장을 차분하게 전달할 필요가 있어.

I'm with you on that, but
it's Mom's birthday, and this is what she wants.

그 점에 있어서는 네 의견에 동의하지만, 오늘은 엄마 생일이니까, 엄마가 원하는 대로 할 수 있는 거야.

cautious 조심스러운, 신중한 get one's point across ~의 요점을 이해시키다 calmly 침착하게

상대방의 의견에 일단 찬성하면서도 자신의 다른 의견을 말할 때 쓸 수 있는 패턴입니다. While this may be true, ~.가 어떤 사실에 관해 그 사실과 관련된 또 다른 사실을 말할 때 쓰는 표현이라면, 이 패턴은 상대방의 의견에 관해서 자신의 견해를 나타낼 때 쓸 수 있는 표현이죠.

Date. . .

Now that ~, ~.

자, 이제 ~했으니까, ~.

Now that *all the food has been delivered, let's eat!*

자, 이제 음식이 모두 왔으니까, 먹읍시다!

Now that *the printer is fixed, you can use it again.*

자, 이제 프린터를 고쳤으니까, 다시 사용할 수 있습니다.

Now that *you've done your homework, you can go over to your friend's house.*

자, 이제 숙제를 다 했으니까, 친구 집에 놀러 갈 수 있어.

Now that *it's the weekend, I can spend time gardening in the backyard.*

자, 이제 주말이니까, 뒷마당에서 정원을 가꾸며 시간을 보낼 수 있어.

Now that *you have a part-time job, you should pay for your own expenses.*

자, 이제 넌 알바를 하니까, 네 비용은 네가 내야지.

gardening 정원 가꾸기 backyard 뒷마당 part-time job 아르바이트 expense 비용, 경비

이 패턴은 현재로서는 어떤 요건이 충족되었으니 뭔가가 가능해졌다고 말할 때 쓸 수 있습니다. 예전에는 없었거나 가능하지 않았던 부분이 현재는 생기거나 가능해져서 뭔가를 할 수 있게 되었다고 말할 때 써보세요.

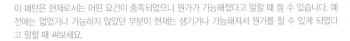

PATTERN CHALLENGE

198

Date. . .

□□□

Once ~, ~.

일단 ~하면, ~.

Once *you purchase the item,*
it cannot be exchanged or returned.

일단 이 물품을 사시면, 교환이나 반품이 안됩니다.

Once *she gets the hang of driving,*
she will drive herself to work.

일단 걔가 운전 요령을 익히면, 자기가 운전해서 출근할 거야.

Once *you visit the Rocky Mountains,*
you'll fall in love with the beautiful scenery.

일단 로키 산맥에 가보면, 아름다운 경치랑 사랑에 빠질 거야.

Once *employees read the email,*
they'll be convinced to participate in the event.

일단 직원들이 그 이메일을 읽는다면, 행사에 참여하고 싶다는 확신이 들 거야.

Once *tourists get on the boat,*
they cannot disembark until the end of the tour.

일단 관광객들이 배에 타면, 관광이 끝나야 배에서 내릴 수 있어.

get the hang of (무엇에 대한) 감을 잡다 scenery 경치, 풍경 disembark (배 · 비행기에서) 내리다

어떤 조건이 충족된다면 뒤따를 특정 결과에 대해 말할 때 쓰는 패턴입니다. 현재에는 그렇지 않지만 어떤 영향으로 인해 특정한 결과가 있을 것이라고 말할 때 쓸 수 있죠.

Date. . .

In case ~, ~.

~한 경우에, ~.

In case *the client calls, please take a memo.*

고객이 전화하면, 메모를 하세요.

In case *the battery dies, use this portable phone charger.*

배터리가 다 되면, 이 휴대용 충전기를 사용해.

In case *of an emergency, please call this number.*

비상사태가 발생하면, 이 번호로 전화하세요.

In case *of inclement weather, the picnic will be rescheduled to a later date.*

악천후에 대비해서, 피크닉은 이후 날짜로 일정이 변경될 거예요.

In case *you need more towels, there are some in the cabinet upstairs.*

타월이 더 필요하면, 위층의 캐비닛에 더 있어요.

take a memo 메모하다 emergency 비상 inclement weather 험악한 기후 rescheduled 일정을 변경하다

어떤 상황이 발생할 경우에라는 가정을 하고 말할 때 쓰는 패턴입니다. 여기서 in case는 if와 같은 의미로 볼 수 있죠. In case 뒤에는 주어, 동사가 나오고, 그다음에는 명령문이 나오는 경우가 많습니다.

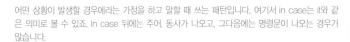

Date. . .

Even though ~, ~.

(비록) ~하지만, ~.

Even though *Ella is shy,*
she's very witty.

엘라는 수줍어하지만, 아주 재치가 있어요.

Even though *English grammar is difficult,*
it's necessary to study it.

영어 문법은 어렵긴 하지만, 공부해야 할 필요가 있어요.

Even though *he has a sprained wrist,*
he can still drive.

그 남자는 손목이 삐었지만, 그래도 운전은 할 수 있어.

Even though *she is feeling under the weather,*
she will be going to school today.

그 여자는 몸이 안 좋지만, 오늘 학교는 갈 거야.

Even though *I'm thirty,*
I still live with my parents.

나는 나이가 30인데도, 아직 부모님과 함께 살아.

witty 재치 있는 sprained wrist 손목을 삐다 under the weather 몸이 좋지 않은

'하지만'이라는 뜻의 접속사로 Although, Though ~ 등의 영어 표현이 있는데, Even though ~는 '비록'이라는 뉘앙스가 있어요. 일상 대화에서 '비록'이라는 말을 쓰면 약간 어색할 수 있는데요, '~지만, ~인데도'의 어감으로 인식하면 이해가 쉬울 거예요.

By the time ~, ~.

~할 때 즘에는 (벌써), ~.

By the time *the fifth course was served,*
I was stuffed.

다섯 번째 코스가 차려질 때 즘에는 벌써 나는 배가 불렀어.

By the time *I was twenty,*
I had lived in a dozen different countries.

내가 20세 즘에는 벌써 나는 십여 개 나라에서 살아 봤어.

By the time *I discovered the leak,*
the basement was already flooded.

내가 물이 새는 곳을 발견했을 때 즘에는 지하실은 벌써 물바다가 됐지.

By the time *the package is delivered,*
it will be too late.

택배가 배달될 즘에는, 이미 너무 늦을 거야.

By the time *he got around to contacting her again,*
she wouldn't answer his calls.

그 남자가 시간을 내서 그 여자에게 다시 연락할 때 즘에는 그 여자는 전화를 받지 않을 거야.

stuffed 배가 너무 부른 dozen 십여 개 leak 새는 곳 basement 지하층 flooded 물에 잠기다

연속되는 두 가지 상황을 설명할 때 이 패턴을 씁니다. 여기서 by는 어떤 시점보다 더 늦지 않은 시점, 즉 '늦어도 그 시점에는' 상황이 어떻게 되어 있을 거라고 할 때 쓸 수 있죠.

193

A : Do you want to go bowling tomorrow evening?

B : **As I said before,** *I am going to be busy all week.*

......

A : My doctor says that I have high blood pressure, which could to lead heart disease and stroke.

B : **As I said before,** *you should take care of your health.*

high blood pressure 고혈압 heart disease 심장병 stroke 뇌졸중

194

A : I can't believe I missed John when he was in town this time.

B : **As far as I know,** *he won't be coming back anytime soon.*

......

A : **As far as I know,** *it's going to be hot and humid for the rest of the week.*

B : Great. I just want to stay home right next to the air conditioner.

195

A : Amy was just trying to be helpful. I don't think it's fair that she was penalized.

B : **While this may be true,** *she violated several company policies.*

......

A : His project was unanimously chosen by a panel of five judges.

B : **While this may be true,** *there is a need for the process to be more transparent.*

penalize 처벌하다 unanimously 만장일치의 judge 심사 위원, 심판

193 A : 내일 저녁에 볼링 치러 가고 싶니? B : 내가 전에 말했지만, 이번 주 내내 바쁠 거야. | A : 난 고혈압이 있어서 심장병과 뇌졸중이 올 수 있다고 의사가 말했어. B : 내가 전에 얘기한 것처럼, 넌 건강에 신경을 써야 해. **194** A : 이번에 존이 시내에 있을 때 내가 그를 그리워했다는 걸 믿을 수 없어. B : 내가 아는 한, 그 남자는 곧 돌아오지는 않을 거야. | A : 내가 아는 한, 이번 주 내내 덥고 습하다고 해. B : 잘됐네. 난 에어컨 옆에 딱 붙어서 집에 그냥 머물고 싶어. **195** A : 에이미는 도움을 주고 싶었을 뿐이야. 난 걔가 징계를 받은 건 공정하지 않다고 생각해. B : 그게 사실일지도 모르지만, 그 여자는 회사 방침을 몇 가지 어겼어. | A : 그의 프로젝트는 심사 위원 5명이 만장일치로 선택한 거야. B : 그게 사실일지라도, 과정이 더 투명해야 할 필요는 있어.

196

A : Matt caused quite a scene in the restaurant. I'd be upset too if I waited an hour for my food.

B : **I'm with you on that, but** *he needs to get his point across calmly.*

……

A : I can't wait for this to be over. I hate taking photos!

B : **I'm with you on that, but** *it's Mom's birthday, and this is what she wants.*

cause a scene 소란을 피우다

197

A : The wings and the salad have just arrived, so that's everything.

B : **Now that** *all the food has been delivered, let's eat!*

……

A : Mommy, when can I play with Jamie?

B : **Now that** *you've done your homework, you can go over to your friend's house.*

198

A : Do you drop Jen off at work every morning?

B : Yes. **Once** *she gets the hang of driving, she will drive herself to work.*

……

A : I really hope we have a good turnout this weekend.

B : **Once** *employees read the email, they'll be convinced to participate in the event.*

turnout 참가자의 수 convinced 확신하는 participate 참가하다

196 A : 매트는 그 식당에서 소란을 피웠어. 음식을 한 시간이나 기다렸다면 나라도 화가 났을 거야. B : 그 점에 있어서는 네 의견에 동의하지만, 걔는 자기의 주장을 차분하게 전달할 필요가 있어. | A : 이게 빨리 끝났으면 좋겠어. 난 사진 찍는 게 너무 싫어! B : 그 점에 있어서는 네 의견에 동의하지만, 오늘은 엄마 생일이니까, 엄마가 원하는 대로 할 수 있는 거야. 197 A : 닭 날개랑 샐러드가 방금 왔으니까, 다 온 거네. B : 자, 이제 음식이 모두 왔으니까, 먹읍시다! | A : 엄마, 언제 제이미랑 놀 수 있어요? B : 자, 이제 숙제를 다 했으니까, 친구 집에 놀러 갈 수 있어. 198 A : 너는 매일 아침 젠을 직장에 내려 주니? B : 그래. 일단 걔가 운전 요령을 익히면, 자기가 운전해서 출근할 거야. | A : 이번 주말에는 참가자 수가 많았으면 정말 좋겠어요. B : 일단 직원들이 그 이메일을 읽는다면, 행사에 참여하고 싶다는 확신이 들 거야.

199

A : It says that there's a 30% chance of rain tomorrow.

B : **In case** *of inclement weather, the picnic will be rescheduled to a later date.*

……

A : Is there a bathroom in the guestroom?

B : Yes. **In case** *you need more towels, there are some in the cabinet upstairs.*

200

A : I heard about Jake's accident. How will the kids get to school?

B : **Even though** *he has a sprained wrist, he can still drive.*

……

A : My daughter is really embarrassed about moving back in with my husband and I.

B : I know how she feels. **Even though** *I'm thirty, I still live with my parents.*

201

A : **By the time** *the package is delivered, it will be too late.*

B : Don't worry. I'll go and pick up some decorations from the store.

……

A : Did Bob ever ask the woman he met online out on a second date?

B : **By the time** *he got around to contacting her again, she wouldn't answer his calls.*

199 A : 내일 비가 올 확률이 30퍼센트라고 하던데요. B : 악천후에 대비해서, 피크닉은 이후 날짜로 일정이 변경될 거예요. | A : 손님방에도 화장실이 있나요? B : 네. 타월이 더 필요하면, 위층의 캐비닛에 더 있어요. 200 A : 제이크의 사고 소식은 들었어. 아이들은 어떻게 학교에 가지? B : 그가 손목은 삐었지만, 그래도 운전은 할 수 있어. | A : 내 딸은 남편과 내가 사는 집에 다시 돌아온다는 것에 정말 창피하게 생각해. B : 어떤 기분인지 알겠어요. 저는 나이가 30인데도, 아직 부모님과 함께 살거든요. 201 A : 택배가 배달될 즈음에는, 이미 너무 늦을 거야. B : 걱정하지 마. 내가 상점에 가서 장식할 것들을 사 올게. | A : 밥은 온라인에서 만난 여자에게 두 번째 데이트를 신청했니? B : 밥이 시간을 내서 그 여자에게 다시 연락할 때 즈음에는 그 여자는 전화를 받지 않을 거야.

Pattern 202-208

Chapter 30

형식적인 It 사용하기

이번에는 형식적인 it을 사용한 패턴을 익혀봅니다. 문법 시간에 '가주어'라고 배운 it이 바로 '형식적인 it'인데요. 형식적인 it은 '그것'이라는 뜻으로 쓰인 것이 아니라, 긴 주어를 대신해서 그 자리를 지키고 있는 것이기 때문에 아무런 뜻이 없답니다. 형식적인 it이 들어가는 절은 패턴으로 외우고 진짜 주어 자리만 바꿔 주면 하고 싶은 말을 보다 폭넓고 다양하게 할 수 있습니다.

202 It doesn't hurt to ~.

203 It was so ~ that ~.

204 It's true that ~.

205 It's no wonder that ~.

206 It goes without saying that ~.

207 It's a good chance to ~.

208 It's about time that ~!

Date. . .

It doesn't hurt to ~.

~해서 손해 볼 건 없어요.

It doesn't hurt to
expand your network within the industry.

업계에 네 인맥을 넓혀서 손해날 건 없어.

It doesn't hurt to
be prepared for any potential emergencies.

일어날 수도 있는 비상사태에 대비해서 손해날 건 없어.

It doesn't hurt to *request a second opinion from a different doctor.*

다른 의사에게 가서 한 번 더 진단받아도 손해날 건 없어.

It doesn't hurt to *put in some extra practice time for your golf swing.*

골프 스윙 연습에 시간을 더 써도 손해날 건 없어.

It doesn't hurt to *ask for clarification if you don't fully understand the assignment.*

주어진 업무를 완전히 이해하지 못했다면 명확하게 설명해 달라고 해도 손해날 건 없어.

industry 업계 potential 잠재적인 second opinion 다른 의사의 의견(진단) clarification 해명, 설명

뭔가를 해도 나쁠 게 없다고 말할 때 쓸 수 있는 패턴입니다. 어떤 일을 해서 손해 보거나 불이익을 당할 일이 없으니 해보는 것이 좋거나 또는 어떤 일을 해서 누군가에게 이점이나 장점이 된다고 말할 때 쓸 수 있죠.

Date. . .

□□□

It was so ~ that ~.

너무 ~해서 ~했어요.

It was so *loud* that *it startled everyone in the boardroom.*

소리가 너무 커서 이사회실에 있었던 사람들이 모두 기절초풍했어.

It was so *exciting* that *the little boy couldn't stop clapping.*

너무 신나서 그 어린 남자애는 박수를 그칠 줄 몰랐어.

It was so *windy* that *the neighbor's giant trampoline ended up in a tree.*

바람이 하도 불어서 이웃집에 있는 커다란 트램펄린이 나무에 걸렸어.

It was so *foggy* that *drivers could not see a meter in front of their cars.*

안개가 심해서 운전자들이 1미터 앞도 제대로 못 볼 지경이었어.

It was so *successful* that *the company opened fifty new restaurants last year.*

너무 성공적이어서 작년에 그 회사는 새로운 식당을 50군데나 열었어.

startled 깜짝 놀라게 하다 boardroom 이사회실 end up 결국 처하게 되다 foggy 안개가 낀

어떤 상황이 지나치거나 과도한 이유로 이런 결과가 되었다고 말할 때 쓰는 패턴입니다. 한 걸음 더 나아가 that절의 문장에 〈had to + 동사원형〉을 써서 It was so ~ that I had to ~.라고 하면 '너무 ~해서 ~해야만 했다'. 즉 그렇게 할 수밖에 없었다는 의미가 되죠.

PATTERN CHALLENGE

204

Date. . .

☐☐☐

It's true that ~.

~는 사실이에요.

It's true that
I turned down the job offer.

일자리 제안을 내가 거절한 건 사실이야.

It's true that *I've lost touch with most of my friends from university.*

대학 친구들은 대부분 연락이 안 되는 건 사실이야.

It's true that *I regret some choices I made when I was younger.*

내가 젊었을 때 했던 선택 중에서 후회하는 게 있는 건 사실이야.

It's true that *Korean pop culture has become popular worldwide.*

한국의 대중문화가 전 세계적으로 인기를 끌고 있는 건 사실이야.

It's true that *digital literacy and programming skills are in high demand in every industry.*

디지털 기술에 대한 이해와 활용 능력 및 프로그램 작성 능력은
모든 산업 부문에서 수요가 높다는 건 사실입니다.

lose touch 연락이 끊기다 pop culture 대중문화 worldwide 전 세계에
digital literacy 디지털 기술에 대한 이해와 활용 능력

어떤 내용이 사실이라고 말하는 패턴입니다. that 이하의 내용이 '정말이지 사실이 맞다'고 인정하는 어감을 실어 말할 때도 쓸 수 있고, '틀림없는 사실'이라며 나름 객관적인 사실이라고 자신하며 의견을 전할 때도 쓸 수 있죠.

Date. . .

□ □ □

It's no wonder that ~.

~하는 것도 당연해요.

It's no wonder that
he's so excited.

그 남자가 그렇게 신이 난 것도 당연해.

It's no wonder that
my whole body is aching.

내 몸 전체가 욱신거리는 것도 당연해.

It's no wonder that
we get along exceptionally well.

우리가 아주 잘 지내는 것도 당연해.

It's no wonder that
no one wants to volunteer to join the committee.

위원회에 누구도 자진해서 들어오지 않으려는 것도 당연해.

It's no wonder that
they are having a hard time retaining employees.

그 회사가 직원 유지에 애를 먹는 것도 당연해.

ache 아프다 exceptionally 유난히, 특별히 retain 유지하다

그렇게 놀랄 만한 일은 아니라고 말할 때 쓸 수 있는 패턴입니다. 정황을 보아하니 that 이하의 내용이 새롭거나 그렇게 놀랄 만한 일은 아니다, 즉 당연하다, 그럴 만하다는 어감인 거죠. 비슷한 뜻의 표현으로 It's no surprise that ~.이 있습니다.

Date. . .

It goes without saying that ~.

~은 말할 것도 없어요.

It goes without saying that
Korean food is delicious.

한식이 맛있다는 것은 말할 필요도 없지.

It goes without saying that
rules are meant to be followed.

규칙이란 지키라고 만들어졌다는 것은 두말하면 잔소리지.

It goes without saying that
I'm looking forward to finally graduating.

내가 드디어 졸업하는 것을 고대하고 있다는 것은 두말하면 잔소리지.

It goes without saying that
it's nearly impossible to win the lottery.

복권에 당첨되는 게 거의 불가능하다는 것은 말할 필요도 없지.

It goes without saying that
colleagues should treat one another with mutual respect and civility.

동료들이 서로 존중하고 예의를 갖춰 대해야 한다는 건 말할 필요도 없어.

colleague 동료 mutual respect 상호 간의 존경 civility 정중함, 공손함

이 패턴은 두말할 필요도 없이 당연한 상황이나 생각을 묘사할 때 쓸 수 있습니다. 말로 표현을 하지 않아도 명백하거나, 모두가 알고 있어 당연하다고 생각하는 것에 대해 말하거나 이를 강조하고 싶을 때 쓸 수 있죠.

Date. . .

It's a good chance ~.

~할 수 있는 좋은 기회예요.

It's a good chance
to invest some of my savings.

내가 저축한 돈을 투자할 수 있는 좋은 기회야.

It's a good chance *to see what positions are available at other companies.*

다른 회사에는 어떤 자리가 있는지 알아볼 수 있는 좋은 기회야.

It's a good chance
for you to get to know your new classmates.

네가 새로운 급우들을 알게 되는 좋은 기회야.

It's a good chance
for him to brush up on his interview skills.

그의 인터뷰 기술을 다시 연마할 수 있는 좋은 기회야.

It's a good chance
for us to get into the housing market.

우리가 주택 시장에 뛰어들 수 있는 좋은 기회야.

invest 투자하다 brush up on ~을 복습하다

이 패턴은 무엇을 하기에 좋은 기회라고 말할 때 씁니다. 어떤 일이 이뤄질 가능성이 높거나 뭔가를 하기에 시기가 적합하다고 말하고 싶을 때 활용해 보세요.

Date.　　.　　.

It's about time that ~!

이제는 ~할 때가 됐어요!

It's about time that
you paid me back!

이제는 내 돈을 갚을 때가 됐어!

It's about time that
you got your car washed!

이제는 네 차를 세차할 때가 됐어!

It's about time that
you started packing your own lunches!

이제는 네 점심 도시락은 네가 쌀 때가 됐어!

It's about time that
we settled the dispute.

우리가 이 말싸움을 끝낼 때가 됐어.

It's about time that
I was given recognition for my effort!

내 노력에 대해서 인정받을 때가 됐어!

pay back (빌린 돈을) 갚다　dispute 분쟁, 논쟁　recognition 인정

'이제 ~할 때도 됐지! 드디어 ~하는군!'이라는 어감으로 많이 사용하는 표현입니다. 이뤄지길 기다리던 일이 계속 미뤄져 이제야 일어난 일에 대한 불만을 표하거나, 조바심을 내며 기다리던 일이 드디어 발생해 안도감을 느낄 때 쓸 수 있죠. that 뒤에는 과거형 문장을 써야 합니다.

202

A : I really don't feel like attending the intracompany dinner tonight.

B : You should go. **It doesn't hurt to** *expand your network within the industry.*

……

A : **It doesn't hurt to** *ask for clarification if you don't fully understand the assignment.*

B : You're right. I was worried about looking inept.

intracompany 사내의, 기업 내의 inept 서투른

203

A : Can you believe a bus crashed into our office building?

B : **It was so** *loud* **that** *it startled everyone in the boardroom.*

……

A : **It was so** *windy* **that** *the neighbor's giant trampoline ended up in a tree.*

B : I saw it on my way to work! I wonder how they're going to get it down.

204

A : **It's true that** *I've lost touch with most of my friends from university.*

B : You should try looking them up on various social media platforms.

……

A : My Canadian neighbor knows more K-pop songs than I do!

B : **It's true that** *Korean pop culture has become popular worldwide.*

202 A : 오늘 밤에 있는 사내 만찬에 정말 참석하기 싫어. B : 가야 해. 업계에 인맥을 넓혀서 손해날 건 없어. | A : 주어진 업무를 완전히 이해하지 못했다면 명확하게 설명해 달라고 해도 손해날 건 없어. B : 네 말이 맞아. 난 무능하게 보일까 봐 걱정하고 있었어. 203 A : 버스가 우리 사무실 건물을 들이받았다는 게 믿어지니? B : 소리가 너무 커서 이사회실에 있었던 사람들이 모두 기절초풍했어. | A : 바람이 하도 불어서 이웃집에 있는 커다란 트램펄린이 나무에 걸렸어. B : 출근하다 봤어! 그걸 어떻게 내릴 건지 궁금하네. 204 A : 대학 친구들은 대부분 연락이 안 되는 건 사실이야. B : 다양한 SNS 플랫폼에서 그 친구들을 찾아봐. | A : 우리 캐나다인 이웃은 나보다 K-팝 노래를 더 많이 알고 있어! B : 한국의 대중문화가 전 세계적으로 인기를 끌고 있는 건 사실이야.

205

A : I can't believe Ron won an all-inclusive package to a new luxury resort!

B : **It's no wonder that** *he's so excited.*

……

A : The work environment in my new unit is really toxic.

B : **It's no wonder that** *they are having a hard time retaining employees.*

all-inclusive 모두 포함한 toxic 불량스러운, 유독한

206

A : **It goes without saying that** *I'm looking forward to finally graduating.*

B : I'm still amazed that you managed to finish your degree while working full time!

……

A : **It goes without saying that** *it's nearly impossible to win the lottery.*

B : I know, but the anticipation brings a little joy to my otherwise boring week.

degree 학위 anticipation 기대, 고대

205 A : 론이 새로운 호화 리조트 일괄 포함 패키지 여행에 당첨됐다니, 믿을 수가 없어! B : 걔가 그렇게 신이 난 것도 당연해. | A : 내가 새로 근무하는 회사의 근로 환경은 정말 형편없어. B : 그 회사가 직원 유지에 애를 먹는 것도 당연해
206 A : 내가 드디어 졸업하는 것을 고대하고 있다는 것은 두말하면 잔소리지. B : 네가 전일제로 일하면서도 학위를 끝냈다는 게 난 아직 놀라워! | A : 복권에 당첨되는 게 거의 불가능하다는 것은 말할 필요도 없지. B : 나도 아는데, 기대감에 부풀어 1주일을 기다리는 맛이라도 있어야지 무슨 즐거움이 있겠어.

207

A : I'm sorry to hear that you were laid off.

B : That's okay. **It's a good chance to** *see what positions are available at other companies.*

......

A : **It's a good chance** *for us* **to** *get into the housing market.*

B : I'm a bit concerned that prices will continue to drop and that interest rates will continue to rise.

lay off 해고하다 interest rate 금리, 이율

208

A : **It's about time that** *you got your car washed!*

B : I'll do it next week. It's supposed to rain tomorrow.

......

A : I'm really sick of ham and cheese sandwiches.

B : **It's about time that** *you started packing your own lunches!*

pack a lunch 도시락을 싸다

207 A : 정리 해고됐다니 유감이야. B : 괜찮아. 다른 회사에는 어떤 자리가 있는지 알아볼 수 있는 좋은 기회야. | A : 우리가 주택 시장에 뛰어들 수 있는 좋은 기회야. B : 가격은 계속 내려가고, 금리는 계속 올라가고 있어서 약간 걱정이 돼.
208 A : 이제는 네 차를 세차할 때가 됐어! B : 다음 주에 할 거야. 내일 비가 올 거라는 예보가 있었어. | A : 햄과 치즈가 들어간 샌드위치를 먹는 것에 이제 정말 질렸어요. B : 이제는 네 점심 도시락은 네가 쌀 때가 됐어!

Pattern 209 - 214

Chapter 31

비교 표현 사용하기

비교급, 최상급, as ~ as ... 구문 등, 외워도 외워도 어렵고 헷갈리는 비교 표현도 패턴으로 익히면 자유자재로 써먹을 수 있는 거 아세요? 우리의 일상에 녹아 들어 있는 비교를 표현하는 패턴을 싹 모아 익혀볼게요.

209 one of the + 최상급 + 복수명사

210 It's the most ~ I've ever ~.

211 The best way to ~ is to ~.

212 It's not as ~ as ~.

213 ~ (be)동사 + 비교급 ~ + than I thought.

214 I know better than to ~.

Date. . .

□□□

one of the + 최상급 + 복수명사

가장 ~한 ~중의 하나

Today was one of the most stressful days *at work.*

오늘은 직장에서 가장 스트레스를 많이 받은 날에 속해.

She is one of my funniest friends *from school.*

그녀는 학교 친구 중에서 가장 재미있었던 애들에 속해.

He is one of the youngest singers *in show business.*

그 남자는 연예계에서 가장 나이 어린 가수 중의 한 명이야.

That was one of the most delicious desserts *I have ever tried.*

저건 내가 먹어 본 디저트 중에서 가장 맛있던 것 중의 하나야.

Visiting the Korean Demilitarized Zone was one of the most emotional experiences.

한국의 비무장 지대에 방문한 것은 가장 감정을 울리는 경험 중의 하나였어.

show business 연예계 Korean Demilitarized Zone (= DMZ) 한반도 비무장 지대
emotional 감정을 자극하는

이 패턴은 주어가 '가장 ~한 여러 개 중 하나이다'라고 일컬을 때 사용하는 표현입니다. 최상급 표현이지만 '여러 최상급 가운데 하나'를 가리킬 때 쓰이므로, 〈one of the + 최상급〉 뒤에 명사를 복수로 쓰는 것이 특징이죠.

PATTERN CHALLENGE

Date. . .

210

□□□

It's the most ~ I've ever ~.

지금까지 내가 ~한 것 중 가장 ~해요.

It's the most *boring book*
I've ever *read.*

이건 지금까지 내가 읽었던 책 중에서 가장 지루했어.

It's the most *trouble*
I've ever *gotten into.*

이건 내가 겪었던 일 중에서 가장 곤란한 것이었어.

It's the most *expensive bag*
I've ever *owned.*

이게 내가 지금까지 가지고 있던 가방 중에서 가장 비싼 거야.

It's the most *entertaining movie*
I've ever *watched.*

이게 내가 지금까지 봤던 영화 중에서 가장 재미있었던 거야.

It's the most *uncomfortable situation*
I've ever *found myself in.*

이게 내가 지금까지 겪었던 상황 중에서 가장 불편했던 거야.

entertaining 재미있는, 즐거움을 주는　uncomfortable 불편한

이 패턴은 내가 지금까지 본 것이나 경험해 본 것 중 가장 ~하다고 말할 때 쓰는 표현입니다. 가장 ~하다고 함으로써 어떤 부분이나 특징을 강조할 때 쓸 수 있습니다.

Date. . .

□□□

The best way to ~ is to ~.

~하는 가장 좋은 방법은 ~하는 거예요.

The best way to *relieve stress* is to *exercise and sleep well.*

스트레스를 푸는 가장 좋은 방법은 운동하고 잠을 잘 자는 거야.

The best way to *learn a new language* is to *practice every day.*

새로운 언어를 배우는 가장 좋은 방법은 매일 연습하는 거야.

The best way to *study for a test* is to *steer clear of distractions.*

시험공부를 하는 제일 좋은 방법은 정신을 산란하게 하는 것을 피하는 거야.

The best way to *take selfies* is to *hold the camera slightly higher than your face.*

셀카를 찍는 제일 좋은 방법은 카메라를 자기 얼굴보다 약간 높이 잡는 거야.

The best way to *make new friends* is to *take the initiative to start conversations.*

친구를 새로 사귀는 제일 좋은 방법은 먼저 말을 거는 거야.

steer clear of ~을 피하다 distraction 집중을 방해하는 것, 산만함 selfie 폰으로 찍은 자기 사진
take initiative 솔선해서 하다, 주도권을 잡다

이 패턴은 어떤 것을 하기 위한 가장 좋은 방법이 무엇인지를 말하고자 할 때 사용할 수 있습니다.
어떤 목적을 달성하기 위한 여러 방법 중 최선의 방법을 소개할 때 써보세요.

PATTERN CHALLENGE

212

Date. . .

It's not as ~ as ~.

~만큼 ~하지 않아요.

It's not as *bad* as
it looks.

보기보단 괜찮아.

It's not as *popular* as
it once was.

그건 예전만큼 인기가 있진 않아.

It's not as *daunting* as
I assumed it would be.

그건 내가 생각한 것처럼 위압적이지 않아.

It's not as *simple* as
it you're making it out to be.

그건 네가 짐작하고 있는 정도로 단순하지는 않아.

It's not as *demanding* as
working a nine-to-five job.

9시에 출근해서 5시에 퇴근하는 것보단 그리 부담이 크진 않아.

daunt 위협하다, 겁먹다 assume (사실일 것으로) 추정하다 make out of ~을 생각하다
demanding 부담이 큰, 힘든

말하고 있는 대상이 무엇만큼 ~하지 않다고 할 때 쓸 수 있는 비교 표현입니다. 따라서 이 패턴을 활용하면 어떤 상황이 생각이나 기대했던 것처럼 ~하지는 않다는 사실을 전할 때도 요긴하죠. 앞의 as 뒤에는 형용사를, 뒤의 as 뒤에는 절을 넣어 줍니다.

Date. . .

□□□

~ (be)동사 + 비교급 + than I thought.

~는 생각보다 ~해요.

The virus was more contagious than I thought.

이 바이러스는 내가 생각했던 것보다 전염력이 더 강해.

Coffee grounds have more uses than I thought.

커피 가루는 내가 생각했던 것보다 쓸모가 더 많아.

The servings were much larger than I thought.

음식 양이 내가 생각했던 것보다 더 많았어.

The new regulations were easier to implement than I thought.

그 새로 만든 규정을 실행하는 것은 내가 생각했던 것보다 더 쉬웠어.

The drive from Seoul to Busan took much longer than I thought.

서울에서 부산까지 운전해서 가는 것은 내가 생각했던 것보다 시간이 더 걸렸어.

contagious 전염성의 coffee grounds 커피 찌꺼기 serving 한 끼 음식 regulation 규정 implement 시행하다

이 패턴은 어떤 상황이나 대상이 내가 생각했던 것과 달랐을 때, 그 차이를 묘사하는 표현입니다. 주어가 화자의 생각과 어떻게, 얼마큼 차이가 났는지 비교급을 사용해 말하는 것이죠.

Date. . .

□□□

I know better than to ~.

난 ~할 정도로 바보는 아니에요.

I know better than to
get my hopes up.

난 희망을 걸 정도로 바보는 아냐.

I know better than to
argue with my stubborn sister.

난 고집 센 내 여동생이랑 말싸움할 정도로 바보는 아냐.

I know better than to
leave my car running while pumping gas.

난 기름을 넣는데 엔진을 켜 둘 정도로 바보는 아냐.

I know better than to
engage with people who are mean spirited.

난 야비한 사람들이랑 얽힐 정도로 바보는 아냐.

I know better than to
talk about politics at social gatherings.

난 사교적인 모임에서 정치 얘기를 할 정도로 바보는 아냐.

get one's hopes up 지나치게 기대를 하다 engage 관계를 맺다 mean spirited 비열한
social gathering 사교 모임

'저는 ~할 정도로 어리석지 않아요'라는 뜻으로 쓸 수 있는 패턴입니다. 풀어서 해석하자면, '~하는 것보다 ~하지 않는 게 낫다는 걸 안다'는 의미로, to 뒤에 동사원형을 쓰는 것이 특징입니다.

209

A : I couldn't stop laughing during dinner because of Ann.

B : *She is* **one of my funniest friends** *from school.*

……

A : *That was* **one of the most delicious desserts** *I have ever tried.*

B : I'm glad you enjoyed it! I will give you the recipe.

210

A : I'm having a hard time getting through the assigned novel for our literature class.

B : I barely finished it. **It's the most** *boring book* **I've ever** *read.*

……

A : Do you remember when we took your mom's car without telling her and crashed it into a tree?

B : How can I forget? **It's the most** *trouble* **I've ever** *gotten into.*

assigned 배정된 literature class 문학 수업

211

A : I'm going to turn my phone off for an hour while I study.

B : Great idea. **The best way to** *study for a test* **is to** *steer clear of distractions.*

……

A : My language exchange program starts in a month. Do you have any tips for learning Spanish?

B : **The best way to** *learn a new language* **is to** *practice every day.*

209 A : 앤 때문에 저녁 식사 내내 웃음을 참을 수가 없었어. B : 걔는 학교 친구 중에서 가장 재미있었던 애들에 속해. | A : 저건 내가 먹어 본 디저트 중에서 가장 맛있던 것 중의 하나야. B : 네가 맛있게 먹었다니 다행이다! 내가 요리법을 알려 줄게. 210 A : 난 우리 문학 수업 시간에 과제로 받은 소설을 끝내려고 고생하고 있어. B : 난 간신히 끝냈어. 이건 내가 지금까지 읽었던 책 중에서 가장 지루했어. | A : 우리가 네 엄마 차를 말도 없이 끌고 나가서 나무에 들이박은 일, 기억나? B : 그걸 어떻게 잊겠니? 그건 내가 지금까지 겪었던 일 중에서 가장 곤란한 것이었어. 211 A : 나는 공부하는 동안 전화기를 꺼 놓을 거야. B : 아주 잘 생각했어. 시험공부를 하는 제일 좋은 방법은 정신을 산란하게 하는 것을 피하는 거야. | A : 내가 하는 언어 교환 프로그램은 한 달 후에 시작해. 스페인어 배우는 데에 꿀팁 있어? B : 새로운 언어를 배우는 가장 좋은 방법은 매일 연습하는 거야.

□□□

212

A : Yuck! I can't believe you bought edible slime!

B : Try some. **It's not as** *bad* **as** *it looks*.

……

A : How do you like working as a freelancer?

B : **It's not as** *demanding* **as** *working a nine-to-five job*.

edible 먹어도 되는 freelancer 프리랜서

213

A : My entire family caught the virus that is going around.

B : Same here. *The virus* **was more contagious than I thought.**

……

A : Let's ask the waiter to wrap up the leftovers.

B : Good idea. *The servings* **were much larger than I thought.**

leftover 남은 음식

214

A : There's a chance that we'll have a white Christmas this year.

B : We haven't had one in over five years. **I know better than to** *get my hopes up*.

……

A : Have you made up with your sister yet?

B : No. I plan to keep my mouth shut. **I know better than to** *argue with my stubborn sister*.

make up with somebody (~와) 화해하다

212 A : 윽! 네가 먹을 수 있는 슬라임을 샀다니 믿을 수가 없어! B : 좀 먹어봐. 보기보단 괜찮아. | A : 프리랜서로 일하는 건 어때? B : 9시에 출근해서 5시에 퇴근하는 것보단 그리 부담이 크진 않아. 213 A : 우리 식구들 모두 유행하고 있는 바이러스에 걸렸어. B : 나도 그래. 이 바이러스는 내가 생각했던 것보다 전염력이 더 강해. | A : 웨이터에게 남은 것을 싸 달라고 하자. B : 좋은 생각이야. 음식 양이 내가 생각했던 것보다 더 많았어. 214 A : 올해는 화이트 크리스마스가 될 확률이 있어. B : 5년 동안 화이트 크리스마스는 한 번도 없었어. 난 희망을 걸 정도로 바보는 아냐. | A : 네 여동생과 화해했니? B : 아니. 입을 닫고 있기로 했어. 난 고집 센 내 여동생이랑 말싸움할 정도로 바보는 아냐.

Pattern 215-220

Chapter 32

가정하여 말하기

학창 시절 가정법에서 무너진 분들 많을 텐데요. 어렵기로 악명 높은 가정법 패턴을 배워볼까요? 주절과 조건절의 시제가 달라서 외우기 어렵다고들 하지만 가정법 표현도 패턴으로 익히면 수월하게 말할 수 있어요. 영어를 십수 년이나 배워도 풀리지 않았던 가정법! 이제 패턴으로 완전 정복해 봐요!

Date. . .

I'd be happier if ~.

~라면 난 너무 좋을 거예요.

I'd be happier if
I had more downtime to unwind.

긴장을 풀 수 있는 한가한 시간이 더 있다면 난 너무 좋을 거야.

I'd be happier if
I didn't have a math test tomorrow.

내일 수학 시험을 치지 않으면 난 너무 좋을 거야.

I'd be happier if
the office weren't so far away.

사무실이 그렇게 멀지 않다면 난 너무 좋을 거야.

I'd be happier if
we spent more quality time together.

우리가 소중한 시간을 더 많이 같이 가질 수 있다면 난 너무 좋을 거야.

I'd be happier if *my parents didn't live halfway across the world.*

우리 부모님이 지구 반대편에 사시지 않는다면 난 너무 좋을 거야.

downtime 한가한(휴식) 시간 unwind 긴장을 풀다 quality time 가족 등 친밀한 사람과의 소중한 시간
halfway across the world 지구 반대편

아쉬움을 드러낼 때 사용할 수 있는 패턴입니다. '~라면 더 기쁠(행복할) 텐데'의 의미로, 어떤 일을 하지 못하거나 상황이 원하는 대로 전개되지 않아서 그에 대한 바람이나 아쉬움을 나타내는 거죠. if 다음에 오는 문장은 가정의 의미를 나타내므로 과거 시제가 쓰입니다.

Date. . .

□□□

I'd love the opportunity to ~.

~할 기회가 생기면 정말 좋겠어요.

I'd love the opportunity to *work in public relations.*

홍보 분야에서 일할 수 있는 기회가 생기면 정말 좋겠어.

I'd love the opportunity to *visit the south of France.*

프랑스 남부에 가볼 수 있는 기회가 생기면 정말 좋겠어.

I'd love the opportunity to *make some money on the side.*

부업으로 돈을 좀 벌 수 있는 기회가 생기면 정말 좋겠어.

I'd love the opportunity to *join a global corporation in Singapore.*

싱가포르에 있는 다국적 기업에 들어갈 수 있는 기회가 생기면 정말 좋겠어.

I'd love the opportunity to *ask questions to the panel of presenters.*

발표자 패널에 질문할 수 있는 기회가 생기면 정말 좋겠어.

public relations 홍보　on the side 부업　corporation 법인, 기업　panel 패널(토론자단, 위원단)

~을 하고 싶다는 표현은 'I'd love(like) to ~.' 등 다양한데요, 'I'd love the opportunity to ~.'는 더 구체적이고 명확한 바람이나 희망이 뒤에 제시됩니다. to 뒤에는 동사원형이 오는 것 잊지 마세요.

Date. . .

If I were ~, ~.

내가 ~라면

If I were *them,*
I'd book the flights by using air miles.

내가 그 사람들이라면 난 탑승 마일리지로 항공편을 예약하겠어.

If I were *you,*
I'd just be quiet and not say anything.

내가 너라면 그냥 입 다물고 아무 말도 하지 않겠어.

If I were *that upset,*
I would have complained on the spot.

내가 그 정도로 화가 났다면 그 자리에서 문제를 제기했겠어.

If I were *in high school,*
I'd take a gap year after graduation.

내가 고등학생이라면 졸업한 후에 1년 동안 쉬겠어.

If I were *a millionaire,*
I'd buy a beachfront penthouse in Hawaii.

내가 백만장자라면 하와이 해변에 펜트하우스를 한 채 사겠어.

air miles 탑승 마일리지 on the spot 즉석에서 take a gap year 1년간 학업을 중단하다, 1년간 쉬다
millionaire 백만장자 beachfront 해변 전망 지역

현재와 반대되는 상황을 가정해 쓸 수 있는 패턴입니다. 이때 주어가 I일지라도 were을 쓰는데요, 과거를 나타내는 was가 아닌 가정이나 상상을 나타내는 과거형 동사 were를 쓰는 것이죠. were는 실현되기 어렵거나 실제가 아닌 상황을 꿈꿀 때 쓰입니다.

Date. . .

I wish I could say the same about ~. 나도 ~에 대해 그렇다고 말하고 싶네요.

I wish I could say the same about *my neighbor.*

우리 이웃에 대해서도 같은 말을 할 수 있다면 얼마나 좋아.

I wish I could say the same about *my adolescent years.*

내 사춘기에 대해서도 같은 말을 할 수 있다면 얼마나 좋아.

I wish I could say the same about *my husband's cooking skills.*

우리 남편의 요리 실력에 대해서도 같은 말을 할 수 있다면 얼마나 좋아.

I wish I could say the same about *the housing market in Seoul.*

서울의 주택 시장에 대해서도 같은 말을 할 수 있다면 얼마나 좋아.

I wish I could say the same about *my country's mandatory military service.*

우리나라의 병역 의무제에 관해서도 같은 말을 할 수 있다면 얼마나 좋아.

adolescent 청소년, 사춘기 mandatory 의무적인

이 패턴은 '나도 그랬으면 좋겠다, 나도 그렇게 얘기할 수 있으면 좋겠다'라고 말하며 나와 타인의 생각이나 처지를 비교하는 표현입니다. 부러움을 나타낼 때 종종 쓰이죠. 뒷말을 생략하고 I wish I could say the same.이라고 간단히 말하기도 합니다.

Date. . .

I wish there were some way (for ~) to ~. ~할 방법이 있으면 좋겠어요.

I wish there were some way to *buy time.*

시간을 살 수 있는 방법이 있으면 참 좋겠어.

I wish there were some way to *get to know Sam better.*

샘을 더 잘 알 수 있는 방법이 있으면 참 좋겠어.

I wish there were some way to *help stray cats in the winter.*

겨울에 길고양이를 도울 수 있는 방법이 있으면 참 좋겠어.

I wish there were some way for *universities* to *offer free tuition to all students.*

대학에서 모든 학생에게 수업료를 무료로 해 줄 수 있는 방법을 찾으면 참 좋겠어.

I wish there were some way for *underprivileged children* to *receive a quality education.*

불우한 환경에 있는 어린이들이 양질의 교육을 받을 수 있는 방법이 있으면 참 좋겠어.

buy time 시간을 벌다 stray 길을 잃은, 주인이 없는 tuition 등록금 underprivileged 혜택을 못 받는 사람들
quality education 양질의 교육

뭔가를 하기 위한 어떤 방법이 있으면 좋겠다고 말할 때 사용할 수 있는 패턴입니다. 보통 바꾸기 힘들거나 일어날 가능성이 낮은 일을 두고 고민하거나 염려할 때, '~을 하기 위한 어떤 방법이라도 있었으면 좋겠다'는 바람을 나타내는 거죠.

Date.   .   .

PATTERN CHALLENGE
220

□□□

If you happen to come across ~, ~.

~을 발견하면, ~을 찾게 되면

If you happen to come across *my high school yearbook, bring it over.*

내 고등학교 졸업 앨범을 발견하면 갖고 와.

If you happen to come across *the contract, send it to the Legal Department.*

계약서를 발견하면 법무팀에 보내세요.

If you happen to come across *any unwanted kitchen utensils, I'll be happy to take them.*

쓰지 않는 부엌용품을 발견하시면 제가 얼씨구나 하고 갖고 가겠습니다.

If you happen to come across *any lightweight camping chairs, pick two up for me.*

가벼운 캠핑용 의자를 발견하면 날 위해 두 개만 사 줘.

If you happen to come across *any articles about the Metaverse, send me the links.*

메타버스에 관한 기사를 발견하면 나한테 링크를 보내 줘.

contract 계약서   legal department 법률 부서   unwanted 원치 않는   kitchen utensil 조리용 기구
lightweight 가벼운

'만약 ~을 만나면(찾으면)'의 의미로, '뭔가를 우연히 마주하거나 발견하게 된다면' 어떻게 하라고 할 때 유용한 패턴입니다. (일어날 가능성이 있는) 특정한 상황이 벌어질 경우 상대방에게 어떤 행동을 취하라고 할 때 이 패턴을 활용해 보세요.

215

A : Is everything okay? You don't seem to be your bubbly self lately.

B : I don't have much energy these days. **I'd be happier if** *I had more downtime to unwind.*

......

A : Did I tell you that my parents moved into the neighborhood?

B : You're really fortunate. **I'd be happier if** *my parents didn't live halfway across the world.*

bubbly 명랑, 쾌활한 fortunate 운 좋은

216

A : Where do you want to work after graduate school?

B : **I'd love the opportunity to** *work in public relations.*

......

A : My aunt is looking for a math tutor for my nephew. Would you be interested?

B : Sure. **I'd love the opportunity to** *make some money on the side.*

217

A : My parents say that flights to London are very expensive right now.

B : **If I were** *them, I'd book the flights by using air miles.*

......

A : Why is the house so quiet tonight?

B : Mom and Dad got into an argument. **If I were** *you, I'd just be quiet and not say anything.*

215 A : 다 괜찮아? 쾌활하던 네 모습이 요즘 사라진 것 같은데. B : 요즘은 에너지가 바닥이 난 것 같아. 긴장을 풀 수 있는 한가한 시간이 더 있다면 난 너무 좋을 거야. | A : 우리 부모님이 우리 동네로 이사 왔다는 얘기를 내가 했던가? B : 넌 정말 운이 좋아. 우리 부모님이 지구 반대편에 사시지 않는다면 난 너무 좋을 거야. **216** A : 대학원을 졸업한 후에는 어디서 일하고 싶어? B : 홍보 분야에서 일할 수 있는 기회가 생기면 정말 좋겠어. | A : 이모가 조카의 수학 과외 교사를 구하고 있어. 너 관심이 있니? B : 물론이지. 부업으로 돈을 좀 벌 수 있는 기회가 생기면 정말 좋겠어. **217** A : 우리 부모님이 그러는데, 런던행 비행편은 지금은 상당히 비싸다고 해. B : 내가 네 부모님이라면 난 탑승 마일리지로 항공편을 예약하겠어. | A : 오늘 밤은 집이 왜 이렇게 조용해? B : 엄마랑 아빠가 싸웠어. 내가 너라면 그냥 입 다물고 아무 말도 하지 않겠어.

□□□

218

A : I had coffee with my new next-door neighbors today. They seem friendly and down to earth.

B : **I wish I could say the same about** *my neighbor*. She ignores me even when I say hello.

......

A : My husband has been taking cooking classes and has improved quite a bit!

B : **I wish I could say the same about** *my husband's cooking skills*.

next-door 옆집 down to earth 실제적인, 견실한 ignore 무시하다

219

A : That stray cat has been showing up on our porch a lot lately.

B : Maybe it's cold and hungry. **I wish there were some way to** *help stray cats in the winter*.

......

A : I'm going to have to apply for a student loan next semester.

B : I'm sorry to hear that. **I wish there were some way for** *universities* **to** *offer free tuition to all students*.

porch 현관 student loan 학생 융자, 학자금 대출

220

A : I'm going to stay at Mom and Dad's place for a few days next week.

B : **If you happen to come across** *my high school yearbook, bring it over*.

......

A : The contract you mentioned is not in my office. I'll take a look at home tonight.

B : Sure. **If you happen to come across** *the contract, send it to the Legal Department*.

218 A : 우리 옆집에 새로 이사 온 이웃과 오늘 커피를 같이 했어. 친절하고 현실적인 사람들인 것 같더라. B : 우리 이웃에 대해서도 같은 말을 할 수 있다면 얼마나 좋아. 그 여자는 내가 인사해도 모른 척해. | A : 우리 남편은 요리 수업을 받고 있는데, 실력이 상당히 나아졌어! B : 우리 남편의 요리 실력에 대해서도 같은 말을 할 수 있다면 얼마나 좋아. 219 A : 최근에 그 길고양이가 우리 집 현관에 자주 나타나고 있어. B : 춥고 배고파서 그럴 거야. 겨울에 길고양이들을 도울 수 있는 방법이 있으면 참 좋겠어. | A : 다음 학기에는 학자금 융자를 신청해야겠어. B : 그렇다니 유감이야. 대학에서 모든 학생에게 수업료를 무료로 해 줄 수 있는 방법을 찾으면 참 좋겠어. 220 A : 난 다음 주에 부모님 집에서 며칠 보낼 거야. B : 내 고등학교 졸업 앨범을 발견하면 갖고 와. | A : 네가 말한 계약서는 사무실에는 없어. 오늘 밤 집에 가서 찾아볼게. B : 좋아. 계약서를 발견하면 법무팀에 보내 줘.

Pattern 221 - 226

Chapter 33

문장 속 that절 활용하기

that절이 있는 문장의 경우 that절을 포함하는 문장을 종속절, that절의 꾸밈을 받는 문장을 주절이라고 해요. 이런 문장의 경우 주절만 패턴으로 외우고 that 뒤에 하고 싶은 말을 다양하게 넣어줄 수 있죠. that절 대신 to부정사구로 줄여 말하는 경우도 많으므로 패턴 뒤에 어떤 형태가 나오는지 유의해서 익혀보세요.

221 It just occurred to me that ~.

222 Make sure ~.

223 What I'm saying is that ~.

224 All I know is that ~.

225 I was hoping ~.

226 I agree with(that) ~.

Date. . .

It just occurred to me that ~.

문득 ~는 생각이 들었어요.

It just occurred to me that
I still owe you some money.

문득 내가 아직 자네 돈을 갚지 않았다는 생각이 떠올랐어.

It just occurred to me that
I haven't had any coffee today.

문득 내가 오늘 커피를 한 잔도 마시지 않았다는 생각이 들었어.

It just occurred to me that
you may be eligible for a scholarship this year.

문득 네가 올해 장학금을 받을 수 있는 자격이 있을지도 모른다는 생각이 들었어.

It just occurred to me that *the annual employee performance reviews are coming up.*

문득 올해 인사 고과가 다가온다는 생각이 들었어.

It just occurred to me that
Bruce hasn't been in touch for over a month.

문득 브루스가 한 달 넘게 연락이 없다는 생각이 들었어.

eligible (조건이 맞아서) ~을 할 수 있는 scholarship 장학금 annual 매년(연례)의
performance review 업무 평가, 인사 고과

occur는 원래 '(일이) 일어나다'라는 뜻의 동사지만, '(생각이) 나다'라는 뜻으로도 쓰입니다. 따라서 이 패턴은 어떤 생각이 갑자기 떠오르거나 뭔가를 방금 깨달았을 때 쓸 수 있죠. 살다 보면 어떤 생각이 불현듯 떠오를 때가 있죠? 이럴 때 유용하게 써보세요.

Make sure ~.

반드시 ~하도록 하세요.

Make sure
to wear a jacket today.

오늘은 반드시 재킷을 입도록 해.

Make sure
to try the shoes on before you buy them.

구두를 사기 전에 반드시 신어 보도록 해.

Make sure
you don't leave anything behind at the hotel.

호텔에서 나올 때는 두고 나오는 물건이 없도록 반드시 점검하도록 해.

Make sure
you let me know when you are back in town.

이곳에 돌아올 때는 반드시 나한테 알려.

Make sure *the pot doesn't boil over when you are cooking the pasta.*

파스타를 끓일 때는 반드시 냄비가 끓어 넘치지 않도록 해.

leave something behind ~을 놓고 잊고 오다 boil over 끓어 넘치다

무엇을 확인하라고 당부할 때 사용할 수 있는 패턴입니다. 어떤 행동을 확실히 하라고 상대에게 주의를 줄 때 쓸 수 있죠. Make sure 뒤에는 that절도 올 수 있고, to부정사구도 올 수 있습니다.

Date. . .

What I'm saying is that ~.

내 말은 ~라는 거예요.

What I'm saying is that *things aren't always the way they appear.*

내 말이 무슨 얘기냐 하면 사람 일이라는 것이 겉만 봐서는 알 수 없다는 거야.

What I'm saying is that *your work shows a clear lack of motivation.*

내 말은 네가 일하는 걸 보면 동기가 부족한 것이 훤히 보인다는 거야.

What I'm saying is that *I admit my mistake and want to apologize.*

내 말이 무슨 얘기냐 하면 내가 잘못을 인정하니까 사과하고 싶다는 거야.

What I'm saying is that *more effort is needed to give the poor a louder voice.*

내 말은 취약층에 발언권을 주기 위해서 더 노력해야 한다는 거야.

What I'm saying is that *I've tried watching baseball before, and I'm just not a fan.*

내 말은 난 전에도 야구를 보려고 했지만, 난 야구팬은 아니라는 거지.

lack of ~이 부족하다 motivation 동기 admit 인정하다

이 패턴은 자신이 말하려는 것을 콕 짚어 강조하고 싶을 때 사용할 수 있습니다. '내가 하는 얘기가 뭐냐 하면'의 의미로, 명확한 의사 전달을 하고자 할 때 쓸 수 있는 표현이죠.

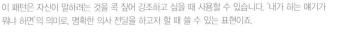

Date. . .

All I know is that ~.

내가 아는 건 ~는 것뿐이에요.

All I know is that
this is my fifth virtual meeting today.

내가 알고 있는 것은 이게 오늘 5번째 화상 회의라는 것뿐이야.

All I know is that
this coffee shop has the most aromatic beans.

내가 알고 있는 것은 이 커피숍은 아주 향기로운 원두를 사용한다는 것뿐이야.

All I know is that *we're going to miss the train if we don't leave now.*

내가 알고 있는 것은 우리가 지금 출발하지 않는다면 기차를 놓친다는 것뿐이야.

All I know is that *there are supposed to be thundershowers all weekend.*

내가 알고 있는 것은 주말 내내 뇌우가 친다는 예보가 있다는 것뿐이야.

All I know is that *work is expecting me to be prepared for a last-minute business trip.*

내가 알고 있는 것은 회사에서는 나더러 막판에 결정난 출장을 갈 준비를 하라고 한다는 것뿐이야.

aromatic 향이 좋은 thundershower 번개가 따르는 소낙비 last-minute 마지막 순간의, 막바지의

이 패턴은 어떤 상황에 관해 본인이 아는 바를 모두 이야기할 때 사용할 수 있습니다. '내가 아는 전부는 ~, 내가 아는 한 ~'의 의미로, 지금 말하는 내용이나 정보 이외에는 아는 것이 없다고 말할 때 써보세요.

PATTERN CHALLENGE

225

Date. . .

I was hoping ~.

~하기를 바라고 있었어요.

I was hoping *to take a few days off next week.*

다음 주에 며칠 쉬기를 바라고 있었어.

I was hoping *to discuss a few matters over coffee this morning.*

오늘 오전에 커피를 마시면서 몇 가지 문제에 대해서 상의하고 싶었어.

I was hoping *that you'd know how to calculate the answer.*

자네는 답을 어떻게 계산해내는지 알길 바라고 있었지.

I was hoping *that the clients were impressed by my sales pitch.*

고객들이 내 세일즈 언변에 감동을 받았길 바라고 있었지.

I was hoping *that we could touch base before the exhibition next week.*

다음 주 전시회 전에 우리 다시 만났으면 좋겠다고 바라고 있었지.

calculate 계산하다 impressed 감동을 받은 sales pitch 구입 권유, 판매 광고 touch base 다시 접촉(연락)하다

자신이 원하는 일에 대해 말할 때 사용하는 표현입니다. '~했으면 좋겠어.'의 의미로, 자신이 바라는 일이 무엇인지 말하고자 할 때 쓰죠. hoping 뒤에는 to부정사구나 〈that 주어 + could/would ~〉절을 붙여 보세요.

Date. . .

I agree with(that) ~.

난 ~에 찬성해요.

I agree with *the law that requires cyclists to wear helmets.*

자전거를 타는 사람들은 헬멧을 써야 한다는 법률에 난 찬성해.

I agree with *many of the points that were brought up during the debate.*

토론에 거론된 여러 주장에 대해 나도 같은 의견이야.

I agree that *we should try to raise more emotionally resilient children.*

난 아이들을 보다 정서적 회복 탄력성이 있는 사람으로 키워야 한다는 데에 찬성해.

I agree that *stressing out about it isn't going to improve the situation.*

그 일에 대해 스트레스를 받는 것은 이 상황을 개선하는 데에 도움되지 않을 거라는 말에 난 찬성해.

I agree that *people spend far too much time on their devices nowadays.*

요즘에 사람들이 여러 기기에 시간을 너무 쓴다는 말에 난 찬성해.

bring up (말을) 꺼내다 resilient 회복력 있는 device 장치, 기구

이 패턴은 뭔가에 동의한다고 말할 때 사용할 수 있는 표현입니다. 뭔가를 인정하거나 누군가의 생각이나 의견과 같은 생각을 하고 있다고 말할 때 쓸 수 있죠. 물론 with 뒤에는 명사(구)가, that 뒤에는 절이 오고요.

221

A : Let's go for lunch. It's on me.

B : **It just occurred to me that** *I still owe you some money.*

......

A : **It just occurred to me that** *Bruce hasn't been in touch for over a month.*

B : Last I heard, he was really busy with work and the new baby.

222

A : I can't make the reunion this weekend as I'll be on a business trip.

B : **Make sure** *you let me know when you are back in town.* I'll arrange a dinner with a few others.

......

A : **Make sure** *you wear a jacket today.* It's chilly.

B : I don't get cold easily, so I'm just going to take a hoodie.

arrange 마련하다 chilly 쌀쌀한, 추운

223

A : Pam posts the most beautiful family photos online. I can't believe she's getting divorced!

B : **What I'm saying is that** *things aren't always the way they appear.*

......

A : **What I'm saying is that** *I've tried watching baseball before, and I'm just not a fan.*

B : Who says we have to watch the game? We are going to soak up the sun and indulge in snacks!

soak up the sun 일광욕을 하다, 햇빛을 쬐다 indulge 마음껏 하다

221 A : 점심 먹으러 가자. 내가 낼게. B : 문득 내가 아직 자네 돈을 갚지 않았다는 생각이 떠올랐어. | A : 문득 브루스가 한 달 넘게 연락이 없다는 생각이 들었어. B : 내가 마지막으로 들은 얘기는, 그 친구는 일하랴 갓난아기 보랴 정말 바쁘다고 했어. 222 A : 이번 주말에는 내가 출장을 가기 때문에 동창회에 갈 수가 없어. B : 이곳에 돌아올 때는 반드시 나한테 알려. 다른 애들 몇 명하고 저녁 식사할 수 있는 자리를 마련할 테니까. | A : 오늘은 반드시 재킷을 입도록 해. 날씨가 쌀쌀해. B : 난 좀처럼 추위를 타지 않아서, 그냥 후드티를 입을래. 223 A : 팸은 평소에 온라인에다 너무나 행복한 가족사진들을 올리잖아. 그런 팸이 이혼 수속 중이라니 믿을 수가 없어! B : 내 말이 무슨 얘기냐 하면 사람 일이라는 것이 겉만 봐서는 알 수 없다는 거야. | A : 내 말은 난 전에도 야구를 보려고 했지만, 난 그저 야구팬이 아니라는 거지. B : 누가 야구를 보래? 우리는 그냥 햇볕을 쬐면서 간식을 마음껏 먹으면 되는 거야!

224

A : Wow. Those prices are quite steep for a regular cup of coffee.

B : **All I know is that** *this coffee shop has the most aromatic beans.*

......

A : I'm having second thoughts about participating in the marathon on Saturday.

B : **All I know is that** *there are supposed to be thundershowers all weekend.*

steep 너무 비싼 have second thoughts ~에 대해서 다시 생각해 보다

225

A : **I was hoping** *we could discuss a few matters over coffee this morning.*

B : Uh-oh. I hope it isn't bad news.

......

A : What was it that you needed help with?

B : This math problem. **I was hoping** *that you'd know how to calculate the answer.*

226

A : We've been working hard at building up my daughter's self-confidence.

B : **I agree that** *we should try to raise more emotionally resilient children.*

......

A : Which candidate do you think won the pre-election debate tonight?

B : Tough question. **I agree with** *many of the points that were brought up during the debate.*

self-confidence 자신감 candidate 선거 입후보자 pre-election 선거 전의

224 A : 와. 레귤러 커피 한 잔 가격치고는 굉장히 세구나. B : 내가 알고 있는 것은 이 커피숍은 아주 향기로운 원두를 사용한다는 것뿐이야. | A : 토요일에 열리는 마라톤에 참가하는 문제는 다시 생각해 보는 중이야. B : 내가 알고 있는 것은 주말 내내 뇌우가 친다는 예보가 있다는 것뿐이야. 225 A : 오늘 오전에 커피를 마시면서 몇 가지 문제에 대해서 상의하고 싶었어. B : 어, 그래. 나쁜 소식이 아니었으면 좋겠는데. | A : 무엇 때문에 도움을 바랐던 거야? B : 이 수학 문제 때문에. 너는 답을 어떻게 계산해내는지 알길 바라고 있었지. 226 A : 우리는 요즘 내 딸의 자신감을 북돋느라 공을 들이고 있어. B : 난 아이들을 보다 정서적 회복 탄력성이 있는 사람으로 키워야 한다는 데에 찬성해. | A : 오늘 밤에 열린 선거 전 토론에서는 어떤 후보가 이겼다고 생각하니? B : 어려운 질문이네. 토론에 거론된 여러 주장에 대해 나도 같은 의견이야.

Pattern 227-233

Chapter 34

그 밖의 어법 활용하기

앞에서 다루지 못한 다양한 어법을 살펴볼게요. such a + 형용사 + 명사, That's all ~. 등 문법 시간에만 달달 외우고 정작 회화에서는 써먹지 못했던 문법들을 회화에 적용해 자신 있게 말해 보자고요. 233개의 대장정, 대미를 장식할 패턴들입니다.

227 such a A(형용사) B(명사)

228 ~ owe(s) A to B.

229 ~ A instead of B.

230 That explains why ~.

231 I meant to ~, but ~.

232 That's all I ~.

233 There's no one other than ~ who ~.

Date. . .

such a A(형용사) B(명사)

정말 A한 B

You are such a kind soul.

넌 정말 친절한 사람이야.

It's such a dangerous stretch of road.

그 길은 너무 위험한 구간이야.

They are such a welcoming family.

그 사람들은 정말 사람을 환대하는 가족이야.

Those are such lovely autumn tones.

그건 정말 아름다운 가을 색조야.

He is such a stickler for details.

그 남자는 자질구레한 것에 그렇게 집착하는 사람이야.

kind soul 친절하고 너그러운 사람 stretch of 길게 뻗은 구간 welcoming 반갑게 맞이하는
stickler (~에) 까다로운(엄격한) 사람

이 패턴은 뒤에 나오는 명사의 어떤 특징을 강조할 때 사용하는 표현입니다. '정말/대단히 ~하다'의 의미로, such a A(형용사)가 뒤에 나오는 명사를 수식하는 역할을 합니다.

PATTERN CHALLENGE
228

Date.   .   .

☐☐☐

~ owe(s) A to B.

A는 B 덕분이에요.

I owe my happiness
to you.

내가 누리는 행복은 네 덕택이야.

He owes his life
to the first responders.

그 남자는 구급대원 덕택에 살아났어.

She owes it to her parents
to put forth more effort at school.

그녀가 학교에서 더 많은 노력을 기울이는 것은 그녀의 부모님 덕택이야.

The gold medalist owes her victory
to her coaching staff.

그 금메달리스트가 승리한 건 그녀의 코칭 스태프 덕분이야.

I owe $10,000 to the bank for the loan
I used to pay for home renovations.

나는 집 리모델링하는 데 쓴 대출을 위해 은행에 만 달러를 빚졌어.

first responder 응급 의료 요원   put forth 발휘하다, 내밀다   loan 대출   home renovation 집수리

B에게 A를 빚졌다고 말할 때 사용할 수 있는 패턴입니다. A를 빚졌기 때문에 B에게 뭔가를 해 줘야 할 입장이거나 뭔가(A)가 모두 B 덕분이었다고 말할 때 쓸 수 있죠

PATTERN CHALLENGE

229

Date. . .

□□□

~ A instead of B.

B 대신 A를 ~하고 싶어요.

I would like dark meat
instead of white meat.

난 흰 살 고기 대신 어두운 색 고기를 먹고 싶어.

I'll take this Friday off
instead of next Monday.

난 다음 월요일 대신 이번 금요일을 쉴 거야.

The children want boiled eggs
instead of scrambled eggs.

아이들은 스크램블드 에그 대신 삶은 계란을 좋아해.

You should try wearing mittens
instead of gloves.

장갑 대신 벙어리장갑을 껴 봐.

He enjoys walking alone
instead of hiking with larger groups.

그 남자는 여러 사람과 어울려 등산하는 것보다는 혼자 걷는 걸 좋아해.

dark meat 어두운 색 육류(닭 다리 살 등) white meat 흰 살 육류(닭 가슴 살 등) boiled egg 삶은 달걀
mitten 벙어리장갑

두 가지 선택 중 하나를 선택할 때, 'B 대신 A를 ~하겠다'라고 말하죠. 이때 사용하는 표현이 '~ A instead of B'입니다.

Date. . .

That explains why ~.

그래서 ~하는군요.

That explains why
the prices have shot up.

그래서 가격이 치솟았구나.

That explains why
many apps want to track its users.

그래서 사용자를 추적하려고 하는 앱들이 많은 거구나.

That explains why
you are hungrier than usual.

그래서 네가 평소보다 더 배가 고프구나.

That explains why
she asked me to close the deal today.

그래서 그 여자가 나한테 오늘 거래를 마무리 지으라고 말했구나.

That explains why
I haven't seen her in the office for over a month.

그래서 한 달 넘게 사무실에서 그 여자를 못 봤구나.

shoot up 급증(급등)하다 track 추적하다 close a deal 계약을 체결하다

이 패턴은 어떤 상황의 이유나 원인을 그 순간 이해할 수 있게 되었을 때 사용할 수 있는 표현입니다. '(이제서야) 왜 ~한지 설명이 된다'는 의미로, 본인이 앞뒤 맥락을 알게 되어 상황을 이해할 수 있게 됐다고 말할 때 쓸 수 있습니다.

Date. . .

PATTERN CHALLENGE

231

□□□

I meant to ~, but ~.

~하려고 했지만, ~했어요.

I meant to *do the dishes,* but
I was too tired.

설거지는 내가 하려고 했지만, 너무 피곤했어.

I meant to *arrive earlier,* but
I got stuck in traffic.

일찍 도착하려고 했지만, 교통 체증에 걸렸어.

I meant to *finish the book,* but
there wasn't enough time.

책을 끝내려고 했지만, 시간이 충분하지 않았어.

I meant to *visit you,* but
I lost my wallet and had to cut my trip short.

너를 찾아가려고 했지만, 지갑을 잃어버려서 여행을 중단해야만 했어.

I meant to *tell you about my illness,* but
I didn't want to worry you.

내 병에 대해서 너에게 얘기하려고 했지만, 너를 걱정시키기 싫었어.

stuck in traffic 차가 막히다 cut short 갑자기 끝내다 illness 병, 질환

이 패턴은 어떤 이유로 본인이 뜻했던 일이 이뤄지지 않았을 때 쓸 수 있는 표현입니다. but 뒤에는 과거형 문장을 말해 주세요. 단, 내가 의도했던 시점보다 훨씬 이전부터 but 이하의 상태였다는 것을 특별히 나타내고 싶을 때는 had p.p.의 과거완료형 문장을 말하면 됩니다.

Date. . .

That's all I ~.

내가 ~하는 것은 그게 전부예요.

That's all I *feel like eating.*

내가 먹고 싶은 것은 그게 전부야.

That's all I *can do for now.*

내가 지금 할 수 있는 것은 그게 전부야.

That's all I *hope for my children.*

내가 아이들에게 바라는 것은 그것밖에 없어.

That's all I *really need at the moment.*

내가 지금 당장 정말 필요한 것은 그것밖에 없어.

That's all I *remember about the incident.*

그 사건에 대해 내가 기억하고 있는 것은 그게 전부야.

at the moment 바로 지금 incident 사건

이 패턴은 대화 중 본인이 앞서 말한 것 말고 더 이상 없다는 뜻입니다. That's all.의 의미 자체는 '그뿐이다.'이죠. 따라서 이 패턴은 (내가) 더 이상 가지고 있거나, 요청하거나 하고 싶은 것 등이 없다. 즉, '내가 ~하는 것은 앞서 말한 것이 전부다'라는 것이죠.

PATTERN CHALLENGE
233

Date. . .

There's no one other than ~ who ~.

~하는 사람은 ~밖에 없어요.

There's no one other than *Cindy* who *knows how to code.*

프로그램을 짤 수 있는 사람은 신디밖에 없어.

There's no one other than *Mrs. Smith* who *uses sign language.*

수화를 할 수 있는 사람은 스미스 부인밖에 없어.

There's no one other than *Janet* who *is a trained singer.*

제대로 훈련받은 가수는 재닛밖에 없어.

There's no one other than *you* who *I'd rather be with right now.*

지금 같이 있고 싶은 사람은 너밖에 없어.

There's no one other than *Dan* who *understands what the baby wants.*

아이가 뭘 원하는지 이해하는 사람은 댄밖에 없어.

code 코딩(암호화)하다 sign language 수화 trained 훈련된, 교육을 받은

이 패턴은 어떤 일을 할 수 있는 능력을 가진 사람이 ~밖에 없다고 말할 때 사용할 수 있습니다. 또한, 어떤 특징을 갖춘 사람은 ~이 유일하다 혹은 어떤 일에 누가 가장 적합하다고 말할 때도 쓸 수 있죠

227

A : How do you like my new sweater?

B : I like it a lot! *Those are* **such lovely autumn tones.**

......

A : The teacher wants me to add more facts to my research essay.

B : Same here. *He is* **such a stickler for details.**

research essay 연구 논문

228

A : I heard James almost died in a car accident!

B : It's true. *He* **owes his life to the first responders.**

......

A : Can you lend me some money for a down payment on a car?

B : Sorry. *I* **owe $10,000 to the bank for the loan I used to pay for home renovations.**

down payment 착수금, 계약금

229

A : My hands are always freezing cold even when I have them covered.

B : *You should try* **wearing mittens instead of gloves.**

......

A : *I'll take* **this Friday off instead of next Monday.**

B : I have to double-check the shift schedule, but it should be fine.

freezing 매섭게 추운 double-check 재확인하다

230

A : There is a worldwide shortage of avocados.

B : **That explains why** *the prices have shot up.*

......

A : Did you hear that Sally had her baby a month early?

B : **That explains why** *I haven't seen her in the office for over a month.*

shortage 부족

227 A : 새로 산 내 스웨터 어때? B : 난 아주 좋아! 그건 정말 아름다운 가을 색조야. | A : 선생님이 내 조사 보고서에 사실을 더 많이 추가하라고 하는데. B : 나도 그래. 선생님은 자질구레한 것에 그렇게 집착하는 분이잖아. 228 A : 제임스가 자동차 사고에서 거의 죽을 뻔했다고 들었어! B : 맞아. 그는 구급대원 덕택에 살아났어. | A : 자동차 계약금으로 낼 돈 좀 빌려 줄 수 있니? B : 미안해. 나는 집 리모델링하는 데 쓴 대출을 위해 은행에 만 달러를 빚졌어. 229 A : 난 장갑을 껴도 손이 항상 얼음장처럼 차가워. B : 장갑 대신 벙어리장갑을 껴 봐. | A : 난 다음 월요일 대신 이번 금요일을 쉴 거야. B : 교대 근무 일정을 다시 한번 확인해 봐야겠지만, 괜찮을 거야. 230 A : 전 세계적으로 아보카도 부족 현상이 벌어지고 있어. B : 그래서 가격이 치솟았구나. | A : 샐리가 예정보다 한 달 일찍 아기를 낳았다는 소식을 들었어? B : 그래서 한 달 넘게 사무실에서 그 여자를 못 봤구나.

231

A : You promised to do the dishes after work!

B : Sorry. **I meant to** *do the dishes,* **but** *I was too tired.*

……

A : Why didn't you tell me that you were undergoing treatment for diabetes?

B : **I meant to** *tell you about my illness,* **but** *I didn't want to worry you.*

undergo (안 좋은 일을) 겪다 diabetes 당뇨병

232

A : I'm going to pick up some lunch. What kind of burger do you want?

B : I'll just have some fries. **That's all I** *feel like eating.*

……

A : Is there anything you need me to bring over to your new apartment?

B : Do you have an extra extension cord? **That's all I** *really need at the moment.*

extension cord 연장 코드

233

A : We need to make a few updates on our website.

B : Let me talk to Cindy. **There's no one other than** *Cindy* **who** *knows how to code.*

……

A : I'd like to teach the children a song in sign language.

B : **There's no one other than** *Mrs. Smith* **who** *uses sign language.* You should ask her for help.

231 A : 퇴근 후에 설거지하겠다고 약속했잖아! B : 미안해. 설거지를 하려고 했지만, 너무 피곤했어. | A : 당뇨병 치료를 받고 있었다고 왜 나한테 얘기하지 않았어? B : 내 병에 대해서 너에게 얘기하려고 했지만, 너를 걱정시키기 싫었어. 232 A : 점심을 사 오려고 하는데, 넌 무슨 햄버거를 먹고 싶니? B : 난 그냥 감자튀김을 좀 먹을래. 내가 먹고 싶은 것은 그게 전부야. | A : 네가 새로 이사 간 아파트에 내가 가져왔으면 하는 게 있니? B : 연장 코드 남는 게 있니? 내가 지금 당장 정말 필요한 것은 그것밖에 없어. 233 A : 우리 사이트를 몇 가지 업데이트해야 할 필요가 있어. B : 신디에게 말할게. 프로그램을 짤 수 있는 사람은 신디밖에 없어. | A : 아이들에게 수화로 노래를 가르치고 싶어. B : 수화를 할 수 있는 사람은 스미스 부인밖에 없어. 그 분에게 도움을 청해야 할 거야.